国际象棋大师是如何思考的？

国 际 象 棋
思考逻辑详解

（美）欧文·切尔涅夫 著

刘 瑶 施 昭 译

辽宁科学技术出版社

沈阳

First published in Great Britain by Faber & Faber

Copyright © Batsford, 1998

Text Copyright © Irving Chernev, 1998

First algebraic edition published in Great Britain in 1998 by Batsford,

An imprint of B.T. Batsford Holdings Limited, 43 Great Ormond

Street, London WC1N 3HZ

图书在版编目（CIP）数据

国际象棋思考逻辑详解 /（美）欧文·切尔涅夫著；
刘瑶，施昭译. — 沈阳：辽宁科学技术出版社，2023.9（2024.7 重印）
ISBN 978-7-5591-3108-9

Ⅰ.①国… Ⅱ.①欧… ②刘… ③施… Ⅲ.①国
际象棋—研究 Ⅳ.①G891.1

中国国家版本馆CIP数据核字（2023）第141363号

出版发行：辽宁科学技术出版社
　　　　　（地址：沈阳市和平区十一纬路25号　邮编：110003）
印 刷 者：辽宁新华印务有限公司
经 销 者：各地新华书店
幅面尺寸：170mm×240mm
印　　张：18.25
字　　数：320千字
印　　数：4 001—7 000
出版时间：2023年9月第1版
印刷时间：2024年7月第2次印刷
责任编辑：于天文
封面设计：潘国文
版式设计：颖　溢
责任校对：徐　跃

书　　号：ISBN 978-7-5591-3108-9
定　　价：99.00元

联系电话：024-23284740
邮购热线：024-23284502
E-mail:mozi4888@126.com
http://www.lnkj.com.cn

目录

引言

国际象棋的坐标和符号

引言

你见过国际象棋大师一次下二十盘棋吗？你一定惊讶（也许羡慕）他的自信和轻松，因为他在每个局面上仅用几秒钟来思考，随即便采取行动。

他能够迅速行棋是因为他能背得出几十个开局和几百个变化吗？当然不是，因为几乎所有的对局都是原创的，在书中找不到。他会以闪电般的速度分析每一着中可以想象的战术组合吗？或者他能依靠某种本能来引导他通过最奇怪的局面？如果是这样，他将比计算机分析得更快，或者在一个晚上获得一千次灵感。

他是怎么做到的？如果我们能说服他告诉我们他走的每一步棋的意义，那么跟随他的思考过程，我们可能会知道答案。

在这本书中，我们说服了他。我们从大师那里了解他在对局过程中所走的每一步棋的目的，遵循大师的思路和方法。他将它们简单详细地勾勒出来。通过了解大师的内心想法，从而获得知识——建立一种识别好的并拒绝坏的着法的本能。

要获得这种本能，既不需要记住无数的开局变化，也不需要让一系列的公式和原理增加大脑负担。诚然，有一些指导正确步骤的原则，应用它们将帮助你建立强大、健全、优势的局面。你会毫不费力地熟悉它们——不是通过死记硬背，而是通过观察它们在对局过程中的影响。

对着法的展开增添了理解的乐趣，国际象棋成为世界上最令人兴奋的游戏之一，是因为通过它可以欣赏到大师的大脑是如何运转的，在面对每一个新的情况之下都会出现许多丰富的想法。我们将向他学习局面性弈法的好处。对局面性弈法的理解可以抑制过早的、愚蠢的进攻，控制在每一个回合都试图搜寻战术组合的冲动。建议将棋子放在最具进攻潜力的位置，告诉你如何夺取重要的中心格，占领更大的空间，限制并削弱对方。局面性弈法能保证随后会显露清晰的获胜机会，决定性的战术组合将随后出现。

大师不寻找战术组合。他创造了它们出现的条件。每一步棋都将用简单的日常语言进行评论，任何需要用分析来详细说明一步棋的作用或阐明一个动机之处都将是重点。频繁重复每一步棋的目的会让你意识到某些基本概念的重要性。你一次又一次地被告知白方王翼的马在开局阶段处于f3格效果最好，车应该控制开放线，你就会了解这样的出子策略，一般情况下遇到这种问题可以处理得很好。当你要为马或车选择一个好的位置时，你将会像大师一样拥有第一眼的直觉。

这并不意味着你会习惯于草率地、缺乏思考地下棋。你将知道何时以及如何应用这些有用的原则，何时以及如何打破常规惯例。你会养成走出好着法的习惯，就像孩子掌握一门语言一样容易——通过听和说，而不是通过学习它的语法规则。

你下的每一盘对局都将是一场激动人心的国际象棋冒险之旅，勇气、智慧、想象力和独创性会得到回馈。通过欣赏和吸收他们教授的知识，才能以最好的一步接一步的方式学习国际象棋逻辑。

欧文·切尔涅夫

国际象棋的坐标和符号

本书使用普遍接受的代数符号，其中每一步棋都是使用坐标系统编写的。

按照普遍接受的惯例，书中的图例是以白方的视角呈现的，即白方的初始位置处在棋盘下部。图中白王的所在位置正好是它初始的格子。

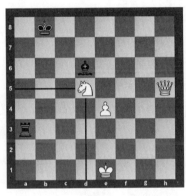

图1

垂直在同一列上的格子构成了竖线，从左到右，用字母a到h标注竖线。水平在同一行上的格子构成了横线，从棋盘的底部（白方一侧）开始向上（向黑方方向）分别用数字1到8标注横线。每一个格子都在一条竖线和一条横线的交叉点上，例如，图中白马位于d线（竖线）和5线（横线）的交叉点上（图1），因此白马所在的格子被称为d5格。

同样的，车所在的格子是a3格，象在d6格，兵在e4格，后在h5格，白王在e1格，黑王在b8格。

图2

图2显示了棋子初始位置的摆放，对弈者将八个子放在离他最近的一行，八个兵直接放在这些子的前面。

当记录对局的着法时，首先要先写上移动的棋子，然后是这个棋子进入的格子。例如，如果白方按箭头指示的方式行棋，马从g1移动到f3，我们将这步棋记录为Nf3。与许多的国际象棋书籍一样，本书我们将使用棋子的缩写字母来标记棋子，王是K，后是Q，车是R，象是B，马是N，如果是兵的移动就不用标注棋子了。

在国际象棋记录中还包括一些其他的重要符号。

x吃子；O-O短易位；O-O-O长易位；+将军；++双将；#将杀；!好棋；!!妙着；?错误着法；??严重错误的着法。

最后，在本书中，符号（*-*）表示对局中出现图例的位置。作为国际象棋记录练习，我们尝试从初始位置开始进行下面的移动：

列蒂 – 塔塔科维尔

非比赛对局　维也纳　1910
卡罗康防御

1. e4 c6 2. d4 d5 3. Nc3 dxe4 4. Nxe4 Nf6 5. Qd3 e5 6. dxe5 Qa5+ 7. Bd2 Qxe5 8. O-O-O Nxe4 9. Qd8+ Kxd8 10. Bg5+ Kc7 11. Bd8#(1-0)

你应该把下面的局面在棋盘上摆出来（图3）：

图3

如果同一种类的两个棋子都能够移动到相同的格子里，需要用额外的信息来标注这种不明确的情况。

白方想用其中的一个车吃掉g4黑兵，为了区分，若e4车吃兵写成**Rexe4**，若g5车吃兵写成**Rgxe4**。如果轮到黑方行棋，有两个车能够吃掉d6兵，为了区分，我们需要增加额外的信息，两个车都在d线上，不能用所在的竖线进行区分。它们位置的区别在于处在不同的横线上，所以应该记为**...R7xd6**或者**...R1xd6**（图4）。

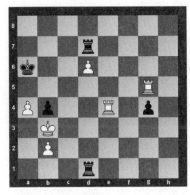

图4

第一章

王翼进攻

这本书的目的不是为了用神奇的效果来迷惑你，只是为了向你展示它们是如何产生的。以流行的王翼进攻为例，它很有吸引力，因为它结合了巧妙的弃子和出人意料的着法。之所以吸引人，是因为它的目的是快速将杀，为了实现将杀促使你走出惊人的着法。但是你要何时以及如何开始王翼进攻呢？ 你必须等待灵感吗？答案很简单，可能令人惊讶，让我们往后看：

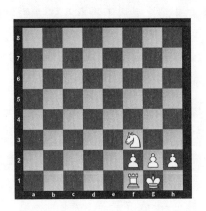

图示中展示了易位后的局面。王被f3马和前面的三个兵保护。当这些保护子待在这些位置的时候，王有着强大的抵御对方进攻的能力。阵形一旦改变，结构就会松动弱化，容易受到攻击。

当白方为了避免被牵制走出h2-h3向前挺进兵时，或者当为了驱赶对方的子挺兵到g3时，局面可能会发生变化。如果这样的情况没有发生，大师（这是秘密）也会通过各种各样的威胁、诱导迫使h兵、g兵挺进。

其中的某个兵一旦移动，就在防御结构中制造了一个可以被利用的弱点。然后大师开始进行王翼攻击，实现他的辉煌，展现神奇的效果。

冯·谢夫-泰克曼的对局（对局1）显示了当白方为了防止被牵制而本能地走出h3之后发生的事情。泰克曼固定了越界的兵，并将它作为攻击的对象。最终，他弃象吃掉了h兵，与他的其他子一起冲破了局面。

在柳巴斯基-苏尔坦贝夫局（对局2）中，白方也是怕被牵制而走了h3，黑方以...h6作为开始，用兵的攻击惩罚白方！（为什么黑方的这步兵是好棋，而白方是坏的，对局中会解释）。

在科里-德尔沃局（对局3）中，科里强制黑方走出...h6，然后巧妙地诱导他继续走出...g6。在此之后，白方弃马破坏被削弱的局面。

在布莱克本-布兰查德局（对局4）中，黑方随意地走出...h6阻止了不太可能的进攻。白方布莱克本用弃象来移除黑方的h兵，强行进入敌营。

在鲁格-格布哈德局（对局5）中，说明了过早易位以及忽略中心的危险。当黑方走...h6攻击对方的子时，他会受到弃子的惩罚，通过弃子撕开了针对王的一条线。

蔡斯尔-沃尔霍芬的对局（对局6）是另一个不合时宜的易位以及无视中心重要性的例子。白方被迫走g3，削弱不再有兵守卫的白格。沃尔霍芬利用这些格子打开局面并将杀白王。

在斯皮尔曼-瓦勒局（对局7）中，黑方推进他的g兵以阻止白马过于靠近黑王。这使得他的f6马丧失兵的坚固保护，并且在兵不能监控的格子上制造弱点。斯皮尔曼利用子进行入侵，将其固定在弱格上，制造将杀。

普尔兹佩科尔卡-普罗克斯局（对局8）是被迫走...g6的例证，其结果是削弱了黑格。普尔兹佩科尔卡采取预防措施，在发动决定性攻击之前摧毁在黑格上行进的象（为了突出弱点）。

兹诺斯科·波罗夫斯基-麦肯齐局（对局9）展现了黑方试图通过...g6让对方的马远离自己的领地。他成功了，但代价是削弱了王附近的黑格。白方发现它，用他自己的子轮流占据关键格。

塔拉什-埃卡特局（对局10）是一个有趣的例子，说明了机械地下棋是危险的。黑方被迫走...f5和...g6，之后他不得不面对由于弃象而使所有守卫王的兵被消除的事实。

接下来的两个对局是包含丰富内容的、令人愉快的微型例局。

富洛尔-皮查克局（对局11）是一个迷人的示例，展示了如何迫使守卫王的兵移动，破坏防御的过程。皮查克迫使g兵前进，然后是h兵，最后通过弃后来冲破王前的屏障。

在皮查克-富洛尔局（对局12）中，富洛尔复仇，利用了白方走h3驱赶象的着法。它导致了兵的损失并且造成黑后的进入——走到非常接近白王的地方，令白方不安。随后的集中攻击使得白方只有一个兵来保卫它的王。

在多比亚斯-波德戈尼局（对局13）中，多比亚斯迫使g兵前进，然后是h兵。他巧妙地破坏了已经被削弱的局面，使其崩溃。

在塔拉什-米塞斯局（对局14）中，塔拉什摧毁f6马，这是黑方易位后局面的最佳防守着，并在此过程中将g兵连根拔起。对塔拉什来说，兵形的中断使事情变得容易，他利用一个小兵平静地移动就收获了胜利。

接下来的两场比赛严格来说不属于王翼进攻的类别。我将它们包括在内是为了展示不能保障王安全的后果。

阿廖欣-庞德乐局（对局15）有一些令人愉快的非常规走法，阿廖欣惩罚浪费时间的走法。黑方易位受阻，他的王留在中路，在那里它会受到致命的攻击。

塔拉什-库尔施纳局（对局16）是一个短小的示例，描述了看似合理但敷衍的走法是如何被残酷对待的。塔拉什惩罚对手违反原则的行为，把对手的子赶回到可以使它们相互干扰的地方，阻止黑方易位，然后用他所有可用的子来攻击对方。

对局1

冯·谢夫 – 泰克曼

柏林 1907

瑞高钢琴变例

开局策略的首要目标是快速地将子从后排走出来，积极地投入到对战中。

你不能只用一两个子组织进攻（更不用说试图去将杀对方），必须要尽可能出动所有的子，因为每个子都有工作要做。

好的开始方式是一次释放两个子，可以通过挺进一个中心兵来实现。

1.e4

这是一个极好的开局着法。白方在棋盘的中心锚定了一个兵，并为他的后和其中一个象开线。如果条件允许，他的下一步着法将是2. d4。这两个兵会控制第五行的四个格子，c5，d5，e5和f5，并阻止黑方将价值更高的子放在这些重要的格子里。

黑方如何应对白方的第一步？他绝对不能浪费时间考虑没有意义的着法，例如1.... h6 或1.... a6。这些和其他漫无目的的走法对出子没有任何作用，也不会干扰白方垄断中心的威胁。

对于好的格子，黑方要努力争取获得与白方均等的机会。黑方一定要争夺对中心的控制。

为什么所有这些压力都集中在中心？为什么中心如此重要？

处在中心的子享有最大的行动自由，并且具有最广泛的攻击范围。例如，位于中心的马向八个方向延伸，攻击八个格子。位于棋盘边上的马，它的攻击范围被限制在四个格子内，相当于只是半个马！

占据中心意味着控制最有价值的领地。尽可能缩小对方子的空间，制造防御难题，因为对方的子往往会彼此阻碍。

占领中心或从隔开一段距离的地方控制中心，设置一道屏障将对手的军队分开以阻止对方子力之间的协调配合。一支被分裂军队的抵抗通常不会很有效。

1.... e5

非常好！黑方坚决要在中心获得平等的份额。他将兵牢牢地固定在中心，

图1-1

并且同样释放了自己的两个子。

2.Nf3! (图1-1)

绝对是棋盘上最好的着法！

马带有威胁作用的出子，进攻黑兵。这样走赢得了时间，因为黑方不能随心所欲地出子。**在做其他的任何事情之前，他必须先拯救这个兵**，这减少了黑方的选择。

马**向着中心**出子，扩大了它的进攻范围。

马对中心两个具有战略意义的格子e5和d4施加压力。

马在对局的早期就开始发挥作用，遵循的原则是：**先出马，再出象**！

这一原则的一个理由是马比象的行进距离短，它需要更长的时间才能到达战斗区域。象可以一步从棋盘的一边扫到另一边（例如，f1的象一步就能到达a6）。马需要跳跃多步才能到达的地方，象往往可以一步到位。

先出马的另一个目的是我们非常确信开局中马应该在这样的位置，它们在这些格子里最有用。我们并不总是能够确定象的正确位置。我们希望象能控制较长的斜线，或者我们更喜欢用象去牵制对方的子力。所以，**先出马，再出象**！

此时，你会注意到黑方必须要首先保护e兵。

有几种方式来保护这个兵。他必须对这些可以选择的方式进行评估，然后进行正确的选择：2.... f6；2.... Qf6；2.... Qe7；2.... Bd6；2.... d6和2.... Nc6。黑方正确的选择是哪个呢？他必须要分析无数种战术组合并试图想象接下来的十步或十五步的各种攻防吗？

让我赶紧向你保证，大师不会将宝贵的时间浪费在徒劳的猜测上。相反，他使用了一个强大的秘密武器——局面判断。剔除走向劣势的着法，对弈者无须花费太多的心思。明显违反原则的着法，可以一带而过。

他若选择正确的着法，需要进行如下思考：

2.... f6："太糟糕了！我的f兵占据了一个应该为马保留的格子，它还挡住了后斜线的路径。而且当我本该出子时，我却移动了一个兵。"

2.... Qf6："坏着，应该让马在f6格，而不是后。用最强大的子去防御一个兵，我在浪费力量。"

2.... Qe7："这样走封闭了f8的象，而我的后正在做一件其他轻子也能做的小事。"

2.... Bd6："我虽然出了一个子，但是d兵被堵住了，c8象可能被活埋。"

2.... d6："不差，给了c8象一个出口。但是这样走限制了f8象的行动范围。问题依然是本在应该出子的时候，却移动了一个兵。"

2.... Nc6："找到了！这必须是最好的，我出动了一个子到最适合它的格子里，同时保护e兵。"

2.... Nc6！

无须进行烦琐的分析，黑方就选择了可能的最佳着法。他听从法国人的建议："把子走出来！"他出动了一个子，并且保护e兵，**没有任何时间损失**。

我要提醒你，不要盲目地遵循某条原则。国际象棋如同生活一样，原则经常被抛到一边。不过，总的来说，遵循原则下棋效果确实令人惊奇。方向明确，尤其是在开局、中局和残局中！

图1-2

3.Bc4 (图1-2)

根据塔拉什所说"最好的进攻子是王翼的象"，因此白方将这个子投入战斗，并为尽早易位清除道路。

象控制了中心的一条有价值的斜线并攻击黑方的f7兵。这个兵特别容易受到攻击，因为它只有一个保护棋子—— 王。即使在对局的早期，为了这个兵弃掉一个子也是很正常的，因为王吃子后就会暴露自己，遭到猛烈的攻击。

3.... Bc5

对黑棋来说，这是最适合它的格子吗？让我们来看看所有的选项：

3.... Bb4：劣着，因为黑方的象没有参与对中心的争夺，而且在这里它的活动范围很小。

3.... Bd6：坏着，一旦d兵被封锁，另一个象的问题就会出现。

3.... Be7：不算太坏，因为象辐射两条斜线，并且处于防御状态。在e7，象仅向前迈出了一步，**但是一旦离开底线，它就已经出子了**。要记住的重要一点是，每个子都必须要出动。

最强的出子走法是3.... Bc5。在这个极好的格子里，象控制一条重要的斜线，对中心施加压力并且攻击一个弱兵。这种部署符合开局的两条黄金原则：

尽快将每个子放在最有效的格子上。

在开局中，每个子仅移动一次。

图1-3

4.c3 (图1-3)

白方的首要目标是在中心建立两个兵，通过这一着可以支持d兵的挺进。5.d4，攻击象和兵，黑方必须5.... exd4应对。白方6.cxd4吃回后，就有了两个兵控制中心。

他的第二个目标是把后带到b3，增加对f7兵的压力。

这些是它的优点，但是 4.c3也有缺点：在开局中，要移动子而不是兵。挺进c3，兵占据了原该为b1马保留的格子。

4.... Qe7

非常好！黑方出子而且阻挡了威胁。如果白方执意走5.d4，那么5....exd4 6.cxd4 Qxe4+黑方会多获得一个兵。带有将军的吃子让白方没有时间找回他的兵。当其他都是平衡的，多出来的一个兵足够让他获胜。

5.O–O

白方延缓挺进d兵，把王移动到更安全的地方。

尽早易位，最好是向王翼进行的短易位。

5....d6

加强中心并且支撑e兵和象。现在c8象可以准备进入战斗了。

6.d4

希望黑方交换兵。白方在中心列队，c3格留给马。如果6....exd4 7.cxd4 Qxe4 8.Re1，白方用车牵制后。

6.... Bb6

但是，黑方不需要吃子！现在e兵是安全的，象简单撤退，对白方的中心施压直到形成新的局面。

尽管看起来气势汹汹，但是白方的中心兵却摇摇欲坠。d兵被三个棋子攻击，白方在完成出子的同时必须保持对d兵的三重防守。7.Qb3，之前的计划，如果这样走，那么后对兵的保护被移除；7. Nbd2 保护被切断。与此同时，白方面临着7.... Bg4牵制的威胁，从而使马作为兵的支持者变得无用。

在进行明确行动之前，白方设置了一个小陷阱：

图1-4

7.a4（图1-4）

欺骗性的一着，但是不合逻辑。白方威胁8.a5攻击象。如果8....Bxa5，9. d5，袭击保护象的马。9.... Nd8，10.Rxa5，白方得子。黑方应该在8. a5之后走8.... Nxa5，9. Rxa5，Bxa5，10.Qa4+，白方用两个子换黑方一个车。

但是，白方的出子如此落后，还有什么权力玩战术组合呢？这样的进攻为时过早，应该不会成功。

战术组合之前先完成你的所有出子！

7.... a6

黑方为象的撤退做准备。这并不违反开局中非必要不走兵的原则。出子不是无目的的行动，首先必须要应对威胁。如果需要更多的理由，那就考虑到黑方的时间损失被白方徒劳的7. a4所补偿。

8.a5

存在一个极小的机会，黑方将临时吃掉这个兵。

8.... Ba7

但是黑方并没有上钩！

图1-5

9.h3（图1-5）

低水平棋手本能地走出这一步，因为害怕被牵制。

不走h3，形成牵制，会造成临时不便，而走这一步会让防御王的兵形松散，结构被永久地削弱。两者相比，不走会更好。易位之后走g3或h3能造成无法弥补的弱点。兵一旦前进就无法后退，局面一旦改变就无法恢复。挺进的兵会成为对方攻击的直接目标，而之前它所保护的格子（这里是g3格）会成为敌军的登陆场。

"除非有必要或为了获得优势，否则你永远不应该移动易位的王前兵，"塔拉什说，"因为每一步兵的移动都会使局面松动。"

阿廖欣表达得更加强烈："让易位后的王前的三个兵尽可能长时间地留在原来的格子上。"

黑方现在可以通过移除h3兵来打破白方的王翼，通过弃子撕开g线，暴露白王，使其遭到攻击，这个计划需要黑方有更多的子进入攻击任务中才能实施。

9.... Nf6

马通过攻击e兵进入战斗。

此举非常出色，符合一个有用的一般原则：

尽可能带有威胁地出子！

请记住，为了应对威胁，对手必须放弃他正在做的其他事情。

10.dxe5

白方交换并为他的子打开线路。不幸的是，在这些情况下根据原则，对黑方有利：

开线对出子领先的一方更有利。

图1-6

10.... Nxe5（图1-6）

比用兵吃强太多了。马处在e5，向各个方向辐射力量（这是处在e5格的兵无法做到的）。

白方d兵消失，对隐藏在a7的黑象有利，它的行动范围扩大，现在可以控制大斜线，直接作用到f2兵上，白王就处在f2兵的后面！

白方现在该怎么办呢？他没有采取任何措施来缓解他的e兵的困境——仍然受到黑方马的攻击，而白方的象也正在被另一个马威胁。

11.Nxe5

这看起来是合理的，因为白方消除了黑方一个强大的子，但在进行交换时，白方的f3马（对于易位局面最好的防御者）也从棋盘上消失了。多年前，斯坦尼茨曾指出在这种情况下保持马的重要性，他说："王翼上的三个不动的兵与一个轻子一起形成了一个强大的堡垒，可以抵御对这一翼的攻击。"塔拉什用一个简单而有力的陈述证明了f3马的宝贵特性："白方f3的马（对于黑方是

f6）是王翼易位局面中的最佳防御者。"

图1-7

11.... Qxe5（图1-7）

观察到白方的马已经完全从棋盘上消失了，但黑方的马已经被他的另一个子取代了。

这个新的子后，华丽地站在了e5格上。它控制中心，压制倒霉的e兵，并准备在棋盘的任何部分快速行动。

白方如何解决来势汹汹的后造成的局面和对e兵攻击所带来的问题？ 白方很想通过 12. f4 赶走后，但不幸的是，此举是违反行棋规则的。他能拯救这个兵吗？

12.Nd2

迫切希望黑方12....Nxe4吃掉兵，接下来13.Nxe4 Qxe4，14.Re1，白方就可以牵制后。

但是黑方对夺兵并不感兴趣。局面优势足以证明寻找能够最终推动胜利的战术组合是合理的。黑方的象在它所在的斜线上给白方施加了极大的压力（甚至一个象还没有出动！）。它们各自都在攻击一个保护王的兵。黑方的后准备向王翼运动，如果需要更多帮助，马可以跳进去。黑方控制中心，卡帕布兰卡说，这是成功攻击王的必要条件。简而言之，黑方获得可以制胜的战术组合，作为他有条不紊的局面性弈法的奖励。

问题是：有没有一个引爆点可以让这种被压抑的力量爆发出来呢？

12.... Bxh3!

的确有的！h兵，为了阻止被牵制而走到h3的兵！

黑方吃掉了削弱白方局面并使王暴露的兵，作为对白方的惩罚。

13.gxh3

白方必须吃掉象，否则兵就白白地被吃掉了。

13.... Qg3+!

一个崩塌的入口！注意黑方如何利用9. h3 的两个主要缺陷的。**吃掉了h3的兵；把g3格作为侵入点，g3是由于h2兵挺进到h3，削弱局面造成的。**

14.Kh1

白方不可能吃掉黑后，因为f2兵被牵制。

14.... Qxh3+

黑方破坏另一个防御的兵，更加暴露王。

15.Kg1

白方仅有的一步棋。黑方弃象，换得了白方的两个兵和进攻的机会。

15.... Ng4（图1-8）

这一步威胁将杀。白方必须针对h2的威胁进行保护或者给他的王一个逃跑格。如果他试图通过走车给王制造空间16.Re1 Bxf2# 依然还是将杀。

16.Nf3

保护h2，阻止被后将杀。

黑方如何总结这一场进攻？他是这样推理的：我吃掉了王旁边的两个兵。如果我能移除

图1-8

掉第三个兵，将剥夺王的最后一丝保护，他将束手无策。最后的防御棋子，f兵被我的马和象攻击，这个兵被白王和白车保护。我要么击退一名守军，要么加入第三个攻击棋子。也许我可以兼而有之！

16.... Qg3+

再次利用f兵被牵制的情况，黑方用第三个子——后来攻击它。

17.Kh1（图1-9）

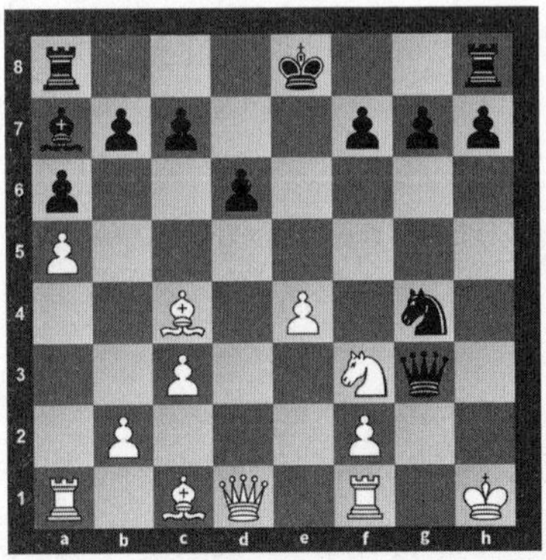

王必须移动到角落，舍弃兵。现在只有车在保护它，抵抗后、马和象的攻击。兵必须丢掉，对局也随之结束。

17.... Bxf2

覆盖王的逃生格，g1，并阻止他应将时返回。0-1

黑方的威胁是：18.Rxf2 Nxf2#（18.Rg1 Qh3+ 19.Nh2 Qxh2#）无法逃脱，被将杀。

图1-9

对局2

柳巴斯基－苏尔坦贝夫

烈日 1928

瑞高钢琴变例

1.e4

棋盘上最好的着法之一！一个兵占据中心，两个子被释放出来准备参与对战。

伟大的菲利道尔曾说："开局第一步没有比将e兵推进两格更好的着法了。"这个建议在今天仍然很好。

白方第一步只有一个其他的着法，1.d4，可以同时释放两个子。

1.... e5

卡帕布兰卡说："这可能是最好的应着了。"

黑方平衡了中心的压力并释放他的后和象。

2.Nf3

这优于 2. Nc3或 2. Bc4这些缺乏活力的出子方式。g1马具有攻击作用的出子，减少了黑方应着选择的可能性。

黑方必须通过2.... Nc6或2.... d6或2.... Nf6的反击来防御他的兵。

无论答案是什么，他都不能拖拖拉拉、浪费时间，必须采取行动直面白方的威胁。

2.... Nc6

合乎逻辑的着法。在不浪费时间的情况下，兵得到了保护，b8马一步就走到了开局中最好的位置。

3.Bc4

很好，象抢占了一条重要的斜线。瞄准了**黑方最薄弱的点——f7**。

象的最大作用是控制重要斜线或牵制对方的子，使其不能发挥作用。

3.... Bc5

3.... Nf6也是一个不错的选择。这两种走法都符合大师们提倡的和使用的格言：

·快出子！

·每个子在开局只移动一次。

·出子以控制中心。

·只移动那些能够促进出子的兵。

·移动子，而不是兵！

图2-1

4.c3（图2-1）

白方的意图很明确：支持中心兵挺进。他的下一步要走5. d4进攻兵和象。为了保护e兵，黑方被迫只能走5.... exd4。白方6. cxd4吃回兵，在中心形成强大的兵形结构。

如果可以实施，白方的想法是有意义的。如果计划失败，c3兵就占据了对于b1马最有用的格子。

4....Bb6!

国际象棋不是机械的、呆板的对弈游戏。通常情况，在开局阶段一个子被移动两次是一种浪费时间的行为，但是**在继续出子之前要先规避威胁。**

黑方撤退象是为了先发制人，应对白方下一步5.d4，进攻兵和象的计划。

5.d4（图2-2）

希望诱导黑方接受换兵。注意，黑方e兵正在被攻击，**此时被攻击的棋子没有黑象。**

5.... Qe7

黑方没有交换兵（如果此时白兵同时攻击黑兵和黑象，黑方就只能接受交换）。黑方带入了另一个子来防御e兵。后仅前进了一格，但即使这样，也值得赞赏：**离开底线的行动被视为出子。**

图2-2

除了出动一个子和防御兵，黑方这一步还威胁6....exd4 7.cxd4 Qxe4+，得兵。

6.O-O

除了从易位（保护王和调动车）中获得的好处外，白方的走法间接地保护了e兵。如果黑方尝试6.... exd4 7.cxd4 Qxe4+，则 8.Re1 牵制，得后。

6.... Nf6!（图2-3）

马出子并威胁白方e4兵。

图2-3

7.d5

诱人的走法，因为它将c6马从最强的位置上驱赶走。

这着棋是很自然的，但是存在一些不利的方面：

d兵堵住了白方自己的c4格象，极大地限制了它的行动范围。

黑方b6格象的行动范围扩大了；它的威胁现在直接指向白王。

当后翼的子急须出动的时候，白方却走了一步兵。

在开局中，只为了帮助出子才移动兵。

7.... Nb8（图2-4）

撤退比让马走到棋盘边上更安全。7.... Na5 8. Bd3，白方威胁9.b4捉马。

8.Bd3

保护e兵，但是出动另一个子更符合开局策略。8.Nbd2或8.Qe2保护兵，同时带入更多的子进入到战斗中。

在开局中，一个子不要移动两次。

有趣的是，黑方如何惩罚这些违反原则的行为。在棋盘上，正义必胜。

8.... d6

这个兵的走法也不例外：它加强了中心，为c8象打开了一条道路，并减轻了后看守e兵的负担。

图2-4

图2-5

9.h3（图2-5）

阻止黑方9....Bg4牵制马，但正如普布利乌斯·西鲁斯很久以前观察到的那样："有一些治疗方法比疾病更糟糕。"

打乱了用于保护王的兵形，白方从**器质上**削弱了短易位后形成的局面结构，**使h兵不幸地成为对方攻击的直接目标。**

所有的国际象棋理论家都肯定了让王翼兵不动这一说法的有效性，斯汤顿曾说过："一个没有经验的棋手才会挺进易位后王前的边兵。"一个世纪后，鲁本·弗恩说："我们最要考虑的是不要让王遭受攻击。当三个兵在初始位置时，它是最安全的。"

黑方如何利用白方的上一着棋获得优势呢？暴露其缺陷的最佳方法是什么？

9.... h6！

走了一步与我严厉谴责的相似着法！

黑方挺进h兵的理由是什么？

黑方并没有削弱他的防御局面，因为他的王没有向王翼进行短易位。**挺进h兵是一种攻击姿态**，而不是害怕被牵制。h兵成为g兵的支撑，支持g兵挺进到g5，然后是 g4。从那里它将向两个方向进攻，分别是白马和h3兵。要么白方被迫用h兵吃掉g4兵，要么让g4兵吃掉他自己的h3兵。无论发生哪种交换，都会导致g线的开放，黑方可以沿着这条竖线排布子力攻击白王。

10.Qe2

出子，但是有可能为时已晚。

10.... g5！

刺刀推进！下一步就是g4，这个兵将打破白方的局面。

11.Nh2

为了阻止进兵的计划。如果兵继续前进，它会被三个棋子攻击，而防御棋子只有两个。

黑方的计划会无法执行吗？

11.... g4！

根本不会！如果有必要，为了撕开白王周围的掩护，黑方可以弃掉一个兵。

12.hxg4（图2-6）

真正的逼迫，因为黑方威胁12....gxh3或12....g3。

图2-6

白方暂时没办法关闭这条竖线。

12.... Rg8

现在g兵遭到黑方的三个棋子进攻，而防御棋子只有两个！

显然，白方不能通过13. f3给兵提供更大的支持，因为会违反行棋规则，是不允许的走法。

13.Bxh6

拼命地抢夺一个零散的兵。鉴于白方出子的迟缓和王的困境，这样吃子是冒险的策略。如果还有希望的话，要走13.Be3这样的着法。不仅会带来另一个子，还可以用同等力量对抗另一股力量，从而抵消黑象的压力。**不要以牺牲出子或局面为代价去吃兵。**

13.... Nxg4

除了吃兵之外，还通过威胁象赢得时间。

白方能如何挽救局势呢？

如果尝试14.Nxg4 Bxg4（攻击后）15.Qc2 Bf3（威胁16.... Rxg2 17. Kh1 Qh4#）16.g3 Qh4! 将在h1将杀。

黑方巧妙地利用了白方被牵制的兵的无奈。

14.Be3

象逃跑并试图抵消其中的一个进攻棋子。

14.... Nxh2

这样吃子极大地限制了白方应对的选择。马吃了一个子后现在威胁吃车。

15.Kxh2

图2-7

对于白方15.Bxb6，黑方可以通过下面方式获胜：15....axb6 16.Kxh2 Qh4+ 17.Kg1 Rxg2+!（最快速）18.Kxg2 Bh3+! 白方两种走法都会被将杀19.Kg1 Qg5+ 20.Kh2 Qg2#，或者通过下面走法进行闪将19.Kh2 Bxf1+ 20.Kg1 Bxe2，毁灭性的子力损失。

15.... Qh4+

黑方的两个重子在白王附近的两条开放线上全力作用。

16.Kg1（图2-7）

白方仅有的着法。

16....Qh3

威胁将杀。 0–1

不需要太多步数就会被将杀，没有任何防御的方式：

如果17.g3 Rh8 18.f3 Bxe3+ 19.Qxe3 Qxg3#（或者19.Rf2 Qh1#）

如果17.f3用后保卫g兵，17....Bxe3+ 18.Rf2 Qxg2# 将杀。

白方害怕牵制，却因为牵制而灭亡！

对局3

科里 – 德尔沃

甘德–泰尔讷曾 1929
科里方案

1.d4

现代棋手认为这是最好的开局着法之一。它的作用与1.e4 相同，两个子被释放出来参与战斗，一个兵占据中心格。不同之处在于d兵是有保护的，而e兵则容易受到早期攻击。

1.... d5

这一步和1....Nf6是迄今为止对1.d4最常见的应着。不允许白方走2.e4，用他的兵控制重要的中心格。

2.Nf3

正如伟大的权威拉斯克——保持27年的国际象棋世界冠军，对这步棋的评价："在我的实践中，我发现通常将马放在'B3'是最强的，在那里它们有很大的影响力。"这里的"B3"指的是白方的c3和f3格，或者黑方的c6和f6格。

2....Nf6

黑方按照这个法宝，出动王翼的马到它最有用的格子上。

3.e3

通常，释放一个象而封闭另一个象是值得怀疑的策略。在这个对局中，白方采用的方案要求在后方储存力量，适当的时候通过关键的e4格爆发、释放。

为此，白方出子，尽可能让他的子给e4格施加最大压力。因此，白方的象将占据d3，而他的b1马将移至d2。如果需要集中更多的力量，白后可以走到e2，或者进行易位 O-O，接着走Re1。然后，所有这些势能、力量开始准备释放，e兵挺进到e4，打开局面并向黑方的王翼开火。

科里方案的出子都在自己一方的阵地上，但目标是王翼进攻！

图3-1

3....e6（图3-1）

这是一个常规的出子着法，用于保持对称性，但存在没有对抗白方计划的缺陷。显然，用3.... c5攻击白方的中心兵或用3.... Bf5反击是更好的策略。后者不仅是一个简单合理的出子着法，还准备对抗白方的象，白象计划移到d3增强力量。象的交换将剥夺白方在王翼进攻中最有价值的武器。

4.Bd3

注意区别！白方的象占据了漂亮的斜线，而黑方的c8象，被自己的e兵包围在里面。

4.... c5!

好棋！黑方进攻中心的兵阵并给后在后翼的进攻打开了线路。

c兵的释放在后兵开局中是最重要的。

5.c3

"在开局中只会移动一两个兵！"所有的权威都这样说，但任何原则的遵循都不能教条和不知变通。

图3-2

这着棋在黑方...c4之后，让象走到c2，即Bc2，保持对黑方王翼的威胁。如果在d4交换兵，白方可以用e兵吃回，同时释放他的c1象。

5.... Nc6

另一步好棋。马朝着中心走，增加对d兵的压力。

6.Nbd2（图3-2）

一步看起来很奇怪的出击。这个马不仅挡住了后和象的去路，而且马这个子本身似乎也没得到什么好处。然而，高手会毫不犹豫地走出这一步！一方面，马增加了对具有战略意义的e4格的压力，这是即将到来的攻击。另一方面，**一旦它离开底线，它就被调动起来**。最后，它可以在合适的时候从后和象的路上跳开。

6.... Be7

黑方带入了另一个子进入战斗并准备通过易位让他的王安全（请记住，象一旦离开底线就肩负了一项战斗工作）。

7.O–O

王进入到暴露较少的区域，而车则从隐蔽的角落里出来。

7.... c4

这是初学者本能走出的着法，目的是把令他讨厌的子从有利的位置上赶走。这着棋显得有些弱，因为它释放了对白方中心的压力。如果黑方要在这个重要区域拥有主动权，就必须绷紧压力。

中心反击是对抗王翼进攻的最佳手段，为了确保反击，兵的位置应该是可变的。

8.Bc2

象自然地撤退，但仍停留在通往e4格的斜线上，那里将出现突破。

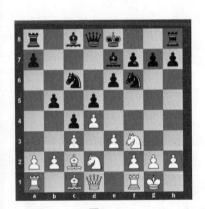

图3-3

8.... b5（图3-3）

主要是为了白格象在b7腾出空间，另外也考虑给白方后翼兵的挺进制造麻烦。

9.e4!

开局阶段的关键着法！它将为白方被压抑的棋子开辟攻击路线。

9.... dxe4

这步交换对于黑方来说不是情愿的选择，但他不能让白方将兵挺进e5，那会造成f6马被赶走而且严重限制了黑方的移动，e5兵将长时间悬在黑方的头上。

图3-4

10.Nxe4（图3-4）

随着马吃回，白方趴在后面的子开始发挥作用。

白方有主动权。如果没有立即进攻的机会，可以悄悄地增加压力，通过走Qe2、Re1、Bf4（或Bg5）和Rad1，等待重击黑方。

10.... O–O

此时推迟易位可能更明智（与通常的原则相反），因为白方已准备好向王翼方向进攻了。尽早易位的规律还取决于局面所处的环境，如果不利于易位，则应该重新考虑。

黑方最好尝试反击：10.... Qc7，接着11.... Bb7，12.... Rd8。

11.Qe2

出子，也威胁得子。12. Nxf6+ Bxf6 13. Qe4威胁王翼将杀和吃掉后翼暴露的马。

11.... Bb7

黑方出动另一个子来保卫c6马。

12.Nfg5!

致命的威胁13. Nxf6+ Bxf6 14. Bxh7+ Kh8 15. Qh5。

为什么要为一个如此容易应对的简单威胁加上感叹号？既然黑方不仅能解救这个兵还能让白方失去时间，为什么还要赞美这一步棋呢？黑方只需将h兵移动一格，迫使白方的马撤退。

对这些问题的回答是，白方用马的移动达到**迫使保卫黑王的兵向前移动的目的**。

成功进行王翼进攻的秘诀是在敌王周围的兵阵中制造突破口；诱导或迫使其中一个兵移动。兵形的变化成为永久性的防御弱点。

12.... h6

桑塔西尔说："要万分谨慎地触碰王前的兵。"但是，唉，为时已晚——黑方只能扰乱兵的局面。

如果尝试12...Nxe4，那么通过13.Qxe4吃回，威胁将杀，黑方被迫走13.... g6，结果还是兵形被打乱了。

13.Nxf6+

摧毁f6的马，它是易位后局面的最佳防御者。

13.... Bxf6

若13.... gxf6很快就会输棋。白方可以通过14.Nxe6马吃兵，也可以通过14.Nh3获胜，具体变化如下。

14. Nxe6 fxe6 15.Qg4+ Kh8（15....Kf7 16.Qg6#）16.Qg6 f5　17.Qxh6+ Kg8 18.Qxe6+ 下一步f兵就会丢掉；

14.Nh3（威胁15. Bxh6）14....Kg7 15.Bxh6+ Kxh6 16.Qe3+ Kg7　17.Qg3+ Kh8 18.Qh4+ 下一步19.Qh7#。

14.Qe4

威胁立刻将杀。

图3-5

14.... g6（图3-5）

通过14....Re8想给王制造出逃跑的空间，但看起来不是很好，15.Qh7+ Kf8 16.Ne4 白方的进攻显得很危险。然而，这比黑方的实际走法更可取，阻止了后的靠近，但改变了兵的布局。兵阵形的变化使黑方背负了一个永久的弱点，并且可能是致命的。

这一切对白方来说都是鼓舞人心的，但他如何实现？如何利用黑方的弱点？尤其是，他对于仍然受到攻击的马如何处理？会灰溜溜地退缩吗？

在将马移回f3之前，白方仔细观察了情况。决定性一击的机会可能就在此刻，但一个仓促的、平淡无奇的着法可能会给黑方足够的喘息时间来重组防御。

这个局面下，看看白方如何推理出他的进攻方法：

关键点一定是黑方的g兵，它可以保护王免受入侵。一旦这个兵出了什么问题——如果它被吃了——防御就会崩溃，我可以闯进堡垒。我该如何将它从棋盘上移走呢？

g兵被f兵保护；假如我通过弃马来毁掉它的保护者f兵呢？15.Nxf7 Kxf7（或者15....Rxf7）16.Qxg6+，用马换了黑方的两个兵，第三个就在眼前，h兵一定会被吃掉。子力方面几乎一样，但是局面完全被破坏了，锁定胜利应该很容易。

这可能是总体计划，但在实施之前，白方会分析战术组合中可能存在的缺陷：15.Nxf7 Kxf7（带入另一个子去防御）16.Qxg6+ Rg7　17.Qxh6 Nxd4! 黑方突然成为进攻者了！黑方威胁两步杀：18.... Ne2+ 19.Kh1 Bxg2#，以及彻底地毁灭18....Rxg2+ 致命地将军。

显然这种下法太危险了。有没有其他的方法突破，不让黑车加入？我可以在不打扰车的情况下消除掉f兵吗？消除这个兵很重要，因为它保护着g兵和e兵。等一下！**最后一句有线索**。f兵保护着两个兵，它正在为两个主人服务。显然是过度劳累了！我必须增加它的负担，通过引诱让它离开目前的重要位置！

因此：

15.Nxe6！

马吃兵，攻击黑后和黑车。

15.... fxe6

黑方被迫接受这个弃子，否则会丢子，只能将f兵走开。

16.Qxg6+（图3-6）

白后吃掉g6兵比吃掉e6兵要强，吃掉e6兵之后黑方有四种应将的方式。这些应着中每一个的结果都可能是输棋，但更实际的做法是用强制性着法攻击敌人，让敌人别无选择。

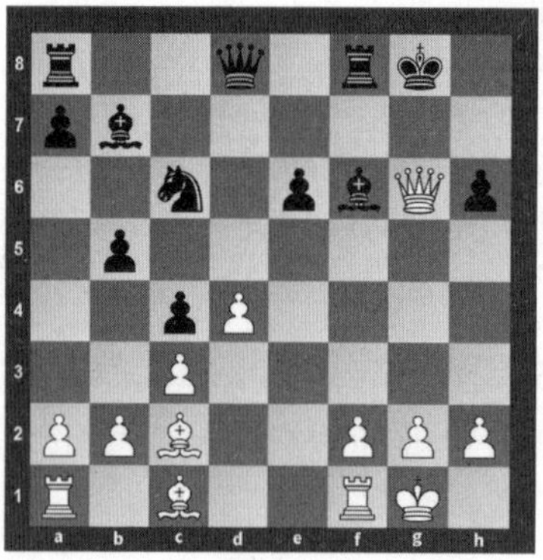

图3-6

16.... Bg7

这是仅有的着法，一旦黑方选择16.... Kh8即将被将杀。

17.Qh7+

白方还有其他的选择：17.Bxh6或17.Qxe6+，将王赶到白方其他子能够管控的位置。

17.... Kf7

唯一的着法。

18.Bg6+

比18.Bxh6要强，黑方可以走18....Qf6，接下来走19.... Rh8，黑方一直跑。

18.... Kf6

当然不能走18.... Ke7，19.Qxg7+，让白方吃掉了两个象。

19.Bh5（图3-7）

白方仍要通过20.Qg6+ Ke7 21.Qxg7+，吃

图3-7

掉两个黑象。

19.... Ne7

阻止后将军的唯一方式。

20.Bxh6

白方并不是为了吃掉这个兵，而是要把另一个子带入攻击任务中。兵只是总体攻击方案中附带的福利而已。

20.... Rg8

为了躲避威胁：21. Qxg7+ Kf5 22.Qe5#。

若20.... Bxh6 21.Qxh6+ Kf5 22.Rae1 黑方要面对来自车或g兵的将杀威胁。

21.h4

新的威胁是22.Bg5#。

21.... Bxh6

败局已定，黑方没有防御方法了：如果21....e5 22.Bxg7+ Rxg7 23.dxe5+ 王只能放弃车。

22.Qf7# (1-0)

对局4

布莱克本 - 布兰查德

伦敦 1891

拒绝王翼弃兵

1.e4

许多领域中会存在相似的特点。井字棋玩家和国际跳棋大师都会从棋盘的中心开局。

国际象棋大师们经常第一步走1.e4。

在科学家们深入研究之后，发现这些走法仍然是很好的开局方式。

1.... e5

黑方为他的两个子打开线路并且建立平衡的中心。

2.f4

献出一个兵，诱使黑方放弃中心的所有权。

如果黑方接受这个礼物，白方接下来可以走3.Nf3，然后4.d4，用兵统治中心。另外，f线的缺口将为白方提供一个机会，直接进攻f7弱点。无论黑方的王待在初始位置还是易位，这都是他的痛点。

图4-1

2....Bc5（图4-1）

可能是拒绝弃兵最安全的方法：

（1）象对中心施压并控制一条不错的斜线。

（2）象增加了对d4格的攻击，阻止白方将d兵挺进d4。

（3）象处在c5格，俯瞰g1，阻碍白方，使其不能在短时间内进行易位。

3.Nc3

白方避免3.fxe5，因为黑方应着来势汹汹3....Qh4+ 4.g3 (更差的是4.Ke2 Qxe4#) 4....Qxe4+ 黑方得车。

白方实战中的走法并没有3.Nf3有力量，但是白方布莱克本想通过3.Nc3引诱他的对手走：3....Bxg1 4.Rxg1 Qh4+ 5.g3 Qxh2 6.Rg2，接下来7. fxe5，白方获得很好的局面。

3.... Nc6

简单地反驳了白方的想法。

黑方继续在战场上集结力量。在争夺中心控制权的战斗中，黑方马通过对e5和d4格施加压力来发挥作用。

图4-2

4.Nf3

白方错过了一个得子的机会吗？4.fxe5 Nxe5 5.d4? 不是的，因为 4.fxe5 黑方可以走4.... d6，为了能够随心所欲、简单地出子，黑方可以付出一个兵的代价。

这个着法终结了后将军的可能性，并威胁e兵。

4.... exf4（图4-2）

最少有四点说明这一着是不好的：

（1）走的是兵而不是子，黑方忽略了开

局策略的主要目标：移动子！让它们离开底线，开始工作吧！

（2）放弃了对中心的控制和赋予它的特权。

（3）浪费时间吃兵，而这个兵是无法保留的。

（4）他允许白方下一步占据中心，黑象被迫撤退，因此黑方又损失了时间。

塔拉什认为，就像黑方刚刚走出的这一步，是比昏着更糟糕的攻击，相当于失去一个子的损失。

取而代之，黑方更好的走法是：4....d6，可以控制一切并让c8象见到了曙光。

5.d4!

当然，任何棋手都不应该花费超过半秒钟的时间看到这个兵推进的威力！兵控制了中心的大部分区域（占领d4格并攻击其他两个重要的格子），令黑象从其强大的位置上移开，并发现他自己的c1象正在对f4兵攻击。

5.... Bb4

象撤回到e7会是更合理的策略，象在防御方面是极其有用的。

6.Bxf4

白方随着吃子获得了一先，收回了丢失的兵，同时出子。

6.... d5

黑方攻击白方的e兵，争夺中心的控制权。同时，为后翼的子争取更大的空间。

7.e5

所有兵的移动都有积极的和消极的一面。塔拉什曾经说过："每一步兵的移动都会使局面松垮下来。"

白方挺进e兵的缺点是：e5这个格子对于子来说是很有用的，被兵占据了，作用变小了。如果e5格里的是马，会更有优势。

作为补偿，兵对黑方的整个局面产生了限制作用，并对黑方的王翼马施加了特别的限制，不能自然地出子到f6。

7.... Bxc3+

黑方想要给白方造成一对叠兵，但是为什么要吃掉这个被牵制的棋子而且它并没有造成什么危害？为什么要把压力松绑呢？

一个更可取的步骤是，将储备的力量运送出来，从7.... Bf5开始。

8.bxc3

作为叠兵弱点的回报（弱点不大，因为之后通过挺进c4兵会进行强制性交换，取消了叠兵），白方得到了双象优势并可以将车放在开放线b线上。

图4-3

8.... Be6（图4-3）

肤浅的一着，象出子走到f5会有更大的作用。在f5格可以阻碍白方的象自在地待在d3格，除非白方以换象为代价。

把子走到最有作用的、最有影响力的格子能够增加局面优势，阻止对手这样做，也会增强自己的局面优势。

争夺重要格子的控制权是很重要的。

9.Bd3

显然是一个极好的部署：象能抵达两个方向，准备向棋盘的两翼出手。

9.... h6

防止10.Ng5或10.Bg5。

白方只想尽快完成出子，并没有丝毫打算采取这些行动。

黑方...h6（或者白方h3），只有当h兵要为兵的进攻形成支持时，才应该走这一步。如，支持g兵挺进。对于防守方，这一着弊大于利，因为它松动了兵的结构，削弱了对进攻的抵抗力。如果王已经完成短易位，尤其危险。因为这个兵从一排兵中走出来，很容易被锁定为攻击的目标。而且它对之后的出子没有任何帮助，浪费了本应该出子的时间。

图4-4

10.O-O

白方一步就将王移到了安全的位置并且把车带到了半开放线上。确实，这条线被马和象给堵上了，干扰车发挥作用。但是，它们是子，不是兵，能够很快从这条路上走开。

10.... Nge7（图4-4）

这不是令马最愉悦的位置，但它还能如何进入战场呢？尽管这种出子很糟糕，但还是比让马无用地待在家里要好得多。

11.Rb1!

大师一闪而过，而普通棋手甚至连看都不看！

这条竖线上的车未来会怎样？它攻击一个兵，但兵很容易保护。为什么不尝试王翼攻击？

答案就在于此：大师的直觉（或者可能是他的知识或经验）告诉他，一旦发现开放线，就应该用车或后控制它们。他说："符合局面要求，将获得适当的奖励。走必要的着法以建立局面优势！出子，使其享有最大的机动性，并控制大部分领土。在你走出战术组合的第一步之前，集中力量，削弱敌人的局面优势，限制对方棋子的移动，并降低对方的抵抗能力。当时机成熟时，进攻会自己发挥。决定性的战术组合会让你眼前一亮。"

11.... b6

这是区分大师与业余爱好者的一着！

推进兵，保护它免受攻击，让白车如同咬到花岗岩，这是多么容易的解决方法！这种防御很明显，顶级棋手不会急于采用！他会尽量避免干扰兵形，考虑诸如 11.... Rb8 或 11.... Qc8 之类的替代方案。

按实际着法走出之后，黑方后翼的白格被削弱了。更重要的是，兵的前进剥夺了c6马的牢固支撑——白方即将在攻王时利用这种弱点。

12.Qd2

后离开它的底线，使两个车可以相互联系。它们希望叠在一条开放的竖线上，以增加对这条开放线的压力，或者以其他方式协同工作。

12.... O-O（图4-5）

直面暴风雨的破坏力！在走出这一步棋之前，黑方也许会问自己："如何利用白方的一个弱点，c线上的叠兵？"

他可能会发现：12.... Na5，目的是将马摆到c4格，堵住这对叠兵，干扰白子的自由移动，让白方如鲠在喉。白方可以吃掉这个马，但是要破坏掉颇有价值的双象，交换之后的结果是白方兵的位置不如黑方。最后，黑方可以将他的一个子锚定在d5上，这是一个不会被兵驱赶的格子。

图4-5

13.Bxh6

白方一定要以闪电般的速度夺取这个兵！

用象换了两个兵，拆除了王附近的兵阵——还有更多，我们将陆续看到。

13.... gxh6

黑方只能吃象，否则，白白丢兵却没有局面补偿。

14.Qxh6

我们看看白方弃子后的回报有哪些：

（1）弃掉象后换回了两个兵，是物质的回报。

（2）白后充满力量地站在了敌人的领地上——事实上，威胁下一步将杀！

（3）它撕开了由兵组成的、用于保护黑王的屏障。

（4）拥有强大的进攻的可能性，从15.Ng5开始。

（5）如果需要更多的帮助，他可以在15.Ng5之后，通过16.Rf3 17.Rg3来调动预备队。

图4-6

14.... Ng6（图4-6）

有其他的防御方式吗？

（1）14....Nf5（去阻碍象的行动），15.Bxf5 Bxf5 16.Qxc6白后吃掉黑方后翼没有保护的马，这是黑方在第11步本能地挺进了b兵造成的后果。

（2）14....Bf5 15.Bxf5 Nxf5 16.Qxc6，白方再次铲除了不幸的c6马。

（3）14....f5，使黑象处在容易被吃掉的位置。白方会遵循塔塔科维尔的出色建议来吃掉它："先吃掉它，然后再进行理性思考！"

15.Ng5

再一次威胁在h7将杀。相比15.Bxg6 fxg6 16.Qxg6+，然后17. Qxe6 获得子力优势，实际走法的取胜速度更快。

白方布莱克本听从了流行于19世纪的冯·海德布兰德和德拉萨男爵的忠告："最简单的、最短的获胜方式才是最好的。"

15.... Re8（图4-7）

车为王腾出了一个逃跑格。

图4-7

16.Rxf7

还有其他令人愉快的获胜方式可以选择：一种是16.Bxg6 fxg6 17.Qh7#；另一种是16.Nh7，然后17.Nf6+，可以快速将杀。

实际的走法使黑王陷入困境，并被威胁将杀。

16.... Bxf7

被迫的走法，如果黑方不想放弃的话，只能吃子。

17.Qh7+

把王推到致命的位置。

17.... Kf8

仅有的一着。

18.Qxf7# 1-0

貌似有道理，其实很草率的着法是危险的，在这盘对局中很好地体现了。白方布莱克本以盲棋形式进行8盘棋的车轮战，这是其中的一局，依靠着规律和方法取胜。事实证明，他很容易赢过那些只看棋局却思考不深入的对手。

对局5

鲁格 – 格布哈德

德累斯顿 1915

瑞高钢琴变例

1.e4

开局最重要的目标就是尽快地出子，目的是快速占领和控制中心。

白方的第一步是在中心固定一个兵，作为让他的子脱离底线的第一步，为后和象开辟了道路。

1.... e5

黑方平衡中心的压力并释放两个子进入战斗。他必须满足于此，因为他不能指望在这个早期阶段用武力将主动权从白方手中夺走。

2.Nf3

这是好的出子策略，带有威胁作用，减少了黑方应着的选择性。相比之下，2.Nc3消极了些，仅出子没有攻击，黑方可以从以下好的应着中随意选择：2.... Nf6，2.... Nc6，2.... Bc5。同样，如果白方第二步走2.Bc4，黑方有三种好的选择：2.... Nf6，2.... Bc5，2.... c6（期待.... d5）。

2.... Nc6

黑方出子并保护e兵。马有效地发挥作用：它的行动旨在影响中心。防御e5兵并攻击d4。

3.Bc4（图5-1）

象出动，占据了一个位置，它在斜线上朝着黑方瞄准。象攻击了一个脆弱的兵，它只有王保护。

图5-1

图5-2

这并不意味着白方要在下一步吃掉这个兵，但是威胁会一直存在。许多速胜的情况都归功于类似的吃子，其中象被弃掉只是为了将王吸引到白方的其他子可以攻击到的空旷地带。

3.... Bc5（图5-2）

黑方想法一致，把象带入到最适合的格子里。

在开局，象最适合进攻，它可以控制穿过中心的斜线或者牵制对方的马，使它不能动。象在e7对防御来说是比较好的，它能向多个方向辐射，给对方的进攻增加困难和干扰。

4.c3

支持d兵挺进，目标是对中心的控制。白方推迟易位，因为王此时并没有面临危险。

4.... Nf6

一个带有威胁的、有力量的反击：黑方出子并攻击白方e4兵。

5.d4

白方通过攻击黑子达到了挺进兵的目的。

5.... exd4

几乎是强制黑方吃掉这个兵。

如果5.... Bd6保卫e兵，就显得太笨拙了。

如果5.... Bb6放任白方吃兵，那么6.dxe5 Nxe4 7.Bxf7+ Kxf7 8.Qd5+，白方吃回他的子，仍然多得一个兵。白方也可以替代7.Bxf7+选择走：7.Qd5，攻击马，同时威胁将杀。

6.cxd4

白方兵的布局看起来非常宏伟，但是中心能够保持住吗？

6.... Bb4+

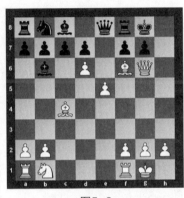

图5-3

比6....Bb6好很多，这样走黑方之后会被挤压：7.d5 Nb8 8.e5 Ng8（两边的马都灰溜溜地回了家）9.O-O Ne7 10.d6 Ng6 11.Ng5 O-O（黑方的王被三个兵和一个马保护；在四步之内马和其中的一个兵就将消失，还有两个兵无奈地被牵制）12.Qh5（威胁13.Qh7#）12....h6 13.Qxg6（再次威胁将杀）13....hxg5 14.Bxg5 Qe8 15.Bf6，白方制造了两组牵制，强制两步之内的将杀。最后的局面如图5-3所示。

在实战走法之后，白方必须应将，如果可能的话保护被对方威胁的兵。

7.Nc3

白方更希望是7.Bd2 Bxd2+ 8. Nbxd2，e兵被保护。

7....O-O

"国际象棋不属于懦夫，"斯坦尼茨在给巴赫曼的一封信中写道。**在对局的早期进行易位通常是合理的策略**。但在这种情况下，易位是不合适的，因为白棋的中心强大，必须摧毁。黑方必须走7....Nxe4，接受给予的这个兵。无论之后采取什么样的进攻方式，不会比消极地易位更差，这直接导致了两个处在好位置的马被驱赶。皮尔斯别里给出了他的准则，他认为是绝对正确和重要的："易位是因为你想要或者你必须，而不是因为你能够易位。"

8.d5（图5-4）

按理说，d5应该被一个子占据，但是这里兵把马驱逐出去了，并永远阻止

图5-4

黑方...d5。

8.... Ne7

走这里算是不错的了。如果走到a5，会被白方9.Bd3反击，黑马被限制在棋盘边上。

9.e5

现在向另一个马开火！

9.... Ne4

撤退到e8看起来会一点儿攻击性都没有，因此黑方选择了交换马。

10.Qc2

保护他自己的马，这个马被双重攻击，同时也威胁对方的马。

10.... Nxc3

几乎是强制性的，因为如果10....f5防御马，那么白方就可以11.d6+，丢掉了另一个马。

11.bxc3

重新吃回获得了先手的机会：黑象必须损失一步的时间进行撤退，白方的优势大幅增加。现在他想送给车一条开放的b线，也送给黑格象额外的一条斜线。

图5-5

11.... Bc5（图5-5）

比走到a5要好。

两方局势比较，白方明显更胜一筹。白方子投入战斗的数量更多，它们有更强的机动性。他具有将更多的子力带入到战斗的可能性。

现在推荐的方式是威胁黑方——保持黑方的逃跑状态，让他没有时间去组织有效的反抗。

12.Ng5！

用将杀恐吓黑方，目的是引诱黑方挺进王前兵，从而削弱局面。

如果其中一个兵移动了，黑方就不好了。例如：12....f5 13.d6+得子；或者12....g6 13.Ne4强制黑方13.... Bb6，当14.Bh6，黑车走到e8，15.Nf6+得子。

12.... Ng6（图5-6）

仅有的防御方式！王翼兵仍然完好无损，但是黑方已经被迫把子放到了白

图5-6

方想让它去的地方。在这样的环境下，黑方的前景不明朗。

白方必须避免黑方的易位错误。平静的行动会给黑方时间走13....d6或13....h6，冲击马。白方一定不能给对手喘息的机会。他必须进攻，进攻，进攻！

13.h4

威胁走到h5，驱赶黑方马，然后用后将杀。

13.... h6

黑方尝试恐吓马，赶走它。黑方不能走13....f6 14.d6+ Kh8 15.Nf7+得子。

14.d6!

有力量的打击！黑方的象被切断了防御的作用，但白象的一条线被打开了。白方现在威胁15.Qxg6，由于f兵被牵制，不能吃掉后。

14.... hxg5

黑方尽可能地获得子力。

15.hxg5!

马没有跑开（因为有将杀16.Qh7#）。同时，车有一条漂亮的开放线，后威胁吃掉黑方的马。

15.... Re8

王需要更多的空间！

16.Qxg6

没有停歇，重新获得子力。白方威胁两步之内的将杀。

16.... Rxe5+

黑方通过平衡子力来安慰自己，并在屈服之前进行了一次绝望的将军。

17.Kf1

最简单，因为将杀的威胁依然存在。有一个小机会，白方会出昏着：17.Kd2 Qxg5+ 18.Qxg5 Rxg5，之前的所有努力都烟消云散了。

1-0

黑方能通过17....Qe8避免将杀，但接下来依然是将杀：18.Qh7+ Kf8 19.Qh8#。

对局6

蔡斯尔 - 沃尔霍芬

维也纳 1899

西班牙开局

1.e4

富兰克林·K·扬说："大部分都会这样部署，目的仍然是打开或长久地坐落在中心或王翼，迅速建立向右侧的倾斜，或者如果目标是四周，则可以迅速建立战略关联。"

如果这有点儿模糊（我认为没有理由不相信），那么同一位作者对他的结论做出了清晰的陈述："白方最好的初始着法是1.e4。"

1.... e5

黑方扳平的最佳机会是在中心最重要的格子中获得公平的份额。

1.... e5表明了他的主张，同时释放了他的两个子。

2.Nf3

你可以自信地走出这一步，没有大师可以走出更好的着法。

（1）开局中，马用一步走到了最适合它的格子。

（2）马对最重要区域的四个格子中的其中两个施加压力。

（3）马朝着中心进入，因为在中心机动性最强。

（4）有助于腾空王翼，使王可以尽早易位。

（5）易位后，对王的防御是很理想的。

（6）攻击兵可以赢得时间！

总之，这是一个非常好的着法！

2.... Nc6

值得称赞的应着：黑方出子，同时保护他的兵。

3.Bb5（图6-1）

这可能是棋盘上最强的一着，象控制了兵的防御者。不会立即得兵，因为4. Bxc6 dxc6

图6-1

5.Nxe5 Qd4，黑方可以重新得回兵。但是马有一定的压力，黑方迟早要挺进d兵，这种压力会加剧，因为马被牵制了。

3.... f5

抢占先机的大胆尝试。这个想法是用f兵来引诱白方放弃中心。

4.d4

进攻型棋手喜欢白方对e兵进行反击的走法。另一种是4. Nc3，目的是为了出子，而保守型棋手可能会满足于4.d3，保护e兵，以便在e4交换的情况下，可以保留一个兵在中心。

图6-2

4.... fxe4（图6-2）

黑方的吃子主要是为了将马从其强大的位置上驱逐出去。

5.Nxe5

显然是强大的一着。白方重新得回兵并阻止黑方走5....d6或5....d5。无论黑方选择哪个，白方都将6. Nxc6 bxc6 7.Bxc6+得子。

白方也有一个强大的威胁：6.Bxc6 dxc6 7.Qh5+ Ke7 8.Qf7+ Kd6 9.Nc4#。

这一切都很诱人，因为在对局中这么早就有将杀的可能性对年轻棋手很有吸引力，但这种野心应该被压制。过早地将杀攻击通常会因攻击者的时间或子力缺失而被击退。

更安全的着法是：5.Bxc6 dxc6 6.Nxe5。

5.... Nxe5

黑方消除了白方王翼局面上的最佳防守者，并破灭了白方想要制造战术组合的想法。

6.dxe5

白方对于4.d4 过于激烈的走法没有什么可夸耀的。反而，白方b1马通过 4.Nc3简单而自然地出子会更可取。

6.... c6!（图6-3）

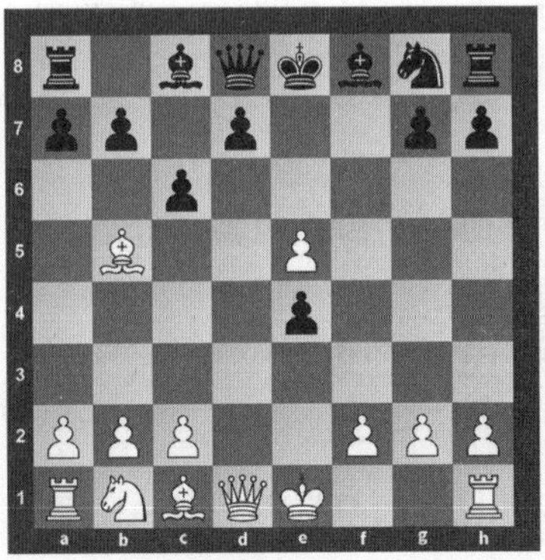

兵的移动应该打算把子带入到战斗中。这着被特定的局面所证明。黑方挺进兵有四

图6-3

个理由：

（1）在挺进d兵之前必须赶走象，否则违反规则。

（2）白象撤退损失的时间作为黑方走兵时间损失的补偿。

（3）为后打开了一条斜线。

（4）对象的攻击将会赢得一个兵，根据斯坦尼茨的说法，"一个兵就是一点麻烦"。

7.Bc4

事实上，对于象而言这是一个很好的位置，但是e2在局面上有更好的持续性。白方失去了王翼的马，象可以为王翼提供防御。

7.... Qa5+

击双，同时攻击王和e5兵。

8.Nc3

应将的最好方式。白方移动b1马符合开局的策略。

8.... Qxe5（图6-4）

黑方已经赢得了一个兵，这是走向胜利的开端。他现在的目的是对防御空虚的王翼进行攻击。

9.O–O

似是而非——很糟糕！应该更谨慎地隐藏意图，出动后翼的子，再易位，很可能进行长易位。

9.... d5!

黑方占据中心，驱赶对方的象，为自己的c8象打开通路。这些目的都用一步棋完成了！

图6-4

10.Bb3

这步棋太保守了，10.Be2，把象放到有两条斜线可以走的地方会更好。

10.... Nf6

用一个简单的过程——出子，就可以组织一场对王翼的攻击！

11.Be3（图6-5）

一方面阻止黑方走11.... Bc5，另一方面通过12.Bd4或12.Qd4来驱逐处在中心的黑后。

图6-5

图6-6

图6-7

11.... Bd6!

这步棋很妙，比仅仅出子更有作用，它结合了将杀的威胁。更隐蔽的目的是通过强迫防御的兵移动来实现为白方制造永久的、无法逆转的弱点。

12.g3

仅有的防御方法。如果走12.f4 ，黑方12....exf3 13.Qxf3 Qxh2+ 14.Kf2 Bg4，黑方获胜。

在实战着法之后，黑方开始进攻，但是它选择用子而不是通过兵的h5、h4来打破局面。

12.... Bg4!（图6-6）

黑方将他的攻击建立在穿透的主题上。白方因为12.g3 削弱了f3和h3格，这两个格子不再由g兵守卫。它们是"空洞"，由斯坦尼茨首次命名。对方的子会稳定地站在这些格子中，因为没有兵能够将它们赶走。

黑象攻击白后，目的是在不浪费时间的情况下迁入到f3格。

13.Qd2

白方尽力走出的好着法。如果白方把马垫到e2，那么13....Qh5再次攻击马，强制白方走14.Re1，黑方14....Qh3把后插在空洞里。15....Bf3占据另一个空洞，准备g2将杀白方。

13.... Bf3

穿透过程的第二阶段。

14.Bf4（图6-7）

期望14....Qe7 15.Bxd6 Qxd6 16.Qf4，进行一组或两组兑换可能会缓解白方的困难。

白方第14步之后，黑方在几步内就会进行强制性将杀。

14.... Qf5!

弃掉象，黑方只对后进入h3感兴趣，要牢牢地抓住这些白格。

15.Nd1

仅有的防御可能性。马要被带入到e3，保卫g2格，预防迫在眉睫的将杀。

15.... Qh3

威胁马上将杀。

16.Ne3

防御关键位置。

16.... Ng4

新的威胁是在h2将杀。请注意，当黑子潜入到敌方阵地时，巧妙地利用了王翼上的白格。

17.Rfc1

为王腾出空间。

17.... Qxh2+

下一步将杀。 0—1

对局7

斯皮尔曼 – 瓦勒

维也纳 1926

法兰西防御

1.e4

这步棋大有裨益：

（1）兵固定在棋盘中央。

（2）兵控制d5和f5格，阻止黑子落在这两个格里。

（3）白方的后和象立即获得了呼吸的空间。

1.... e6

有几个目标：

一是防止白方主导开局。常规的应着是：1....e5，白方能够走西班牙开局、瑞高钢琴变例、苏格兰开局、维也纳开局或者某种危险的弃兵。

二是黑方狭窄的局面可能会诱使白方过早地发起灾难性的进攻。

三是e6兵支持2.... d5挺进,对e兵进攻,争夺主动权。

法兰西防御不容小觑。它在保守的表面下潜藏了巨大的动能。

2.d4

如果在中心建立一个兵是有价值的,那么在那里保留两个兵应该会带来双倍的好处。

2.... d5

黑方给了后更多的施展机会和对中心的挑战。

3.Nc3

显然,这是一个极好的回应,当马出子到适当的格子时,既保护了e兵,又压制了d5。

图7-1

3.... Nf6(图7-1)

黑方反过来将他的马带到了最强的位置——对e4兵进一步攻击。

4.exd5

一些棋手喜欢通过4.Bg5来增强压力(白方出动一个子并让黑方马不能动),而不是交换兵,缓解紧张局势。

白方喜欢开阔的局面,清除了一对兵,给他的子更多的活动空间。

哪种走法更好呢?你应该走什么呢?答案是:按你喜欢的想法,走出最适合自己风格和气质的着法。如果你是一位谨慎的棋手,你会知道一个兵的全部价值——每一个兵都是一个潜在的后,失去一个兵可能会导致输棋。4.Bg5和西班牙开局、后兵开局、列蒂开局和英国式开局很相似。如果你喜欢大胆、冒险,兵是阻碍你的子开展全面进攻的障碍,可以发挥你的想象力,选择弃兵开局,如伊文思弃兵、丹麦弃兵、王翼弃兵或其他的弃兵开局。

最好的开局是你最熟悉的开局。

4.... exd5

比用马吃更好。黑方在中心保留一个兵并且释放c8象。

5.Bg5

白方牵制马并且通过6.Bxf6 gxf6破坏黑方的阵势，使黑方留下了一个很弱的叠兵（如果6....Qxf6，会失去d5兵）。

5.... Be7

最简单的解除马牵制的方法。只将象移动一格可能看起来没什么大不了的，但它符合快速出子的第一定律：**让你的子脱离底线！**

6.Bd3

象所处的位置是积极的，尤其是针对王翼易位。

图7-2

6.... Nc6（图7-2）

马的首次亮相更具威胁性，它威胁要夺取d兵。

7.Nge2!

在习惯性出子7.Nf3之后，黑方通过7....Bg4牵制白马并再次威胁d兵。白方可以通过8.Be2来解救这个兵，但是这样走会失去主动权。

在走了对局中的实际着法之后，如果黑方通过7....Bg4牵制马，那么8.f3驱逐象，给对方造成因撤退带来的时间损失。

7.... Nb4

打算除掉敌人危险的子，也为了保证自己留有双象，拥有一点儿优势。

8.Ng3

现在我们看到了白方马出子到e2的另一个原因。白方想要在f5放置一个锚，它对于马或白格象来说是重要的位置。在f5的子不仅仅是站在那里，它的威胁让对手慌乱不已。

8.... Nxd3+

任务完成。黑方拥有两个长距离棋子象对抗白方的马、象，具有微弱的技术优势，但是……

9.Qxd3

以损失时间为代价。黑方用走了三步的马兑换仅走了一步的象。不仅如此，他的马都从棋盘上消失了，而对方在棋盘上还留下了一个象。结果是白方用四个活跃的子对抗黑方的两个子。白方也准备好了可以任意向两个方向易位并迅速地调动两个车。因此，无论怎样优势都是属于白方的。

图7-3

9.... g6（图7-3）

这个兵的挺进阻止了白方把马放到f5的计划，但是它造成了黑方局面上的一个无法弥补的永久弱点。f6和h6格不再被兵保卫，**这一弱点会长久地存在。**

注意这个兵的移动是被诱导的，并不是被强迫的。仅凭马入侵的威胁就足以影响黑方采取自然的预防着法。在类似情况下，是90%的棋手会自动走出的着法，这就是要知道如何利用其缺陷很重要的原因，因为除非充分利用其缺陷，否则任何着法都是软弱的。

10.O-O

在储备力量被调动出来之前，请不要使用暴力冲动进攻。布莱克本曾说过："在你的右翼车出来之前不要开始攻击。"

白方保护了王的安全，并让一个隐藏的车走出来。

10.... c6

加强黑方的中心兵形并为后打开另一条路。

11.Rae1

白方抓住唯一的一条开放线（因为车的特性最适合放在开放线或即将打开的线路上），并且牵制象。

值得注意的是，被牵制的棋子不仅无法移动，而且无法吃子。它不能为任何棋子提供保护，完全瘫痪。因此，不仅象因为无法动弹处于危险中（它可能会一次又一次地受到攻击），而且依靠它来保护的马也不再安全。简而言之，黑方现在面临12. Bxf6丢子。

11.... O-O（图7-4）

王逃跑避难，顺便解除了象的牵制并保护了马。

斯皮尔曼的策略和接下来的决定性战术组合会让拉斯克感到高兴，他曾说："在对局开始时要忽略寻找战术组合，避免暴力、冲动的

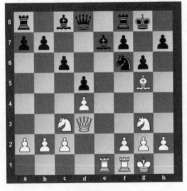

图7-4

走法。瞄准小优势，积累它们，只有达到获得这些积累的优势才去寻找战术组合——运用全部的意志和智慧，战术组合必然存在，无论它隐藏得有多深。"

一眼看去，白方已经取得了必要的局面优势。在黑方有时间重新组织他的子力进行防御之前，白方如果要形成一个战术组合，那就必须是现在。现在，白方有五个子正在积极地对抗黑方的两个子，同时他还有一条开放线，**已经足够了！战术组合一定在那里！**

下面是白方的理由：

黑方g兵的挺进使马失去了稳固的支撑。马仍然有两个子保卫，但是如果象不在那，它只剩下一重保护。事实上，一旦象不在e7的位置，马就会被牵制，并遭到持续的攻击。**象出现在两个复杂的局面问题中**，显然它是问题的关键点，必须将其摧毁！而且必须马上，在黑方走12....Be6!之前。

12.Rxe7!!

"当我们知道了这个鼓舞人心的主意之后，简单的弃子就出现了！"兹诺斯科·波罗夫斯基说。

图7-5

图7-6

12.... Qxe7（图7-5）

黑方只能吃回，形成了马被牵制的局面，成为下一步被进攻的理想目标。

13.Qf3

白方给被牵制的子施加压力，并且威胁吃掉马。

13.... Kg7（图7-6）

黑王去营救马。可选择的防御还有13....Bf5，白方接下来漂亮的下法：14.Nxf5 gxf5 15.Qg3（威胁16. Bxf6#）15....Kg7（或15....Kh8 16.Qh4 Kg7 17.Qh6+ Kg8 18.Bxf6白方获胜）16.Bxf6++ Kxf6 17.Qh4+ Ke6 18.Re1+ Kd7 19.Qxe7+黑方所有的子都沦陷了。

14.Nce4!

白方必须保持对马的打击，无论有多少精彩的着法都要找出来。白方即将的威胁是简单地走：15. Bxf6+，即刻获胜。

14.... dxe4

黑方只能吃掉这个白马，否则会丢掉黑马。

15.Nxe4

白方的三个子同时进攻无助的黑马。"国际象棋不适合'好心人'"，来自法国谚语。

白方现在威胁：16. Bxf6+，然后17. Bxe7。

15.... Qe6

若15.... Qxe4，白方有一个不错的选择得后：16.Bxf6+（移除后的保护子），接下来17. Qxe4。或者强制将杀：16.Qxf6+ Kg8 17.Bh6，接下来18.Qg7#。

在对局的最后，注意白方是如何将他的子牢牢地拧入黑方f6和h6的两个空洞中的，这些格子因为g兵的挺进而失去守卫。

黑方最后一步挽救了后，虽然他在子力数量方面仍然领先，但是却输掉棋局，因为白方的子会沿着黑格潜入，攻击黑王。

16.Bxf6+

白方重新得回了一子并限制了黑王只有两步可选。

16.... Kg8

如果16.... Kh6，那么17.Qf4+，下一步将杀。

17.Qf4

威胁在h6进行最后一次入侵，然后在g7将杀，在黑格上取得胜利。

1–0

黑方没有力量阻止将杀，认输。

对局8

普尔兹佩科尔卡 – 普罗克斯

布达佩斯 1929

科里方案

1.d4

后兵开局流行的一个原因是从第一步开始，它们就给防守方带来了问题。黑方没有办法抢占先机，甚至无法快速地扳平局面。

尽管它具有固有的局面特性，但是后兵对进攻型棋手具有极大的吸引力，比如阿廖欣、凯列斯、皮里斯拜里、鲍戈留波夫、斯皮尔曼和科里等富有好斗精神的棋手，这是他们所喜欢的武器。

1.... Nf6

带入一个对中心产生影响的子。马的走法阻止了白方2.e4继续进兵。就像呼吸一样，大师本能地将他的马移动到f6。

2.Nf3

马向中心出子，在中心它的行动最自由，活动范围最广。

马具有一个特性，能够在不受对方攻击的情况下（除了另一个马）攻击任何其他棋子。这个特性让它成为了颇有魅力的棋子，包含马的战术组合通常具有芭蕾般的品质。

2.... e6

黑方避免常规的科里进攻2....d5 3.e3 Bf5 4.Bd3 Bxd3交换象，黑方摆脱白方最危险的进攻子（以这种形式开局）。

按照他的实战走法，黑方释放了f8象，并没有致力于任何特别的防御。

3.e3

表明了白方的设计：显然白方正在准备典型的科里阵形，象在d3，马在d2，控制关键的e4格，这是这次攻击中白子的起点。

3.... d5

黑方将兵牢牢地放在中心，但这一步与2....e6成为组合，堵住了c8象。

4.Bd3（图8-1）

白方开始集中对e4施加压力，这在科里方案中必不可少。一般来说，先调动王翼的子，使王可以尽早地短易位，是一个不错的计划。

4.... c5

这一步在后兵开局中几乎是必不可少的。重要的是不要先走...Nc6，不能阻挡黑方的c兵。

黑方的着法是计划冲击中心并在该区域建立紧张、胶着的状态。

5.c3

图8-1

白方加强d兵。5....cxd4，白方能够用e兵吃回并且打开c1象所在的斜线。

看起来白方的这一步占据了b1马走入的最好格子，但在这种攻击形式中，马属于d2。

图8-2

5.... Nbd7（图8-2）

这可能优于将马放在c6。在d7，成为连环马，相互关联，如果f6马被交换，另一个可以到达f6，对于进攻和防守都是理想的位置，还可以保持c线的畅通。线路越开放，对于占据这条线的后或车就越有利。最后，如果白方走6.dxc5，可以用马吃回，强势进入到战斗中。

在后兵开局中，黑方的后翼马通常在d7好于在c6。

6.Nbd2

加大e4的压力。对于缺乏经验的人来说，白方的出子看起来很尴尬。棋子间似乎彼此阻碍，但是它们却可以顺利而轻松地开始行动。

6.... Bd6

比6....Be7更积极，象在e7仅限于防守。

7.O-O

白方在开始任何决定性行动之前要确保王的安全。打开局面，将王留在可能受到攻击的中心是危险的。

白方的易位具有攻击性，因为王翼的车在将来的进攻中扮演了重要的角色。

图8-3

7.... O-O（图8-3）

黑方易位是一种防御手段。当白方流露出准备袭击王翼时，为什么要固定黑王的位置呢？将对手留在黑暗中会是更好的策略——延迟易位一段时间并继续出子（这肯定不会造成伤害）。黑方可能会将后带入到c7，以期望早点走...e5，...b6后，将c8象走到b7，然后形成蟹眼象。

8.Re1

仍然要给e4施加更大的压力！车掌控e线。虽然它现在封闭线，但是在白方走e4，换兵之后，这条线将被打开。

8.... Qc7（图8-4）

后的理想位置。后从c7向中心（尤其是e5）和c线施加了很大的压力。

9.e4!

在科里方案中的关键着法！白方打算通过这一步将局面炸开，并在激烈的进攻中释放他所有棋子积蓄的能量。

直接的威胁是10.e5，击双。

9.... cxd4

作为防御的补偿，黑方暂时控制c开放线。

图8-4

10.cxd4

用兵吃比用马吃兵更好，如果用马吃，会让黑方的子进入到c5和e5格。

同时，白方再次威胁11.e5得子。

10.... dxe4

黑方阻挡了威胁并使白方有了一个孤兵。这样的兵特别容易受到攻击，因为它不能被另一个兵保护，最近的兵也在几条线之外。

11.Nxe4

当然不能走11. Bxe4，因为11....Nxe4，白方失去了有价值的白格象。"就像卢梭没有他的猫在身边就无法作曲，我没有白格象不能下棋。"塔拉什说，"在没有它的情况下，对局对我来说是毫无生气的和冰冷的。缺乏激动的因素，我无法制定进攻计划。"

11.... b6

打算移动c8象。更重要的是：11....Bf4阻挡了白方具有威胁的象。

12.Bg5

象加入了攻击，并腾出c1格，a1车将进入，把黑后赶走，完全控制了一条漂亮的开放线。

12.... Nxe4

显然黑方不敢走12....Bb7，因为：13.Nxf6+ Nxf6 14.Bxf6 gxf6破坏了王翼的

兵形。

13.Rxe4!

优于13.Bxe4，黑方可能的应着：13....Bb7　14.Bd3（避免换象）。然后14....Bxf3　15.Qxf3 Bxh2+，用一个兵来抚慰自己的烦恼。

图8-5

13.... Bb7（图8-5）

几乎没有什么比这着更好的了，它为象提供了一条大斜线。如果黑方走13....Nf6，那么14.Rh4。通过15.Bxf6 gxf6　16.Bxh7+威胁得兵，无法通过14....h6招架，因为15.Bxf6 gxf6　16.Rxh6仍然可以得兵。

14.Rc1!

一步很好的"中间"着法。把车有效地出到开放线上，后被放逐到底线上。后在那干扰了a8车，长期阻止它的出动。

14.... Qb8

14....Bxe4　15.Rxc7 Bxf3　16.Qxf3 Bxc7　17.Qc6白方得子。

15.Rh4!

重点！威胁16.Bxh7+，强迫王前兵向前移动。白方获得优势，无论哪个兵挺进：

每一个兵的移动都会使防御结构松垮掉。

每一个没有防御的格子（由挺进兵引起的）都成为局面的弱点。

15.... g6（图8-6）

如果黑方试图通过15....Nf6保护h兵，那么接下来 16.Bxf6 gxf6　17.Bxh7+，白方一样得兵。

或者如果黑方挺进h兵，15....h6 那么16.Bxh6 gxh6　17.Rxh6是一个明显的弃子战术组合，打破了兵的警戒线，使王面临将杀攻击。

图8-6

按照对局走法，白方已经完成了计划要做的事情：他已经迫使g兵挺进。但是如何利用由此产生的弱点呢？是否有针对兵的攻击？显然没有，因为为了用 h 兵发起冲击，他必须将车移开，然后走h4和h5，这个过程耗时且收效甚微。

还有些什么办法呢？为了g兵弃掉一子？显然这是没有用的，因为白方仍然无法突破。

但是兵确实挺进了，并且在**某处存在弱点**。我们知道这个事实是真实存在的，并且**在这个事实中一定有可以获胜的战术组合的线索**。

兵的前进削弱了h6和f6格，它们不再有兵的守卫。这意味着白方必须设法控制这些格子，用他的子夺取或占领它们，或者将它们用作渗透敌营的手段。

但是等等！黑马不是还守着f6格吗？确实如此，而且这为我们提供了我们所需要的信息。马是黑格的守护者，它必须被消灭！

16.Bb5!

攻击马，奇怪的是它竟然无处可逃。

16.... Qe8

还有什么其他的方法来保护马吗？

若16....Bc8，然后17.Bc6得子。

若16....Bxf3 17.Qxf3 Qe8 18.Qb7得子。

在实际走法之后，马被牵制并且成为进一步攻击的理想目标。

17.Ne5

在下棋的过程中，当对手倒下的时候一定要趁势打击他。

17....Bc8

下面的走法不会有更好的效果：17....Bxe5 18.dxe5（揭开了后对马的攻击）18....Bc8（或者18....Bd5）19.Rc7，可怜的马必须灭亡。

18.Rxc8!

吃掉用于支撑马的象。手段很简单：如果你不能对一个棋子增加压力，看看你是否可以处理掉它的防守者。

18.... Qxc8

当然，不能走18....Rxc8，当19. Bxd7，用一个车换了两个子，然后把后逼入死角。

19.Bxd7

白方用两个子兑换了一个车和进攻的机会！

19.... Qc7

不要走19....Qb7或19....Qb8，因为20.Bc6得子。可选择的是19....Qa6，但是黑方希望在c线能进行一些反击。

20.Ng4!

利用黑格弱点带来将杀威胁：21.Nf6+ Kh8（21....Kg7是一样的）22.Rxh7#。

图8-7

20.... h5（图8-7）

王需要大量的空间。20....f5会导致输棋：21.Bxe6+ Kh8 (21....Kg7 22.Bh6+赢得兑换) 22.Nf6，抵抗无效。

21.Nf6+

马进入其中一个关键的黑格，进行第一击。

21.... Kg7

如果21.... Kh8，白方22.Rxh5+，强制性快速将杀。

22.Nxh5+

弃掉马，扫除保护敌王的兵。

22.... gxh5

黑方必须吃掉马，因为白方会在之后将杀：22....Kg8（或22...Kh7）23.Nf6+ Kg7 24.Rh7#。

23.Qxh5

后威胁在h线的两步杀。

23.... Rh8

阻止将杀的唯一着法——仅仅是暂时的。

24.Bh6+ 1-0

恰如其分地，白方在第二个关键的黑格上实施了致命一击。

接下来，两步杀。

对局9

兹诺斯科·波罗夫斯基 – 麦肯齐

滨海韦斯顿 1924

西班牙开局

1.e4

第一步用一个兵占据了中心，释放了四个格给后，五个格给象。相比其他的开局着法，许多棋手更喜欢1.e4的原因之一是它可以让王翼的子快速出动，尽早在这一侧完成易位。

1.... e5

在过去，几乎是强制性的应着，这表明你愿意跟对方一决胜负。只有懦夫才会拒绝1....e5和白方可能的弃兵。

客观地考虑，对局中使用的着法可能是黑方最强的应着。它挑战对中心的控制，并阻止白方通过2. d4继续垄断中心。

2.Nf3

如果白方坚持走2.d4? 会发生什么？黑方回应：2....exd4 3.Qxd4 Nc6 4.Qe3 Nf6，黑方此时已出动了两个子，而白方只有一个。这等同于白方主动放弃了规则赋予的先行的优势，变成了黑方先行棋。

对局中的实际走法是马出子，是最有效率的选择。如果把马走到h3，与中心脱节；如果走到e2，堵塞所有交通。

2.... Nc6

应对进攻兵的方式，轻子马朝着中心出动并保护兵。

调动的总体计划是在中心建立一个兵，出动轻子（先马后象，只要可行的话），然后易位，让车进入到中心竖线，最后把后走出来——但是不要让后离家太远。后过早地出动是危险的，因为它容易受到兵和轻子的攻击。

图9-1

3.Bb5（图9-1）

棋盘上最自然的走法：白方攻击黑兵的防御者，这个黑兵正处在被攻击中。真实情况是不会马上获得这个兵：4.Bxc6 dxc6 5.Nxe5 Qd4，黑方重新得回了兵，给予白方压力，并且威胁始终存在。

西班牙开局可能是所有王兵开局中最强的。白方拥有更多的、对中心的话语权，因为他可以轻松地走出d4，而黑方很难走出...d5。

白方的子有更多的移动空间，黑方的子在许多变化中是相当拥挤的。

3.... a6

这可以变成杰克建造房子的故事：黑兵攻击白象，白象攻击黑马，黑马保护黑兵，黑兵被白马攻击。

黑方的目的是把象从有利的位置上赶走。移动兵造成的时间损失可以通过受到威胁的象在撤退中耗费的一步来弥补。

4.Ba4

这是开局的精神，象保持对马的压力。象退回到c4是下策，因为相同的局面白方在3.Bc4就可以获得，区别只是此时黑方反而多走了一步兵...a6，这只会对黑方有利。

4.... Nf6

黑方出子，攻击白兵，准备尽早易位。这一步的作用已经很多了，不能对一步棋产生的效果有再多的期望。

图9-2

5.O-O（图9-2）

白方把王带到了安全地方并把车摆到了中心竖线上。

5.... Be7

一些棋手喜欢走5....Nxe4，不是为了多吃一个兵，因为白方很容易重新得回，这样走是为了获得一个自由的、开放的局面。危险之处在于黑方所形成的局面在中心存在不安全的隐患。

按照对局着法，会导致一个更加封闭的局面，难以突破，需要黑方有足够的耐心。

象在e7的出子是令人满意的，尽管它仅从家向外移动了一格。重要的点是它已经离开了底线并促成了易位。

6.Re1

白方把车带入中心。车准备控制一条可能被打开的竖线。保卫白方的e兵，白方之后威胁：7.Bxc6 dxc6 8.Nxe5获得一个兵。

6.... b5

白方面对威胁，被迫把象撤回来。

7.Bb3

明显，这是仅有的一步。

图9-3

7.... d6（图9-3）

黑方保护e兵，释放c8象，准备8....Na5除掉对方的象。

这一步看似不合逻辑，给了一个象自由，却堵住了另一个象，但是因为黑格象在e7是不错的，把放飞的机会可以让给白格象。

8.c3

两个目的：

（1）针对黑方即将要走的8....Na5，为白象提供避难的地方。

（2）支持d兵的挺进，建立一个强大的中心兵。

8.... Na5

与其说是为了攻击象，不如说是为了9....c5，争夺中心格的控制权。在西班牙开局中，黑方最佳的反击机会在后翼。

9.Bc2

很自然，白方希望能够保留双象。虽然白方失去了一先，但损失被黑方把马走到边线所抵消。

9....c5（图9-4）

黑方加强了对中心格d4的压力，并为后提供了一个出口。

10.d4

王兵开局的一个主要目标是在情况允许时

图9-4

挺进d兵到中心，就像在后兵开局中，当有机会时希望能够将e兵走到e4。

白方通过双重进攻来获得e兵。

10.... Qc7

黑方进一步支持他的兵，同时出后。黑方主动交换兵是行不通的：10....exd4 11.cxd4 cxd4 12.Nxd4，因为这样走放弃了中心并且给黑方留下了一个中心孤兵。塔塔科维尔曾说："一个孤兵给整个棋盘蒙上了一层阴影。"白方受益，马坚定地站在中心，不会被兵赶走。

11.h3（图9-5）

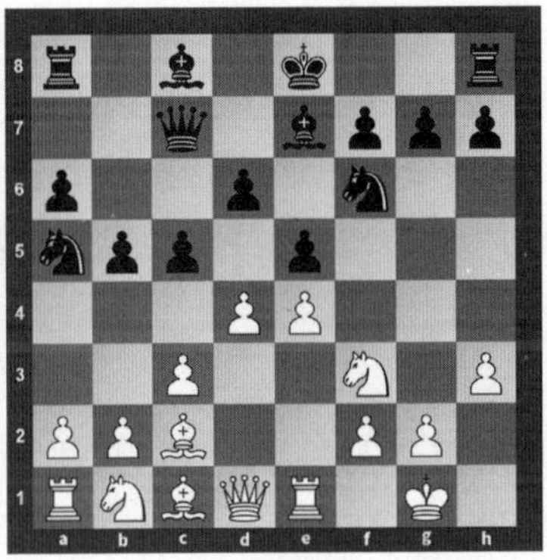

阻止...Bg4的牵制，牵制会给马和保护它的后造成困扰。两个子都用来保护d兵和维持中心兵形。

如果黑方...Bxf3交换白马，白方会用后吃回，一举就消除了d兵的两个支撑。

图9-5

白方移动了王附近的兵，是否违反了原则？也许吧，你必须知道什么时候可以轻视原则，什么时候要遵守原则。在这种情况下，重要的是阻止对马的攻击和随后因交换造成的对白方中心兵的破坏。h兵的移动是对白方的弱化，但是相比被牵制所产生的危害要小。如果黑方无法从王翼进攻中受益，这是否还是一步弱化的着法呢？

答案是："不。"只有当对手将不完美之处转化为他的优势时，这一步才是弱的。整个局面的强弱与对手的局面有关。在这种情况下，h兵的移动是权宜之计，因为它符合特定的局面要求。

11.... Nc6

马撤回，增加对白方d兵的压力。

黑方威胁一系列的交换：12....exd4 13.cxd4 cxd4，获得一个兵，如果14.Nxd4? Nxd4 15.Qxd4 Qxc2黑方多得一子。黑方希望诱使白方走12.d5来应对威胁。这看起来不错，因为会将c6马从一个好的位置上驱逐出去，但它的缺点是（对白方而言）释放了中心的紧张状态，而且d5格无法被白子所用。

12.Be3

白方不着急。他通过出动另一个子来帮助d兵。

图9-6

12.... O-O（图9-6）

将王转移到更安全的地方并使车进入到战斗状态。

13.Nbd2

马已经出动了，但机动性差，似乎没有前途可言，但重要的是开始了第一步。尽管这样，但是意义却值得强调：

马的移动扫清了第一横线，使重子（后和车）相互联系。

让你的子脱离底线，积极地投入战斗！

13.... Bd7

黑方也这样做：把象移出底线，让车来到中间。

车是强大的棋子，不能关在里面。

14.Rc1

在对局的早期阶段，车可能不会做太多，但是当机会到来时，它们必须做好行动的准备。最好把它们置于开放线的一端。如果没有开放线，那么它们应该在半开放线上。如果这些都不存在，那么车仍然应该向中心线移动，那些线最有可能被打开。

图9-7

14.... Ne8（图9-7）

计划挺进f兵。这个兵将与白方的e兵争夺中心，同时为黑车打开f线。

15.Nf1

马撤退以获得动力，向g3 → f5跳跃，成为一个漂亮的前哨。

15.... g6

不仅要阻止白马，还要为16.... f5提供支撑，是一根扎进中心的刺。

g兵的挺进削弱了f6和h6格，因为它们不再有兵的守卫。可能普通棋手觉得这是一个有趣但微不足道的点，认识到弱点并知道如何利用它是大师级棋手的标志。优秀的棋手不会通过等待你犯下大错来赢棋。他们不寄希望于你会送子给他们吃。

16.Bh6

白方立即将一个棋子固定在王翼的弱点格上。

16.... Ng7

阻止17.Bxf8造成的黑方丢子，这是唯一的应对着法。

17.Ne3（图9-8）

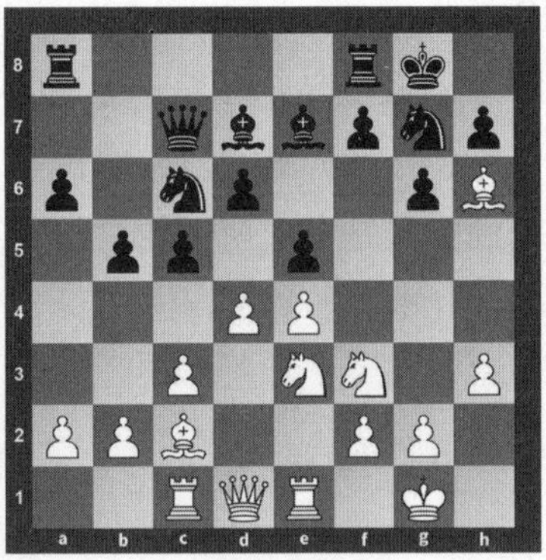

马通过与之前计划略有不同的路线重返战场。不仅增加对d5的压力，而且还威胁要在这个格子强势地留下来。

17.... Rae8

黑方无法通过17....Be6阻止马进入到d5，因为白方18.d5击双，得子。

黑方还放弃了17.f5原计划的突破，因为这样走打开局面，开放线对于那些在出子方面更有优势和在进攻中更有能力使用这些线路的一方有利。

图9-8

黑方的实际着法在试图保持一个有严密的防守、难以突破的局面。

18.Nd5!

妙着！目的不仅仅是在中心的一个强大的格子里固定一个子，要更加深刻。

18.... Qb7

后必须躲避马的攻击。

19.Nxe7+!

这就是重点！马为了一个有价值的原因而放弃了它的好位置。重点是为了利用f6的黑格弱点，先消除掉这个格的守护者e7象。没有这个象，弱点被突出，然后白方可以考虑一些入侵的方法，在关键格上固定一个子。

19.... Rxe7

被迫的选择，因为：19....Nxe7 20.dxe5 dxe5 21.Nxe5会令黑方失去一个兵。

20.dxc5

交换的目的是为后打开一条漂亮的线路。

20.... dxc5

黑方必须吃回，否则会丢掉一个兵。

21.Qd6

漂亮地利用开放的d线！对c兵的攻击使其获得一个先手，目的是让后通过d6格进入到f6格。

21.... c4

黑方必须花费一步来拯救这个兵。

图9-9

22.Qf6！（图9-9）

这一步威胁即刻将杀，白方将另一个子固定在黑方因...g6而产生的空洞里。白方的优势是决定性的，获胜的步骤是书上所说的"技术问题"。实现优势是一个有趣的过程。

22.... Nh5

黑方阻止将杀并试图把后赶走。

23.Qh4

白方23.Qg5是个错误，在移动f8被威胁的车之前应该先走23....f6，将后完全驱逐出去。

23.... Ng7

马堵住象对车的进攻并且准备反击：24.Qf6 Nh5，反复驱逐白后。

白方如何继续获得胜利?

图9-10

24.Be3！（图9-10）

通过重新排列他的子来培养后备力量！

新阵形中的第一步赢得了时间，威胁25.Bc5，得子。

24....Ne6

仅有的方式来阻止25.Bc5，之后白方完全控制了黑格。

25.Qf6

再次进入突破口！黑方无法通过重复走子来挽救这盘棋，因为：25....Ng7 26.Bc5 Re6 (26....Nh5 27.Qh4白方得子) 27.Qh4 Rfe8 28.Ng5

将杀威胁，将在e6得车。

25.... Qc7

黑方必须把握住有价值的e兵。

26.Bh6

白方再次拥有了他的理想局面，白子牢牢地扎在了黑王附近的空洞里。黑方很难驱赶它们，无法走出之前的...Nh5了。

26.... Rc8

车必须逃离象的攻击。垫马是一个错误，随即会被将杀。

27.Rcd1（图9-11）

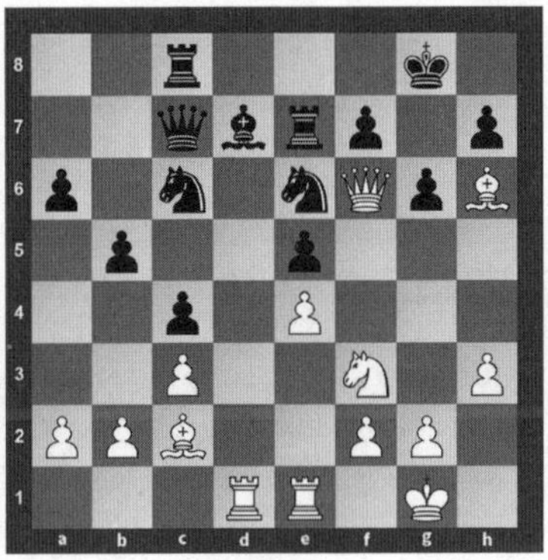

在进行最后一击之前，白方通过抢占d开放线来更强地控制局面。白方下一步28.Rd5（因为黑方只能无助地等待），第三次攻击黑方e兵并威胁在这条线上叠车。如果没有更高效的方式取胜，这应该足以击败阻力。

请注意，白方并没有提前很久组织战术组合。在大多数情况下，他的计划是增加局面优势。不要相信所有你听到的关于国际象棋大师分析复杂战术组合的故事，其中包含数十种变

图9-11

化，提前30步。他们不这样做是因为他们不必这样做！只提前看几步并尝试在每个阶段至少保持均势更加容易，也更为重要。通过积累小优势来取胜更符合常规的做法，而不是试图用令人眼花缭乱的战术组合和冒险的弃子攻击来压倒对手。逐步巩固自己的局面，同时削弱对手的局面，比沉迷于徒劳的投机幻想更重要。

27.... Ree8

黑方的想法是通过交换后来减轻压力。白方要么默许交换，要么撤回他的后。

28.Nh2!

非常好的一着！马似乎在f3位置很好，但被重新布置是为了增加对黑格的压力。

28.... Qd8

继续驱逐白方后的计划。

29.Ng4!

白方支撑后，准备好在换后之后继续保持对黑格的严密控制。如果黑方

走：29....Qxf6 30.Nxf6+ Kh8 31.Rxd7，白方得子。

29.... Qe7

提供不了帮助，没有办法能够挽救对局。如果29....Re7，那么30.Be3 (威胁 31.Nh6+ Kf8 32.Qh8#) 30....Re8 31.Nh6+ Kf8 32. Qxf7#。

30.Qxe7

最简单的方式，走到这里大师就已经可以预见胜利了。一定要被将杀才结束那是业余爱好者。之后：30....Rxe7 31.Nf6+ Kh8 32.Rxd7。

白方得子，黑方没有机会使残局复杂化。

1-0

对局10

塔拉什－埃卡特

纽伦堡 1889

法兰西防御

1.e4

这个开局着法为两个子——后和白格象创造了一个出口。它的作用不止于此。

它给白王和g1马各增加了一个可移动的格子。的确，马最好的出口是在f3，但是有时它也会被带入到e2，然后到达g3。同样也可以增加马的行动自由度，如果没有时间损失的话。至于王，让他多一点儿喘息的空间也无妨，有些时候，由于欠缺考虑或粗心大意使得王被将杀。

这种情况的历史案例，来自一个小型的锦标赛：麦格劳瑟-麦肯，敦提1893：

1.e4 c5 2.Nf3 Nc6 3.d4 cxd4 4.Nxd4 e5 5.Nf5 Nge7 6.Nd6# (1-0)

如果这看起来有些牵强，这里有另一个样本，还是在小型锦标赛中：阿诺德-伯姆，慕尼黑1932：

1.e4 c6 2.d4 d5 3.Nc3 dxe4 4.Nxe4 Nd7 5.Qe2 Ngf6 6.Nd6# (1-0)。

1.... e6

虽然不如1....e5积极，但这一步确实释放了两个子，并且具有限制白方进攻选择的优点。白方不会在公开赛中全程使用，这样的开局不像王翼弃兵那样，能将对局引导到高度战术化的道路中。

法兰西防御隐藏了大量潜在的动能，是对付过于狂热棋手的好武器。尽管看着局促，但黑方的局面并不容易受到攻击。

2.d4

19世纪，斯汤顿谈到这种兵形时说："你的兵占据了棋盘中心通常是有利的，因为在那里它们会极大地阻碍对方子力的移动。e兵和d兵在e4和d4格是非常好的位置，但是想要保持它们处在这些地方并不容易，如果你被迫挺进其中一个，它们两个的力量就会大大减弱。"

2.... d5

黑方攻击e兵，同时给黑后更多的机动性。

争夺对中心的控制是很重要的。

3.Nd2

白方出马到d2，有两个理由：

（1）他想避免马走到c3被牵制。

（2）他准备好，如果...c5攻击d兵，就走c3，支持中心。若在d4进行兵的交换，用c兵吃回，在中心保留了一个兵。

c1象确实被阻塞了，但这种情况只是暂时的。子可以相互避让。

图10-1

3.... Nf6（图10-1）

如果接续的着法正确，这一步没有任何问题。思路是：通过攻击e4兵，黑方迫使白兵走到e5。正如斯汤顿解释的那样，一旦白方的两个中心兵不并排，他的整个中心结构就会被削弱。

另一个同样好的计划是：3....c5争夺中心，顺便允许黑后利用另一条斜线进入后翼。

4.e5

为什么白方无视斯汤顿关于在第四横线保留两个兵的建议呢？他明明知道兵处在e5较弱，可他权衡了优劣。在e5，兵把黑马从最有用的位置上赶走，让它进入另一个格子，它在那里干扰了其他黑子的自由移动。

显然，着法的价值是通过平衡其带来的好处与可能产生的不利因素来实现的。

4.... Nfd7

仅剩下的唯一一步。若4....Ne4，那么5.Nxe4 dxe4 然后白方可以在6.Bc4和6.Be3之间进行不错的选择。在这两种情况下，白方都控制了更大的空间，并且可以自由出动其他子。黑方却不然，他不得不担心处在e4格的黑兵，它与大部队脱离，极易受到攻击。

图10-2

5.Bd3（图10-2）

白方让他的王翼子赶快走出去，尽早易位。

5.... c5

非常好，黑方必须要尽快地将狭窄的局面进行释放。兵的移动可以冲击中心，为黑后开辟了另外一条路径。

6.c3

为黑方吃d兵做准备，6....cxd4 7. cxd4，保留束缚对方的兵链。

6.... Nc6（图10-3）

马先手出子，因为可以攻击白d兵，此时白d兵被双重攻击。

7.Ne2!

相比f3格，马走到这里是比较罕见的。f3确实应该被马占据，白方将安排其中一个马进入到f3。他的计划是把d2位置的马调入到f3，同时释放c1象。

7.... Qb6

黑方给白方d兵施加更大的压力，威胁8....cxd4 9.cxd4 Nxd4 10.Nxd4 Qxd4 得兵。

图10-3

8.Nf3

聪明的马轮番保护这个兵并且为象清出了黑格斜线。

8.... Be7

另一个看似合理的着法，但是过于消极。黑方的局面被对方d4和e5兵束缚，他不应该让这种情况持续下去。他必须设法打破白方对中心的控制，以便于他的子能够获得更大的空间。正确的续着是：8....cxd4 9.cxd4 f6，迫使10.exf6 Nxf6。那么d7马封锁c8象的问题就解决了，并且e5兵的消失意味着黑方已经获得了黑格象出动到d6的机会。如果黑方不采取必要的行动，那么他很可能会被逐渐挤死。在与阿廖欣（1938）的对局中，即使像卡帕布兰卡这样伟大的棋手也会遭遇同样的命运。由于开局表现不佳，卡帕布兰卡被束缚得很厉害，以至于无法动弹，几乎所有子都还在棋盘上他就认输了。

9.O–O

在采取任何暴力行动之前，必须将王带到更安全的地方。

9.... O–O（图10-4）

图10-4

黑方仍然在机械地、呆板地对弈，没有意识到可能发生的危险。他错过了9....f6，攻击兵链的最后机会。

10.Nf4!

绝对杜绝任何打乱兵阵形的可能，若10....f6，白方可以11.Nxe6；若10....cxd4 11.cxd4 Nxd4 12.Nxd4 Qxd4 13.Bxh7+发现了对后的攻击，后果不可想象。

10.... Nd8

黑方终于意识到他的子一直无能为力，直到他摆脱白方恼人的e兵。因此，他保护自己的e兵，以便可以11....f6打破白方的兵形结构。

11.Qc2

给黑方h兵制造明显的威胁。这着棋深刻的目的是迫使王附近的一个兵前进。

王周围任何一个兵的挺进都会使防御结构松动并且导致能够被对方利用的永久弱点，而且向前移动的兵经常会变成对方直接攻击的目标。

11.... f5

没有什么选择。如果黑方走11....h6或11....g6，以后无法走...f6，否则g6格容易受到白子的入侵或成为爆破王翼、弃子攻击的焦点。

12.exf6

放松了对黑方的束缚，但它为攻击打开了线路。开放线有利于出子有优势的一方，使子具有更强的机动性。

12.... Nxf6

不仅仅是让马重回战场，也为防御h兵。

13.Ng5

再次攻击兵，这次包括了以下的威胁：14.Bxh7+ Kh8 (14....Nxh7 15.Qxh7#) 15.Ng6#。

图10-5

13.... g6（图10-5）

被迫的着法，因为若13....h6挽救兵，会被将杀。

随着g兵的挺进，一个目标进入了视野，白方针对这个目标进行攻击。他想出决定性的一击，将破坏黑方的整个防御结构！

14.Bxg6！

这个弃子必须被接受，否则黑方将白白地失去一个兵，留下一个破碎的局面。如果他尝试：14....h6 15.Bh7+ Kg7 16.Qg6+ Kh8 17.Qxh6，黑方要面对马的将杀以及难以承受的闪将威胁。

14.... hxg6

围绕着王的三个兵只剩下一个了，这个也将不久于世。

15.Qxg6+

精彩的、戏剧性的出场，后在两个马的陪同下，很快就会迫使对方屈服。

15.... Kh8

唯一的一着。

16.Qh6+

为马腾出g6格。

16.... Kg8

用马垫将会遭到将杀。

17.Ng6

将杀威胁：18.Qh8# 或 18.Nxe7#，黑方无法招架。

1—0

对局11

富洛尔 – 皮查克

碧林 1930
科里方案

1.d4

国际象棋与网球不同，你不能通过发球得分。开局中没有任何技巧可以让中等水平的棋手失去平衡。

你可以做的就是在开局阶段运用顺序和方法以增加获得有利局面的机会，需要做的就是遵循一些简单的规则来进行良性出子：

（1）以1.e4或1.d4作为第一步开局，可以释放两个子。

（2）最少要在中心固定一个兵并且给它坚实的支撑。中心兵可以防止对方的子进入到最好的格子。

（3）在可行的情况下，先出马再出象。一般来说，马处于f3和c3（黑马：f6和c6）位置最好，在防守和攻击方面的力量都是巨大的。

（4）在两个出子的着法中，选择更具侵略性的一个。

（5）在开局中，每个子仅移动一次。把它一次就放在与中心相关且攻击范围最大的格子上。

（6）在对局的早期阶段最多移动两个兵。**主要移动的是子。**

（7）出子以控制中心，通过占据中心或像蟹眼象那样从远处逼近中心的手段。

（8）出后，但要离家近一些，避免被对方的兵和轻子骚扰。

（9）不要以牺牲出子为代价追逐兵。

（10）尽早易位确保王的安全，最好是在王翼进行短易位。

卡帕布兰卡总结了这一切，他说："快速出子的重点是：尽快让它们投入战斗。"

现在回到富洛尔和皮查克的对局中：

白方的第一步在中心固定了一个兵并释放了两个子。

1.... Nf6

黑方把马走到了它最喜欢的位置并且阻碍白方2.e4。

2.Nf3

纳皮尔回忆，在斯坦尼茨的第一节课中，这位世界冠军说："在出象之前，把两个马都走出来，不用怀疑。你知道为什么吗？"纳皮尔说他被难住了。斯坦尼茨继续解释："一个理由是，马和象之间你更加确定马应该属于哪里，确定比猜测好得多。"

2.... e6

黑方推迟走2....d5，这会让他进入后翼弃兵的常规路线。同时，为f8象打开了路线。

3.Nbd2

科里方案中典型的马的调动路线：马在不阻挡 c线的情况下对关键的 e4 格施加压力。

3.... c5

黑方冲击 d兵以试图控制中心。这种侧翼冲锋在后兵开局中几乎是强制性的，因为黑方必须试图扰乱白方的中心结构。

即将威胁：4....cxd4 5.Nxd4，白方在中心没有兵留下。

4.e3

白方加固d兵并且为f1象提供出口。

图11-1

4.... b6（图11-1）

黑方也支持它挺进的兵并且准备将c8象出到b7。

5.Bd3

这种系统方案下的习惯性攻击方法：象对e4 施加压力，准备把e兵推进到e4，为后面的子打开攻击线路。象也瞄准了黑方的h兵，在黑方短易位后这是一个很好的攻击目标。

5.... Bb7

解决黑方后兵开局的主要问题之一——对白格象的有效处置。通过蟹眼象的安排，象统率了棋盘上最长的斜线并且参与了对e4的争夺，它是科里方案中的战略格子。

6.O-O

作为出子过程的一部分，白方保护王免遭危险并把车放到更加靠近中心线的位置。

6.... Be7

尽管看起来不起眼，但象在e7却蕴含了巨大的潜力。它离家近，可以帮助防御王，但是如果需要，调动到更加积极的位置也是比较容易的。

图11-2

7.c4（图11-2）

更符合科里结构的是7.c3，为d4兵提供支撑。e兵可以自由前进，无论黑方什么时候走...cxd4，白方都可以用c兵吃回并且在中心保留一个强大的兵。

对局走法显然是为了阻止黑方子利用d5把它当作移动的中枢。

7.... O-O

黑方悄悄地着手集结部队。当王被带走，车就一下子出现了。

8.b3

显然是为了把象出到b2。这样的蟹眼象出子不是科里方案的传统流程，但白方富洛尔可能想测试他自己的一些想法。

8.... d5

黑方抓住机会占据中心。他还终止了白方对e兵挺进的预期想法，因为他用马、兵和象压制了关键的e4格，而白方只有两个子能支撑。

确实，b7象的斜线被封锁了，但这种情况只是暂时的。

图11-3

9.Qc2（图11-3）

明显更好的是简单地把黑格象走到b2，这是之前准备好的走法。

9.Qc2的目的是确保对e4的控制并且阻止黑方通过9....Ne4来建立一个前哨。此举的问题在于它允许黑方掌控主动权，然后主导之后的局势发展。

9.... Nc6

强大的着法，结合了出子、积极的意图和

预防性的想法。

（1）出子，马只用一步就进入到最适合的格子。

（2）入侵，对白方b4挺进兵的威胁，攻击后和象，并强制交换，从而摆脱白方危险的白格象。

（3）预防，阻止10.e4，接下来：10....Nb4 11.Qc3 Nxd3 12.Qxd3 dxe4，黑方得子。

10.a3

白方必须保留有价值的白格象。

不幸的是，正如我们将要看到的，强制走兵所浪费的时间是要付出昂贵代价的。

图11-4

10.... cxd4（图11-4）

黑方交换以简化中心局面并且打开c线方便a8车出动。

11.cxd5

如果11.exd4 dxc4，强制12.Qxc4（否则白方d兵将丢掉），然后12....Rc8给白方中心造成难受的压力。

另一种可能：11.Nxd4 Nxd4 12.exd4 dxc4 13.Qxc4（保护d兵）13....Rc8 14.Qa4 Bc6 15.Qxa7 (或者15.Qc4 Bxg2，黑方很容易获胜) 15....Ra8，黑方得后。

11.... Qxd5

黑方净赚一个兵并接管了进攻。

后没有危险，因为白方的出子还不充分，不足以给黑方带来任何威胁。

12.exd4

白方打开局面以获得一些反击。他希望将e线给车使用，并将e4格作为白子的支点。

12.e4表面上看似是有吸引力的进攻，却没有太大的作用，在12....Qh5之后，重要的e4格被兵占据，它无法用于子的调动，同时黑方收益一个额外的d线通路兵。

12.... Nxd4

攻击后获得了时间，因为白方必须因为走后而失去一步的时间。

13.Qb1

明显不能走：13.Nxd4，因为黑方可以即刻扑杀白方；

当13.Qb2 Nxf3+ 14.Nxf3 Qxd3得子；

当13.Qc3 Rfd8 接下来14.... Rac8，后必须再次逃走。

白方的实际走法可能是最好的了。

13.... Rfd8

加大对d线的压力，特别是对象的，它受到威胁：14....Nxf3+ 15.Nxf3 Qxd3 16.Qxd3 Rxd3。

图11-5

14.Ne1（图11-5）

白方保护他的象以及脆弱的g兵。

针对14.Bc2，黑方可以从以下主题中进行选择：

（1）14.... Nxc2，简化局面，保持多一个兵。

（2）14.... Rac8，增加压力，把c2象驱赶到第一线。

（3）14.... Ne2+战术组合，15.Kh1 Ba6（威胁16.... Nc3交换得子）16.Re1 Ng4 17.Ne4 Qxe4! 18.Bxe4 Nxf2#。

14.... Qh5!

这步走后没有直接的威胁，但是黑方即将对白方产生威胁。他打算攻陷白方兵的堡垒，后和轻子配合，例如，15....Bd6或15....Ng4。这将迫使其中的一个兵离开初始位置并制造出黑方可以利用的弱点。挺进的兵本身就容易成为受攻击的目标，或者打开通往王的路径。

这种对地基的削弱是一个有趣的过程，它使一个明显坚固的阵地受到攻击。

15.Bb2

白方没有可靠的防守（尤其是对模糊的威胁），所以继续出动他的子。出动的越多，他在即将到来的风暴中幸存下来的机会就越大。

15.... Bd6

有一个简单的、明确的威胁：一步杀！

白方如何防御？

（1）16.Nef3 Nxf3+ 17.Nxf3 Bxf3 18.gxf3 Qxh2#。

（2）16.f4 Bc5（威胁17....Ne2+ 18.Kh1 Ng3#）17.Kh1 Ng4 18.h3 Qxh3+下一步将杀。

（3）16.h3 Qe5（再次威胁h2将杀）17.g3 Qd5（准备18...Qh1#）18.f3 Qg5，白方丢子。

16.g3

通过排除，这可能是唯一的防御。

16.... Ng4

白方的g兵被迫向前；现在17....Qxh2#的威胁迫使h兵前进。

图11-6

17.h4（图11-6）

白方除此之外别无他法，能使后出局吗？

17.... Qxh4!

这太棒了！ 不是因为奉献了后，而是因为它带来了一个高潮，巧妙地呈现了对兵弱点的系统利用。

黑方引入了两个一步杀的威胁：h1和h2。

0-1

在18.gxh4之后，18....Bh2#，将杀像闪电一样快。

对局12

皮查克 - 富洛尔

利瓦达 1934

英国式开局

1.c4

相对于1.e4或1.d4释放两个子，尽管这一着只释放了一个子，但是英国式开局仍然是白方武器库中最强的开局武器之一。它从一开始就吸引那些喜欢创新的人，因为它不会过早地与敌人交手，容许子的调动。在这个开局的许多变化形式中，白方甚至都没有试图占据中心。他让黑方的棋子放在中心，然后从侧面攻击它们。例如，为了破坏中心，他可能会制造蟹眼象，从远处冲击中心。

白方决定谨慎地锻炼他的创造力，他能将英国式转换为后兵开局的某种形式，并且仍然保持良好的局势。

1.... e5

黑方以传统的方式出子：他在中心放置一个兵，并释放两个子以供行动。

2.Nc3

白方在挺进中心兵之前，出动了一个子。

事实上，2. d4 exd4 3. Qxd4 Nc6，后必须撤退，浪费一步时间。或者如果2.e4，白方会有一个落后的d兵，同时f1象无法走到c4。

2.... Nf6

注意黑方的走法和顺序。马的移动不仅仅是常规的出子。它的目的是抵消白马的压力并且支持兵进入d5格。

3.g3

腾出空间让象进入g2，它沿着大斜线发挥作用并且也有助于对d5施加压力。

3.... d5!

黑方通过为后翼黑子开辟新路径使其能够自由行动。同时，他向白方c兵提出问题。

4.cxd5

白方乐意用侧翼兵交换中心兵。同时，c线没有兵，这为他的后和车在c1提供了良好的行动路线。

4.... Nxd5

这样的吃回实际上是强制性的。延迟吃兵可能会给白方留出时间来保护和控制这个多出来的兵。

5.Bg2（图12-1）

白方先手出子——对d5马进行攻击。

在过去，黑方可能会走5....Be6，一边保护

图12-1

马一边出子。现在的棋手在寻找真相（和新的获胜方式）时，即使是最自然的着法也会持怀疑态度。

5.... Nb6!

象可以等等！这着的好处是黑方能够保持对d4格的控制，阻止白方通过挺进d4兵来打开中心。另一个选择5....Be6，继续的着法是：6.Nf3 Nc6 7.O-O Be7 8.d4，黑方有麻烦，因为局面会变得开放，而黑王仍然还在中心。

6.Nf3

白方再次带有威胁地出子——这次攻击的是e兵。

6.... Nc6

黑方以最简单、最自然的方式防守，将b8马放在它最有效的位置上。

尽管黑方比白方参战的子少，但并不逊色。黑方有一个兵在中心，象还未出动，具有很大的潜力，因为它的巡航范围比白方更广阔。

图12-2

图12-3

7.O-O（图12-2）

白方悄悄地将王带走并调动车出来。

7.... Be7

和上一局一样，象在e7这个不显眼的位置具有欺骗性：它为挡住入侵者而做准备，同时也预备着随时转去进攻。

8.d3

白方为c1象制造行动空间，为战斗出一份力。

8.... O-O

把王从危险中移出，让车亮相。

9.Be3

伴随着象出现在这个格子，白方能够获得10.d4的机会，从黑方的中心兵营中解脱出来。

9.... Bg4!（图12-3）

出色的部署，因为象对白方的王翼和计划的d兵推进具有强大的抑制作用。

如果尝试走10.d4，黑方会走10....Nc4，白方很难应对。11. Nxe5 N6xe5　12.dxe5 Nxe3　13.fxe3，在e线留下了一列摇摇欲坠的白兵。

或者，如果白方走11.Qc1，保护b兵并且可以在e3用后吃回，11...Nxe3　12.Qxe3 exd4　13.Qe4 Bxf3，接下来黑方计划走14....dxc3，黑方得一子。

白方最好的可能是：10. Na4，为了将把马挪到c5，这是英国式开局中白方必须设法控制的格子。否则，他可能会继续通过10.Rc1出子，然后再考虑马的调动。

10.h3

这一着为了让讨厌的象表明它的意图，要么吃掉马，要么离开。不幸的是，像这样的着法，更多的是出于本能而不是理性，对易位的局面产生了有害的影响，使结构松动。一旦王附近的兵移动了一步，它们就更容易受到威胁，尽管周围有一堆保护它们的子。

10.... Bh5

象后退一格，保持压力。尽管象的行动受限，但是它对白方局面（和心态）的持续影响给白方带来了更大的麻烦，白格象回到e6，会有更多的自由，但是不会干扰对手。

11.Rc1

显然是为了控制c线并且很可能在后翼发起攻击。一个不错的选择是11.Qb3，如果可行，接下来通过Rad1和d4为白方的车打开d线并且在中心获得一些反击的机会。在中心的行动是对抗王翼攻击的最佳补救措施。

11.... Qd7（图12-4）

所有的子都要做到物尽其用！后仅向前移动了一格，就控制了一条重要的斜线！

出后还有另一个目的，为两个车腾空底线。它们现在可以向中心进行切换并且控制最重要的竖线。

12.Na4

白方的想法是通过马绕行到c5格保持对黑方在后翼的威胁。针对常规的防御着法，12.Kh2，黑方通过12....f5和13....f4攻击，黑兵将破坏白方的王翼兵形。

图12-4

12.... Bxf3

给白方一个不情愿的吃回选择：如果用兵吃，他的d兵就会变成孤兵和弱兵；如果用象吃，立即就会丢h兵。

13.Bxf3

白方放弃了h兵，相信在下一次交换中会很快重新得回来。

13.... Qxh3

吃子之后，黑方的进攻前景十分光明。无须费心分析细节，可以想象从14....f5开始的获胜路线，然后是15....f4，去摧毁白方的g兵（防御结构的关键点），或者15....Rf6，把车摆到g6或h6。

14.Bxc6

比重新得回兵更好的是14.Bg2，将黑后从白王的附近驱逐离开。

14.... bxc6

强制的走法，但也是一个令人愉快的义务。黑方很高兴再也见不到这个长距离棋子象了。

图12-5

15.Rxc6（图12-5）

现在子力数量是均衡的，但是白王处在危险之中，黑方后已经把刀架到它的脖子上了。

15.... Nd5!

极好的妙手！这个漂亮的中心化的马给对方的一个威胁是：

16....Nxe3 17.fxe3 Qxg3+ 18.Kh1 Qh3+ 19.Kg1 Bg5，白方已经破败；

另一个威胁是：16....Nf6 17....Ng4 18....Qh2#。

16.Qe1

这个别扭的着法是绝对必要的，用来保护白g兵，以防16....Nxe3 17.fxe3 Qxg3+。如果这个兵被吃掉，王将无法承受攻击。

白方本来打算走16.Bc5，如果黑方16....Nf6，他将奋勇抵抗：17.Rxf6 Bxf6 18.Bxf8，但是他最后看到了反证：16....Bxc5 17.Nxc5 Nf6。为了阻止18....Ng4 19....Qh2#，他必须用车换马，这意味着最终输棋。

16....f5!（图12-6）

图12-6

不要马上走16....Nf6，因为17.f3会让马无法进入理想的格子（注意：g兵有保护是多么重要）。

随着上一步，黑方准备走17....f4。

如果18.gxf4，那么18....Rxf4 19.Bxf4 Nxf4，黑方在g2将杀。

如果白方不吃兵，18.Bc5，黑方很容易获胜：18....f3（威胁19....Qg2#）19.exf3 Nf4（再次瞄准将杀）20. gxf4 Rf5，白方仅能通过21. Qxe5放弃后来阻止21....Rh5，避免接下来的将杀。

17.Bc5

如果白方想用17.Nc3摆脱黑方麻烦的马，黑方继续执行攻击：17..... Nf6 18.f3 Nh5（集中在关键的g兵）19.Bf2 Bh4（仍然在捶打兵）20.gxh4 Nf4，威胁g2将杀。

按照实战的走法给了白方微弱的坚持机会，继续的着法：17.... Bxc5 18.Nxc5 Nf6 19.f3，或者，如果17.... Nf6，然后18.Rxf6。

17.... f4!

不仅要打击g兵，还要为车通往f5和h5的通道扫清道路，以便协助后进行将杀操作。

18.Bxe7

如果18.g4不让车进入，黑方可以以三种或四种的方式轻松取胜：

（1）18....f3 19.exf3 Nf4，接下来g2将杀。

（2）18....Qxg4+ 19.Kh2，然后：

（2a）19....Rf5，准备用车将杀。

（2b）19....f3 20.Rg1 Qh4#。

这着交换用来减少困扰王的棋子数量。他希望18....Nxe7简单吃回，马不再中心化，减少威胁。

18.... fxg3

简单地、残酷地威胁19....Qh2#。

19.fxg3（图12-7）

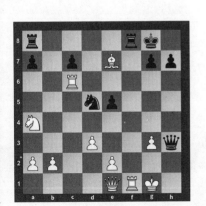

图12-7

唯一的应着。

19....Ne3!

威胁20....Qg2#。

0-1

没有防御方式：20.Rf2 Qxg3+ 21.Kh1 Rxf2简单获胜；

或者：20.Rxf8+ Rxf8 21.Qf2 Rxf2 22.Kxf2 Qg2+ 23.Kxe3 Qxc6，剩下的是基础的走法。

在这场对局中，黑方富洛尔采用了他之前被击败的手段，为他在上一场比赛中输给皮查克的对局报了仇。他削弱了易位的王周围的兵，然后以毁灭性的攻击撕裂了防御。

对局13

多比亚斯 - 波德戈尼

布拉格 1952

法兰西防御

1.e4

这是最好的一种开启竞赛和争斗的方式。竞赛，是尽快出子并将它们放到可以最有效发挥作用的格子上；争斗，获得对中心的控制。

e兵一下子就占据了一个位于中心的重要格子并且攻击了另外两个格子，同时，后和象控制了八个格子。

1.... e6

这一悄然进取的着法准备以2....d5与白方争夺中心。

这种防御的优点是避免了白方习惯性在黑方1....e5之后带来的很多强大开局。

2.d4

类似的一步，菲利道尔在他的国际象棋分析中（1791年）说道："兵走了两步有非常重要的原因：首先，摆脱黑方的黑格象对你的f兵的威胁；另外，把兵的力量置于中心的位置，使它有所作为。"

我们仍然可以遵循建议。

2.... d5

对e兵的攻击，立即挑战中心。

3.Nc3

在对白方开放的各种路线中（挺进e兵到e5，交换兵，弃掉他的中心兵或者保护中心兵），他选择了能够让他出子而且保持压力的方案。

3.... dxe4

暂时让白方有更多的行动自由，但是黑方希望之后走...c5，消灭令他感到麻烦的d兵。

4.Nxe4

吃回，使白方在中心有马和兵，局面上略有优势。

4.... Nd7（图13-1）

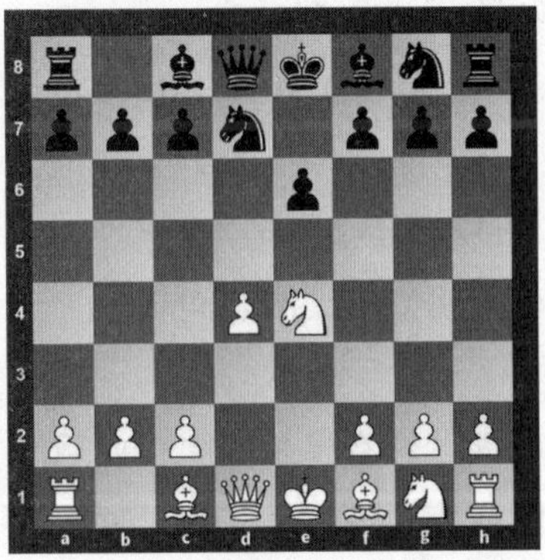

为g8马出子到f6准备一个支撑。如果白方交换马，黑方用d7马吃回。

如果4....Nf6，那么5. Nxf6+，黑方要么破坏王翼的兵形走5....gxf6，要么用后吃，冒着被轻子骚扰的风险。一个例子是，在4...Nf6 5.Nxf6+ Qxf6之后，有一个小陷阱，6.Nf3 Bd7（抢占大斜线）7.Bd3 Bc6 8.Bg5 Bxf3 9.Qd2! Qxd4 10.Bb5+，白方得后。

图13-1

5.Nf3

让王翼马发挥作用的最好方法是把它走到f3，对中心有巨大的影响，并且在对易位的王防御方面它是无与伦比的。

5.... Be7

一个不置可否的着法（它使底线的子出来并帮助王尽快易位），但不如传统的5....Ngf6。

如果黑方转而尝试以蟹眼象的方式出动c8象（鉴于白方暴露的马很诱人），他可能会陷入一个漂亮的陷阱：5....b6 6.Bb5 Bb7 7.Ne5! Bxe4 (或者7....Bc8 8.Bg5 Ngf6 9.Nc6，得后) 8.Bxd7+ Ke7 9.Bc6! 黑方一定会有子力损失。

6.Bd3

这比起6.Bc4可能更加尖锐，两种走象的着法都是不错的点，为短易位腾出位置。

6.... Ngf6

黑方也准备通过出动g8马来保护王的安全。

7.Qe2

白方出子，用后和象对中心马提供强大的支持。

当黑方用...c5对白方中心发起攻击时，相比7.Nxf6 Bxf6，这对黑方拥挤的局面有更强烈的限制。

7.... O–O

王在角落里寻求安全。不存在简单的自由调动：7....Nxe4 8.Bxe4 Nf6 9.Bxb7 Bxb7 10.Qb5+，接下来11.Qxb7，白方多得一个兵。

8.O–O

白方易位与其说是为了逃避危险，不如说是为了让h1车积极投入战斗。

白方的局面充满希望，给他提供了一个很好的进攻路线：8.Bg5 Nxe4 9.Qxe4 g6 (当然不能走9....Nf6阻止将杀，因为10.Bxf6当即获胜) 10.h4，白方可以进行长易位，并用王翼的兵猛攻敌人的堡垒。

图13-2

8.... Nxe4（图13-2）

黑方交换以获得可以施展的空间。

9.Qxe4!

这一着掌控局面，带有将杀威胁！白后吃掉马，让自己暴露，容易被轻子骚扰，这些看似冒险，但是黑方不具备制造麻烦的条件。他能做的就是活下去！

9.... Nf6

自然，黑方不希望挺进王翼兵，例如：9....g6，除非迫不得已，但走9....Nf6有什么问题呢？它能把马带入到最好的格子里，防御将杀，攻击白后，释放黑方的后翼，是这样吗？

的确，它做了上面说的所有事情，在这种情况下，可能是黑方的最佳着法。奇怪的是，在胁迫下走出的着法往往与出于自己意愿走出的着法在积极效果上是有区别的。

10.Qh4

此后，黑方的马进入了好的格子里，而它也必须只能在这个格子里防御将

图13-3

杀。

10.... b6（图13-3）

黑c8象将不会出现在王翼，这是它离开的第一步，它寻求其他方式参与战斗。b7的出子看起来很有吸引力，因为在那里象控制着大斜线。

11.Bg5!

绝妙的策略！白方攻击最重要的、用来防御将杀的黑马。具体威胁是：12.Bxf6 Bxf6 13.Qxh7#。

一个简单的威胁，显而易见，黑方不得不走：11....g6或11....h6。

那么，白方的目的是什么？

隐藏的目的是强迫黑方走王附近的兵，为了避免被将杀。这些兵的任何一步移动都会造成防御结构的松动，而且是无法修复的。它削弱了局面，因为制造了无法关闭的缺口。挺进的兵永远不能回到原来的位置，恢复原有的防御作用。

11.... g6

如果11....h6，白方通过12.Bxf6 Bxf6 13.Qe4获胜，因威胁将杀而在a8得车，这个车看起来像是一个无辜的旁观者。

12.c4

一步非常好的着法！首先，它阻止黑方走：12....Nd5，通过交换掉白方进攻的子来消除威胁。对于进攻方（白方），准备挺进d4兵，这将打破黑方在e6的兵形结构。一旦完成，白方的车将拥有一个e线上的进攻入口。

12.... Bb7

黑方没有有效的反击。他能做的最好的事情就是继续出子到最有利的格子上，以进行艰苦的斗争。

13.d5

威胁在准备14.Rad1之后，吃掉e6兵，强制黑方15....fxe6吃回，使黑方g兵失去支柱。

13.... exd5（图13-4）

似乎得了一个兵，因为白方通过14.cxd5吃回兵，黑方14....Nxd5不仅吃兵，

图13-4

而且强制换象，从白方的攻击中慢慢脱离。

14.Rfe1!

出人意料的过渡着法，威胁立即获胜：15.Rxe7 Qxe7 16.Bxf6 Qd6 17.Ng5 h5 18.Qxh5！gxh5 19.Bh7#！

14.... h6

黑方进一个兵来转移在f6马和e7象上的沉重压力。

14....Kg7去支撑马，但没有缓解，因为白方会残酷地回应：15.Bh6+，得子。

15.Qxh6

但是不能走15.Bxh6，黑方15....Ne4可以赶走白方的后。

白方现在计划：16.Bxg6 fxg6 17.Qxg6+ Kh8 18.Nd4（威胁19.Ne6 、19.Nf5或19.Re3，然后Rh3+获胜）18....Qe8 19.Qh6+ Kg8 20.Nf5 Rf7 21.Bxf6简单获胜。

15.... Ng4

白方针对15....Ne4有一种巧妙的获胜方式：16.Bxe7 Qxe7 17.cxd5（威胁下一步吃掉被牵制的马）17....Bxd5 18.Bxe4 Bxe4 19.Rxe4! Qxe4 20.Ng5黑方丢后或者被将杀。

对弈中的实际走法是为了把后赶走。

16.Qh4

白方支持象，攻击马并且威胁17.Bxe7。让一着棋的作用发挥得淋漓尽致。

16.... Bxg5

如果黑方把马走回到f6会导致惨败：16....Nf6 17.Rxe7 Qxe7 18.Bxf6，白方攻击黑后，同时威胁将杀：19.Qh8#。

17.Nxg5（图13-5）

再一次威胁h7将杀。

17.... Nf6

黑方必须跟着节奏起舞，把马带回到f6。

这里，黑方将马放到了一个好的位置上，但并不是出于黑方自己的意志。

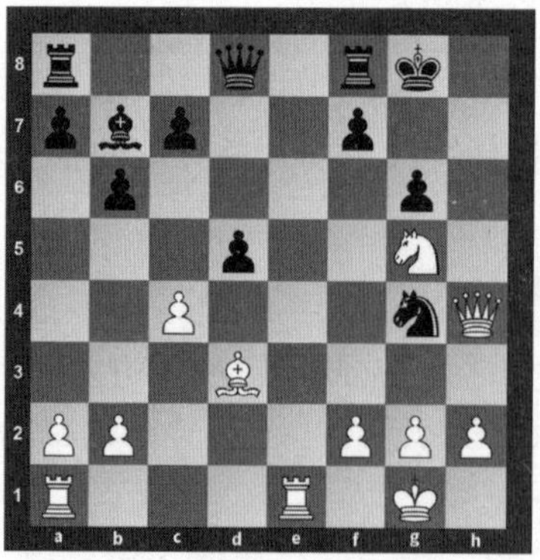

图13-5

18.Qh6

这比让车通过e3调动到h3更加限制黑方。例如18.Re3 Re8 19.Rh3 Kf8,王立即逃离灾难。

在白方的实际走法之后,如果黑方尝试:18....Re8,那么19.Bxg6 Rxe1+ 20.Rxe1 fxg6 21.Qxg6+ Kh8 22.Nf7#。

18.... d4

阻止19.Re3,并且给象更广的斜线。

白方如何继续攻击?他能否在不浪费太多时间的情况下调动预备队?或者他可以削弱防御阵形,使其脆弱容易受到攻击。

最后一个问题有提示吗?是的,确实!

黑方的主要防御在于他的马,马守卫h7不被将杀,而 f 兵支持最重要的g兵。要是白方能攻击这两个防御者就好了——威胁它们,消除它们,以某种方式让他们离开......

有一着,乍一看很荒唐。

提示:大师棋手会看他想走的每一步,特别是不可能的。

19.Re6!!

威胁吃马,然后用后将杀。

图13-6

19.... Re8(图13-6)

如果黑方走19....fxe6,接下来的着法是:20.Qxg6+ Kh8 21.Qh6+ Kg8 22.Bh7+ Kh8 23.Bf5+ Kg8 24.Bxe6+ Rf7 25.Bxf7#。

有趣的是19.Re6,不仅威胁要夺走马,而且还利用了f兵不敢吃车的事实,因为一旦f兵吃车,就等于放弃了对g兵的防御。

黑方的上一步为王清出了f8格,预防白方吃掉马然后用后在h7将军。

20.Bxg6

打破兵的屏障!白方威胁:21.Bxf7#。

1–0

没有可行的防御方式:

(1)20....fxe6 21.Bf7#。

（2）20....fxg6 21.Qxg6+ Kh8 22.Nf7#。

（3）20....Qd7 21.Bh7+ Nxh7（或者21....Kh8 22.Qxf6#） 22.Qxh7+ Kf8 23.Qh8#。

对局14

塔拉什－米塞斯

柏林 1916

法兰西防御

1.e4

这是一个很好的出子开端，因为后和象的线路立即打开了。e兵占据了一个关键格，并且攻击d5和f5格。

1.... e6

尽管看起来不起眼，但这步和1....e5一样好。黑方的想法是接下来继续走2...d5，攻击白方的中心。然后准备3. exd5之后用e兵吃回，保持兵在中心。

2.d4

自然，白方将另一个兵放在中心，现在e5和c5格也都成了黑子的禁区。同时，白方的后和黑格象拥有了更多的行动自由。

2.... d5

把问题交给e兵！

白方有多种可选择的应着：

（1）3.exd5，为了简化局面。

（2）3.e5，用兵链来束缚黑方。

（3）3.Nc3（也可以3.Nd2，或不太有作用的3.Bd3）保护兵，同时出子。

第一种方式受到摩菲的青睐，他喜欢开放局面，让他的子有广阔的攻击范围。现在很少被采用，因为交换兵之后局面对称、均衡，除非你是摩菲，否则很难发动攻击。

紧压的走法是3.e5，它有很多拥护者，但是反对这个体系的观点是：白方的兵链僵化，容易受到战术的破坏。当白方发现自己因防御中心而失去了灵活性时，黑方对兵链的根部发起了强烈的反击，3....c5，随后...Nc6和...Qb6。

还有第三种方式，简单且符合国际象棋常识——出子支持e兵。

3.Nc3

典型的塔拉什下法：他选择了继续出子并保持中心紧张的方式。这着棋把马带出来了，保护e兵，增加对d5的压力。

3.... dxe4

塔拉什不赞成换兵，因为黑方在没有任何补偿的情况下交出了中心控制权。结果是衡量想法价值的标准，塔拉什在这场比赛中证实了他的观点。米塞斯用黑方下了七次3....dxe4，结果是两局和棋，五局输棋，塔拉什赢了他五局。

4.Nxe4

现在白方拥有一个漂亮的、中心化的马，对e5和c5的压力以及优越的兵（d4兵相对e6兵），这确保了白方有更大的行动自由。

4.... Nd7

打算当g8马进入f6时，给予f6马支持。如果黑方一旦4....Nf6，白方通过5.Nxf6+交换马。黑方要么用后吃回，让它过早地进入战斗，要么用兵吃回5....gxf6，破坏王翼兵结构。

5.Nf3（图14-1）

这是王翼马最有价值的位置，为什么不立刻把它放在那呢？

即使是最伟大的大师，也不会在开局时走出惊人的、异乎寻常的、绝妙的着法来试图与众不同，或者在平凡的局面中找到非凡的着法。他们情愿快速出子，把它们放置在能够发挥最大作用的格子里，然后等待顺其自然。当战术组合的时机成熟时，它很有可能属于出子优势的一方。

图14-1

5.... Ngf6

合理的出子。不仅g8马走到了最适合的格子里，而且挑战了白方马的主权并对中心的控制权提出了异议。

6.Bd3

白方没有撤退，而是通过出动另一个子来支持马。如果黑方选择在e4交换，白方仍然会在中心保留一个子。

图14-2

6.... Be7

象放到e7很好，底线已经清理干净，可以进行易位。

6....Nxe4 7.Bxe4 Nf6 8.Bd3有趣的方案，象撤退损失的时间补偿了黑方3....dxe4的失先。

7.O-O（图14-2）

白王躲在了兵组成的屏障后面，而车向半开放线e线移动。

7.... Nxe4

黑方通过交换释放拥挤的局面，让后翼子得到一些喘息的机会。

8.Bxe4

吃回，被白方垄断了一个重要的格子，并给黑方制造出了同样的问题。

8.... Nf6

对于马来说，这总是一个很好的格子，如果马通过攻击没有保护的象来进入到这个格子里，那么它可以赢得时间。

9.Bd3

这个行动自如的象对于白方来说太有价值了，不允许它被换掉。这类的交易会使对方受益，因为棋盘上子的数量减少可以使压力减轻。

9.... b6

可以理解的是，黑方希望他的白格象进入工作状态，打算把它出到b7。

图14-3

但是，在易位前这样做是有危险的。不仅存在a4-e8斜线的将军风险，使王丧失易位的权利，还有可能被白方把马置于c6，这是一个因挺进b兵而被削弱的格子。

10.Ne5!

马占据了一个精彩的前哨位置，而且抑制了黑方扩张的野心。

10.... O-O（图14-3）

黑方意识到10....Bb7会被11.Bb5+ 驳回，黑方只能走11....Kf8失去易位的机会，或

11....c6放弃一个兵。

如果10....Qxd4 11.Bb5+，黑方被闪击丢后，是很愚蠢的。

11.Nc6

立即扑向被削弱的格子，以期望除掉黑方的黑格象。但是为什么要为了一个似乎没有什么潜力的象而放弃一个很棒的前哨马呢？

最少有三个原因：

（1）通过交换剥夺了黑方的一个象，双象是强大的攻击武器，无论在多么平静的局面中。

（2）子力的减少增加了白方双象的动能，它们有更多的操作空间。棋盘越空，它们越能更好地扫除空间，一个在白格斜线上操控，另一个在黑格斜线上操控。

（3）第三个理由相当微妙：黑方的王翼局面有马的坚定捍卫，而马则由象和后捍卫。为了能成功地攻击王翼，必须摧毁马，白方首先移除了马的一个坚定的支持者——象。用黑方的后代替象，白方可以有力地牵制黑马，这是一个不容易被甩掉的牵制。

图14-4

11.... Qd6（图14-4）

后没什么更好的地方可去。

12.Qf3!

非常重要的过渡着法。比直接走12.Nxe7+更强，导致黑方修改计划。让我们分析这两种走法：

如果白方走：12.Nxe7+，然后12....Qxe7 13.Qf3，白方攻击车。车逃到b8，13....Rb8，黑方的下一步14....Bb7，把白后从大斜线赶走，留下给黑象控制。

实际着法12.Qf3，之后威胁13.Nxe7+ Qxe7 14.Qxa8，黑方丢车。这一次车无法从白后的追捕中逃脱，因为逃生格b8被白马控制，如果黑方应着：12....Bb7（垫入一个象，同时出子到大斜线），也会失败，13.Nxe7+ Qxe7 14.Qxb7，白方得子。

12.... Bd7

所有这一切的结果是，为了挽救车的生命，黑象必须移动到d7，在那里它几乎没有施展的机会。

13.Nxe7+

从战略上讲，这代表了白方的胜利。针对黑方的马象，白方不仅有双象优势，而且还迫使黑方剩下的象处在不利的位置，白方则保留了对白格大斜线的控制权。

图14-5

13.... Qxe7（图14-5）

尽管仍然是防守的角色，黑方吃回后形成的局面是足够坚固的。

14.Bg5!

白方用强大的牵制对马施加了几乎令其瘫痪的压力。在继续之前，让我们来回顾一下：

除了简单的出子，没有做其他更令人瞩目的事情；白方拥有双象优势，对局面的掌控更全面；有更多的子处在战斗中以及持久的主动性。

更多的子处在战斗中？是的，他的后和双象都在灵活的位置上，然而黑方的马不能移动，后只能在马周围徘徊（或者在Bxf6之后丢掉一个兵），并且象的机动性差，因为它被e兵封闭了。中心兵的位置也有利于白方，因为d兵在第四横线比e6兵更具话语权。

白方计划在掩护黑王的兵阵中制造一个突破口，下一步出人意料但合乎逻辑的走法是：15.Qe4。黑方不能应：15....Nxe4，因为16.Bxe7（攻击两个子）16....Rfe8 17.Bxe4，黑方没有时间去吃e7白象，因为a8车正在被攻击。15.Qe4背后的思路不是诱使黑方吃后，而是威胁16.Bxf6 Qxf6 17.Qxh7#，逼迫黑方走15....g6。兵移动的效果是使王的防御结构松动，移走被牵制马的一个支柱，被削弱的h6和f6格成为白方的切入口，这两个格子不再由g兵守卫。

一种可能性是：15.Qe4 g6 16.Qh4（攻击马）16....Kg7 17.Bh6+，白方得子。

14.... Rac8

黑方将车从火线上移开，以至于15.Qe4 Nxe4 16.Bxe7 Rfe8，保持子力相等。

建设性的想法，黑方打算接下来走：15....c5，抓住白方的中心兵并为他的车打开c线。

15.Rfe1

一步有用的出子，控制和预备性的着法：

（1）把车带到半开放线。

（2）防止黑方试图通过撬开e线来释放自己。

（3）准备在王翼进攻中，利用e1车，像这样：16.Qh3（再次威胁通过17.Bxf6取胜）16....h6 17.Bxh6 gxh6 18.Qxh6，并且车通过e5和g5制造将杀。

15.... Rfe8

为王腾出一个格子。黑方放弃了预计的15....c5，塔拉什打算（根据他自己的评论）16.Qh3（威胁17.Bxf6）16....h6 17.Bxh6：

（1）17....c4 18.Bxg7 Kxg7 19.Qg3+ Kh8 20.Qh4+ Kg7 21.Qg5+ Kh8 22.Qh6+（后漂亮的"之"字形移动）22....Kg8 23.Re5，快速将杀。

（2）17....gxh6 18.Qxh6 cxd4（可见19.Re5 Rc5）19.Qg5+ Kh8 20.Re4，黑方为了避免被将杀只能放弃后。

图14-6

16.Qh3!（图14-6）

获胜的着法——虽然看起来白方一直在下获胜的着法。

在h兵上把压力加倍，白方威胁17.Bxf6，接下来18.Qxh7+或者干脆用象立刻把它吃掉，因为黑方被牵制的马不敢吃回，黑方王此时不可以吃象。

针对白方的攻击黑方如何防御呢？

如果16....h6，然后17.Bxh6 gxh6 18.Qxh6 Qf8（否则19.Re5将导致将杀）19.Qxf6，白方多两兵，很容易获胜。

如果16....g6（挽救h兵，但是剥夺了马真正的保护者）17.Qh4 Kg7 18.Re4!，接下来19.Rf4，车猛攻无助的马。

如果16....e5（发现了一个对后的攻击）17.Bxf6 Bxh3（或者17....Qxf6 18.Qxd7，白方得子）18.Bxe7，白方多一子。

最后，如果16....c5 17.Bxh7+ Kf8 18.Be4（威胁h8毁灭性的将军）18....Kg8，黑方少一兵并且仍然处在防守状态中。

所有这些变化都是令人欣喜的——特别是如果你是赢家！

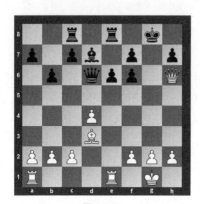

图14-7

图14-8

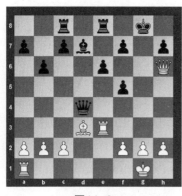

图14-9

16.... Qd6

黑方期待：17. Bxf6 gxf6 18. Qxh7+，多得一兵，安抚白方。

17.Bxf6

白方移除黑王附近唯一的防御者……

17.... gxf6

将g兵连根拔起，王暴露出来。

18.Qh6!（图14-7）

快速控制住王！目的是防止它在面对致命威胁时通过f8逃跑。实际对弈着法之后会呈现：19.Bxh7+ Kh8 20.Bg6+ Kg8 21.Qh7+ Kf8 22.Qxf7#。

如果你能走出（18.Qh6）这样的着法，那么你将比普通棋手高出一个档次。大部分年轻棋手（在国际象棋定义上）倾向于尝试将军致死，结果却发现18.Qxh7+ Kf8 19.Qh8+ Ke7之后王已经逃脱并且攻击力已经耗尽。更糟糕的是，白方的后和d兵受到威胁，通过20.Qh4挽救二者，黑方20....Rh8，突然白方被置于防守状态！

18.... f5

拦截象的攻击线。

19.Re3（图14-8）

显然威胁在g3将军，强迫黑方放弃他的后，为了避免即将到来的将杀。

注意，车对半开放线e线的占据使它能够方便地将e3作为转换点，从而允许车切换到王翼的开放线上。

19.... Qxd4（图14-9）

守住g7格，在20.Rg3+ Kh8之后，白方的后没有将军的机会。

如果黑方走了19....f6，尝试王逃跑，然后20.Rg3+ Kf7 21.Qg7#; 或者如果19....Kh8 20.Rh3，强制20....Kg8，然后21.Rg3+致死。

20.c3!

美丽的妙着！

黑方无奈：他的后不敢离开通往g7的斜线，并且20....Qg7 21.Rg3牵制后；而20....Qh8 21.Rg3+，可怜的王仅有的一个逃生格还被它的后给占据了！

1–0

这盘对局获得了很高的赞誉。

对局15

阿廖欣－庞德乐
维也纳 1936

西班牙开局

1.e4

白方的第一步就是在中心站稳脚跟，使其能够出动王翼的子。

1.... e5

黑方也在中心建立了一个兵，同时阻止2.d4自由发挥。

如果白方继续走2.d4会怎么样? 继续的走法：2....exd4 3.Qxd4 Nc6 4.Qe3 Nf6 5.Nc3 Bb4，黑方有三个易于出动的子。确实，白方有一个兵在中心，但它需要一直被照顾，白后同时也失去了宝贵的时间。简而言之，在1....e5之后，白方如果走2.d4没有好处。

2.Nf3

在开局马毫不拖延地被放在最有效的格子上。这是理想的一着，因为马带有威胁的出子限制了对手的应着选择，对手必须采取一些措施来应对威胁。

2.... Nc6

这是保护兵的最好方式。马自然地出子，应对威胁却没有浪费时间。

3.Bb5

这是棋盘上目前最强的一步，是西班牙开局的特征，最强大的王兵开局。正如鲁宾·法因所说："西班牙开局如此强大的原因之一是用最自然的着法顺

图15-1

序为白方带来理想的局面。"

3.... Nf6

黑方向着中心出马，同时攻击e4兵。

拉斯克在这一点上赞同马的出子，但是现代理论倾向于首先插入3....a6，使白象表明它的意图，并且无论如何也要将它从好的位置上移开。

4.O-O（图15-1）

非常重要。王被带到了安全的地方，同时解放h1车。

4.... Nxe4

黑方是否应该吃掉这个兵？拉斯克的观点是："在没有违反规则的情况下，你应该接受一个重要的中心弃兵。如果你没有接受，一般来说是因为你一旦吃掉这个兵会给你带来很大的麻烦。"

5.d4

比5.Re1更强。黑方的兵受到双重攻击，同时为后和黑格象打开了线路。

5.... Nd6

给白象制造了问题，显然，白象现在只能吃马或者撤退。

黑方的另一个选择是：5...Be7，用出动另一个子来代替同一个子移动两次。黑方不要在多的这个兵上面浪费时间，而应该继续出子。

6.dxe5!

发起能带来麻烦的攻击。白方暂时贡献了一个子——象，但是他确信很快就会重新得回来。这样走优于平淡的着法6.Ba4，给黑方机会通过6....e4进行不错的反击。

图15-2

6.... Nxb5

马的远足浪费了黑方宝贵的时间，移动了四步的马去吃掉了仅移动过一次的象。

7.a4（图15-2）

白方立刻攻击马以找回刚刚被吃掉的子。

7.... Nd6

同一个马走了第五步！白方绝对会用猛烈的攻击回敬黑方，它打算弃掉兵。

黑方应该走：7....Nbd4 8.Nxd4 Nxd4 9. Qxd4 d5，以更好的方式归还这个子，因为可以释放象。

8.exd6

白方的第一个红利是获得了一个直接通向黑王的开放中心！

8.... Bxd6（图15-3）

图15-3

因为d兵被挡住了，所以这不是一个令黑方愉快的吃回方式，但是即使黑方的局面变得更加尴尬，也比用兵吃要好。

9.Ng5!

优于9.Re1+。正如我们将看到的那样，这一着既积极又微妙。

一个策略是直接针对黑方的易位。9....O-O，白方应该走10.Qd3，威胁下一步11.Qxh7#。黑方应该被迫走10....g6（不能走10....f5 11.Qd5+ Kh8 12.Nf7+，白方得子），削弱了兵的防御阵形。一旦兵阵受到干扰，王就容易受到直接攻击。

9.... Be7

有趣的一着。在撤退中，白象不仅仅攻击了黑方的马，还设法解除了对d兵的阻挡。

黑方希望要么迫使马离开，要么换子，摆脱攻击的马。

10.Qh5!

前瞻性的着法！明显的将杀威胁掩盖了这一着的真实目的。

白方上两步可能是初学者的，也可能是大师的。马已经移动了两次，协助后进攻，书上说这还为时过早，因为白方的出子还没有完成。为什么阿廖欣要违反基本的开局原则？

他这样做的原因是常规出子（"你平静地出子，我也平静地出子"）会给黑方留出时间去重组他的局面。黑方有些轻率（比如在开局中一个马走了五次！），惩罚这些失误的方法是让他沉浸在每一个要面对的问题中，使他没有时间恢复。如果需要非常规的着法来使局面弱点出现，那么就走这些非常规的着法！着法的优劣只有一个衡量标准——对于对手的局面影响。

10.... g6

还有什么其他的选择？

如果黑方为了避免11. Qxf7#而易位，那他就会被11. Qxh7#，或者如果要通过10....Bxg5交换，那么11.Bxg5 Ne7 12.Re1，白方通过牵制得子。

11.Qh6!

白方将后锚定在这个格子里，黑方g兵不再守卫这里，这是作为控制黑格的第一步。

白方现在威胁通过12.Qg7，进一步穿透局面的心脏，攻击车。强迫黑方12....Rf8，然后13.Nxh7得子，马换车。

11.... Bf8

不仅必须要阻止白方进一步入侵，而且还必须将白后赶回去。

黑方别无选择，易位是违反规则的，而11....Bxg5 12.Bxg5 f6 13.Qg7 Rf8 14.Re1+ Ne7 15.Bh6 Rf7 16.Qg8+ Rf8 17.Qxf8#白胜。

12.Re1+

强迫黑方将自己打成结。

12.... Ne7（图15-4）

图15-4

当然不能走12....Be7，接下来会有13.Qg7 Rf8 14.Nxh7（威胁15.Qxf8#）14....d5 15.Nf6#。

此时，尽管白方不按常规的方法出子，但他有三个子是灵活的，而黑方却没有！黑方有一个子离开了底线，但它被牵制，无法移动。

13.Ne4!

威胁立即将杀！

13.... f5

棋盘上仅有的一步！

如果黑方选择13....Bxh6，白方通过以下方式获胜：14.Nf6+ Kf8 15.Bxh6#；

或者如果13....Nf5对白后进行双重攻击，那么白方14.Nf6#，通过双将致死！

14.Nf6+

对付王的一种方法，目的是让他暴露。

14.... Kf7

移动的王会失去易位的权利，但是很不幸，这是黑方唯一的选择。

15.Qh4

白方的后和马都被攻击了，因此白方移动后去保护马。

15.... Bg7

威胁：16....Bxf6。另外可选的攻击是通过15....Ng8，牵制马并且用两个子冲击它，但是16.Qc4+ Kxf6（或者16....Kg7　17.Ne8+，黑方只能放弃他的后）17.Qh4+，白方得后。

16.Bg5

保护不能逃跑的马。

16.... h6

再次通过冲击其中一名防御者来威胁马。

如果16....Ng8，白方有一个漂亮的战术组合：

17.Nxg8 Qxg8 18.Re7+ Kf8 19.Bh6，下一步20.Qf6+强制将杀。

或者 17.Qc4+ d5 18.Nxd5 Qxg5 19.Nxc7+ Kf6 20.Ne8#。

17.Qc4+!

一个愉快的转移，因为将军会迫使对手放弃一切去拯救王。

17.... Kf8（图15–5）

图15–5

实际是被迫的，因为17....d5 18.Nxd5 Qxd5 19.Rxe7+，白方得后。

18.Rxe7!

阿廖欣战术组合的标志是一系列看似无害的着法结束后的猛烈冲击。

白方的威胁是显而易见的——将杀。

18.... Qxe7

18....Kxe7，阻止f7将杀的唯一的其他方式，白方19.Nd5++，下一步得后。

19.Nh7+

对王的直接攻击，对后的闪击。

19.... Rxh7

黑方吃掉了所有可能吃掉的子，以慰后的牺牲。

图15-6

20.Bxe7+

战术组合的重点：作为车和象的回报，白方得到了后，还有持久的主动权。

20.... Kxe7（图15-6）

黑方必须吃象。

21.Qxc7

白方可以更简单地获胜：21.Qg8 Kf6 22.Qxh7 Kf7 23.Nc3 d6 24.Re1，白方下一步 25.Re7+。但是对局中的实际着法也是不错的。当黑方的后翼被固化时，白方的后仍然是灵活的。

21.... Bxb2

黑方制造麻烦。吃兵，同时攻击车。

22.Ra2

车敏捷地退到一边，转身袭击它的攻击者。

22.... Bf6

象撤退回（相对的）安全的地方。

23.c4!

为车清出道路，能够直接走入e线，掌控开放线，并瞄着王。

23.... Kf7

王逃离火线。黑方希望通过24....Rh8和25....Bd8将后赶走，解放自己，之后通过挺进d兵，释放后翼的子。

24.Re2

白方抢占了开放线。控制它可以为车提供一条通路进入敌方阵营。

24.... Rh8（图15-7）

黑方打算要么通过25....Bd8驱赶白后，要么通过25....Re8争夺e线的所有权。

25.Qd6!

将黑方的d兵钉住，使黑方的后翼瘫痪。

25.... a5

还有什么其他办法呢？25....Re8 26.Rxe8

图15-7

Kxe8 27.Qxf6，得子；

或者如果25....b6，那么26.Qd5+，捕获a8车。

黑方的想法是接下来走26....Ra6，让后离开现在的位置，使黑方的后翼子能够赶紧出来。

26.Nc3!

妙着！白方把另一个子带入到攻击中。注意，大师棋手如何选择他该走的着法，看谁还没有行动（马被留在原地），然后让它们赶快动起来！

26.... Ra6

黑方不能吃马：26....Bxc3，因为白方可以施行将杀：27.Re7+ Kf8（或者27....Kg8 28.Qd5+，下一步将杀）28.Rxd7+ Kg8 29.Qd5+ Kf8 30.Qf7#。

27.Qd5+（图15-8）

白后必须从车的攻击中撤退，但他通过将军获得了时间。

图15-8

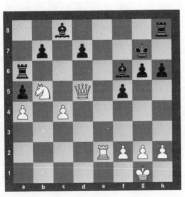

图15-9

27.... Kg7

或者27....Kf8 28.Nb5（威胁29.Nd6）28....Re6 29.Rxe6 dxe6 30.Qc5+ Kg7 31.Qc7+，黑象会被吃掉。

28.Nb5（图15-9）

准备转移到d6，支持白后f7将杀。

28.... Re6

否则马走到d6会切断车参与防御的路线。

29.Nd6!

无论如何，马都会去那里，在这个漂亮的前哨基地安顿下来，在那里它要么参与决定性的战术组合，要么干脆待在那里把黑方捆死。

29.... Rd8

不可行的选择：29....Rxe2，因为30.Qf7#。

30.Kf1

白方保护车，获胜意图：31.Nxc8 Rxc8 32.Qxd7+，会吃掉一个或两个车。

1-0

战斗结束。

对局16

塔拉什 – 库尔施纳

纽伦堡　1889

接受后翼弃兵开局

1.d4

以1.d4开始的开局的优点之一是站在中心的兵有保护，它是安全的。而以1.e4开始的开局中，e兵更容易被攻击。

在后兵开局中，后是中心兵坚定的后盾，白方掌控节奏。他拥有主动权，无论对方采取任何下法，都可以保持很长时间。从一开始，白方就有机会建立自己的局面，不存在被反击的困扰，而黑方要努力争取到均势。如果黑方比较胆小——在某个阶段未能走出....c5争夺中心，那么他的后翼子，特别是c8象，将被糟糕地束缚住并且无法进行体面的活动。如果出子粗心——相同的子在开局移动几次或在出马之前先出象——惩罚将很快到来。

国际象棋的目的是为了取胜，而不是用棋盘上漂亮的画面来娱乐，难怪许多棋手更喜欢"沉闷、安全地后翼弃兵"，而不是浪漫、冒险地王翼弃兵。

我敢说（这个观点背后有40年的研究），后兵开局与王兵开局一样有许多辉煌的杰作。

1.... d5

这是黑方稳定中心压力的最佳方式。

现在双方都有一个兵牢牢地站在棋盘中央，占据一个格子并攻击另外两个格子；双方都释放了两个子。

2.c4

此举的目的是摧毁黑方的中心兵。首先，白方贡献出一个兵以诱使黑方交出中心。如果对黑方不起作用，那么白方威胁以3.cxd5 Qxd5　4.Nc3 Qa5　5.e4来拆散它，白方控制了大部分的中心。

2.... dxc4（图16-1）

黑方吃兵的想法是避免局面被压缩，通常会在拒绝后翼弃兵之后出现，然而这样做就放弃了一个漂亮的中心兵，换成了一个不那么中心化的兵。

图16-1

接受弃兵是完全合理的，但由此产生的结果需要黑方非常小心。最重要的是，他不能把多出来的兵抓得太久。

3.e3

不错的一着，更多的是走3.Nf3，阻止3....e5反击。

白方这样走释放了白格象并可以马上追回兵。

3.... Bf5

借此机会，黑方希望解决封闭的c8象问题，这是令防御方不舒服的地方之一。然而，解决方法并不是那么简单！后翼象的缺席削弱了部分位置，使b兵变得脆弱。黑方这个着法的另一个缺点是违反了一条出子原则：

先马后象！

代替实际走法，黑方最好的赌注是3....e5反击，接下来4.Bxc4（或者4.dxe5 Qxd1+ 5.Kxd1 Be6）4....exd4 5.exd4 Bb4+。

试图保持多兵，可能会导致黑方因贪婪而落入准备好的陷阱中：3.... b5 4.a4 c6 5.axb5 cxb5 6.Qf3，白方得子。

4.Bxc4（图16-2）

重新得回兵，子力平衡，但白方的局面会略胜一筹。

4.... e6

兵的移动有助于f8象的出子。

先出马会有一些危险。

例如4....Nf6 5.Qb3，威胁通过6.Qxb7或6.Bxf7+得兵；

或者如果4....Nc6 5.Qb3 Na5 6.Bxf7+ Kd7 7.Qd5+ Kc8 8.Qxf5+ Kb8 9.Qxa5，白方多得两个子。

图16-2

5.Qb3

为什么白方先出动后而不是让马先出去呢？

他的目的是惩罚黑方的出子错误。黑方的下法不是正常的程序，利用他的非常规错误。

这是白方带有威胁的出子，威胁6.Qxb7，让黑方继续保持逃跑的状态。不给黑方时间去巩固局面。

5.... Be4

这着棋看起来很有吸引力，因为黑方在保护b兵的同时威胁6....Bxg2，得车。

然而，黑方的走法是非常规的，严重违反了开局原则，该原则规定：

开局阶段，每个子仅移动一次；把它一次就放到能够发挥最大能量和最大行动自由的格子里。

6.f3

这一着有很多合理的理由。它不仅用最经济的方式应对了威胁，而且还迫使黑方在象撤退时损失了一步时间。顺便说一下，f3的兵将坚定地支撑e3兵的后续推进。

图16-3

6.... Bc6（图16-3）

现在我们看到了象不合时宜地远征的后果。黑象处在c6，剥夺了b8马在开局阶段常规出子的位置。更糟糕的是，它阻碍了c兵。如果这个兵无法到达c5去争夺中心的控制权，为黑方的子打开c线，那么黑方将有窒息的危险。

7.Ne2

"可是白马属于f3！"你一定在抗议。确实如此，但是如果它不能出子到f3，要以某种方式让它进入到战斗中！移动它，哪怕只是为了让它脱离底线！当然，同样的说法也适用于其他的三个马。

白方准备易位，让h1车投入工作。

7.... Nf6

终于，走出了一步正常的、合理的出子。绝无例外！几乎在每一个开局的每一个变例中，王翼的马在f6（白方在f3）时都能够最有效地战斗。

8.e4

此举有三个目的：

（1）通过兵来控制中心。

（2）为c1象出子扫清道路。

（3）进一步限制黑方c6象的灵活性。

8.... Be7

唯一对这个象开放的格子。如果8....Bd6，那么9.e5白方得子。

底线被清除，黑方准备易位——如果白方允许的话！

9.Nbc3

用先手把另一个子带入到战斗中。威胁是10.d5 exd5　11.exd5 Bd7 12.Qxb7，白方得子。

9.... Qc8

黑方必须守护b兵，把易位的想法先放一放。

图16-4

10.d5（图16-4）

为了把黑象赶回到第七线。

10.... exd5

交换兵不如简单地把象撤退。开通线路有利于出子领先的一方，在现在的情况下，白方将受益。

11.exd5

这步兵的吃回打开了e线，可以供白方的重子使用，并迫使黑方c6象撤退。

11.... Bd7

其他任何的选择都会造成子力损失。

在下一步棋之前，白方必须决定是继续把子力带入到战场，还是尝试利用目前出子方面的领先优势。

白方有一个兵驻扎在d5，乍一看做得很好。它阻止黑方的b8马进入到c6，阻止d7象进入e6并抑制f6马。兵独自承担这些任务，是要付出代价的！处在d5时，它占据了一个应该为子保留的格子。子比兵的机动性更强并且进攻更迅速。子可以把d5当作跳板格，进入到棋盘的任何位置。事实上，可怜的兵阻碍了象和后的斜线并且在本应该打开的竖线上占据了空间。d5格最好是空的，而不是让一个兵阻碍交通！（在最后一句话中，正如我们将看到的，是白方问题

的关键）

黑方的前景如何？

除了f6马外，他的子都局限在前两行。黑方的局面有点儿拥挤，但是如果他有机会易位和重组力量，就很难被制服 。

白方绝不能让黑方有时间这样做。白方不能磨蹭！

12.d6！

这个充满力量的推力打开了通往黑方f兵痛点的斜线，清除了d线，之后可以为车所用，并腾出具有战略意义的d5格给子使用。同时，对黑方象的攻击让他没有喘息的时间！

12.... Bxd6

比12....cxd6把象包围在里面要好。

13.Bxf7+

这将会让黑王出局！一旦王移动就失去了易位的权利，它会站在不安全的地方，直到生命的尽头（可能不会太远）。

图16-5

13.... Kd8（图16-5）

黑方更喜欢这个选择，而不是13....Kf8，那样会因禁h8车。

14.Bg5

牵制了黑方最有用的子f6马，使其瘫痪。总结一下黑方悲惨的状态，黑方强大的后被自己的子扼杀了！

14.... Nc6

黑方的想法是出子，让后和a8车获得行动的自由——但貌似仅能移动到旁边的格子！很难想出更好的着法，因为每一步都不足以应对失败的局面。黑可能会冒险进行更积极的防御，例如14....Be8下一步15....Rf8、15....Qd7或15....Qf5。他必须尝试击退白方的进攻子，或者通过交换来摆脱它们。

这种情况下的方案是：

在拥挤的局面下尝试通过强制换子来缓解压力。

15.Ne4

白方对被牵制的马施加更大的压力（当被牵制的子遭到多重攻击时，威胁总是存在）。威胁如下：16.Nxf6 gxf6 17.Bxf6+，白方得车。

15.... Be7

再次保护黑马，同时解除牵制。比15....Be5的防御方式更好，有助于保护马，但无助于解除牵制。在这种情况下，防御者本身可能处于不稳定的状态并容易受到干扰。例如15....Be5 16.f4 Bd4 17.Nxd4（移除马的一个保护者）17....Nxd4 18.Qc3，黑方陷入困境。

16.Bxf6

白方移除这块防御石。

图16-6

16.... gxf6（图16-6）

黑方用兵吃，因为他想保留双象。

由于黑王被子保护得很好，看起来白方很难穿透黑方的屏障。

17.O-O-O!

比另一侧的易位更好。白方的王有些暴露，但作为补偿，他的a1车对开放的d线有即时而强大的控制，对被牵制的黑象施加特别的压力。易位的调动为进攻赢得了先手，而白方的王几乎没有危险，因为黑方的出子非常落后。

白方威胁：18.Be6或18.Qe6，任何一个都可以对牵制增加压力。

17.... Ne5

不仅对象提供帮助，也为了走18....Nxf7，除去令他痛苦的白象。

18.Nf4

威胁19.Ne6#猝死。

18.... Qb8

这是令黑方后不愉快的情况，但是黑王需要一个逃生格。

还有其他的选择吗？如果18....Bf8，释放e7格给王，那么19.Qe6（威胁20.Qe8#）19....Be7 20.Qxe5! fxe5 21.Ne6#。

19.Qe6

白方后进入敌营，攻击势头增强。白方计划通过20.Nxf6（再次冲击倒霉的象并威胁21.Rxd7+，快速将杀）获胜，20....Bxf6 21.Qxf6+ Kc8 22.Qxh8+，即刻将杀。

图16-7

19.... Rf8（图16-7）

希望能够吓跑白方象，f兵会受到车的保护。另外的选择：19....Qc8 20.Qxe5，白方胜。

20.Nxf6

像魔法一样召唤出威胁来对付被牵制的子，这不是很了不起吗？

20.... Bd6

干扰开放线上车的行动，从而威胁吃白后。

其他的防御措施不会带来可喜的结果：

（1）20....Rxf7 21.Rxd7+，两步杀。

（2）20....Bxf6 21.Qxf6+ Kc8 22.Qxe5 Rxf7 23.Qh8+。

（3）20....Qc8 21.Qxe5 Rxf7 22.Ne6#。

走了对局中的着法，黑方解除了d7象的牵制，守卫了e5马，攻击后并威胁f7象。

21.Nxd7

这个有点儿疼。马吃掉了一个子，另外还攻击了三个其他的子。

21.... Nxd7

黑方吃回并部署了一个麻烦的子。

22.Rhe1

开放的e线受到双倍的压力，随之而来的威胁是23.Qe8+ Rxe8 24.Rxe8#，足以令人精神崩溃。

1-0

无法通过c兵的移动给王空间，因为白方会走23.Rxd6。

如果22....Nc5 23.Qe7+ Kc8 24.Qxf8+ Bxf8 25.Re8#画龙点睛的一笔。

第二章

后兵开局

在棋艺生涯的某个阶段，几乎每位国际象棋棋手都会有一个开心的发现——后兵开局。

后兵开局会给白方带来很多好处，所有这些都可以用一个词来概括——压力！

白方获得机会，对c线进行控制并施加压力，特别是对c5格。其力量之大，足以造成黑方局势的崩溃。

针对这种可怕的情况，只有一种解决办法：挺起...c5，对于黑方来说，迟早都要走出这步棋。如果这步棋走不出来，黑方就会被压死；如果能够走出这步棋，黑方在后翼的局势则会得到缓解，在中心建立紧张的态势，并可以与白方争夺c线的控制权。

皮尔斯别里—梅森局（第17局），是一个白方控制c线，而黑方无法走出...c5释放自己的典型例子。皮尔斯别里将黑方的c兵固定住，使其不敢移动，之后调集比黑方更多的子来攻击它。当然，在攻陷这个黑兵之后，白方继续控制着重要的c线，一直延续到残局，这就使得赢棋的过程看起来非常容易。

诺特布姆—多斯堡局（第18局），对挺兵...c5的忽视，使得白方永久地限制并阻止了c兵的挺进。最终，这个兵被盯住，以至于黑方的后翼被牢牢压制。后翼的弱点也导致了王翼的崩溃。

黑方类似的困境也出现在格林菲尔德—申金的对局（第19局）之中。延迟对中心反击导致黑方的c兵和后翼遭到了一个缺少保护兵的封堵！之后白方突然转攻王翼，让黑方无力抵抗。

鲁宾斯坦—萨尔维局（第20局），出现了大规模的局面型弈法，这也再次表明了黑方在开局阶段没有采取关键性防御措施，即...c5的严重后果。白方对c线和c5格的控制，展现了非凡的策略。他先用一个象封锁住c5格（如果黑方的c兵强行挺进，则会被吃掉），然后不断换子进行阻挡，以至于这个格子先后被象、马、车、后所占据！鲁宾斯坦最终擒获了这个被盯上的c兵，在最后阶段，通过通路兵的不断挺进，获得了胜利。

切尔涅夫-哈尔博姆局（第21局），黑方走了重要的反击...c5，但是在中心d5马缺少保护，显得非常脆弱。切尔涅夫通过对黑方暴露在外子的攻击，赢得了时间，正是这些先手的获得，使得这盘对局非常有趣。

皮尔斯别里-马克局（第22局），是完美的后兵开局的典范。在对局中，我们看到了后来被称为皮尔斯别里攻击的经典演示。这是一个非常漂亮的案例，展示了e5马所具有的力量以及它为王翼快速进攻所提供的助力。

范·威列特-兹诺斯科·波罗夫斯基局（第23局），正是黑方在第二步走了2....c5，通过对中心的反击，夺取c线的控制权，使他获得了更多的优势，最终让自己的车侵入到2线，并在e4的位置建立了一个前哨马。最终，黑方在c线上叠车，并让自己的王穿插在对手的兵阵之中，进而赢得了一个兵。剩下的过程，就是在简化局面的艺术中，非常愉快地获取胜利。

对局17

皮尔斯别里－梅森

黑斯廷斯 1895

拒绝后翼弃兵开局

1. d4

白方以最有力的一步棋开始了这盘对局：

（1）这个d兵占据了中心的一个重要格子，并攻击着两个有价值的格子：e5和c5。

（2）对这些格子的控制，使得对方的子无法利用它们。

（3）现在白方的后和黑格象可以离开底线。

（4）白王是安全的，可以免遭王兵开局中可能出现的一些突袭。这种攻击的发生，多源于黑方将f8的象出动到c5格，之后弃掉它换取白方的f2兵，这样就迫使白王进入到开阔的区域，然后用其他的子对白王发动猛烈的攻击。

1....d5

黑方同样在中心施加压力，阻止白方继续挺兵2.e4，同时也释放了自己的两个子。

2. c4

这是一步威胁，也是一步弃兵！在此局面下的威胁是3.cxd5，在3....Qxd5吃回之后，4.Nc3将黑后赶走，然后白方可以在中心占有优势。

弃兵的目的，是要将黑方的d兵从中心的有利位置上吸引走。与王翼弃兵不同之处在于，这步弃兵没有任何风险，白方可以轻易吃回并获得优势。这实际上是用一个侧翼的兵交换了黑方的一个中心兵。这么快就走2.c4的意义在于**它可以立即争夺中心，却不会危及王的安全**。

这步棋还存在另外一个战略性的目的，中心换兵迟早都会发生，这就会导致c线的开放。**在后翼弃兵开局中，对这条线的控制是至关重要的**。白方一般会将后放在c2，然后出动后翼车到c1，进而完全控制这条线。

控制住c线以及这条线上的c5格，就相当于控制住了整个局势。这个c5格意义非凡，只要在那里安全地放置一个子，就足以让黑方的局势陷入瘫痪。

2.... e6

黑方通过另一个兵的支撑来保护这个中心兵。

他并不想走2....dxc4吃掉白兵，因为这意味着他为了一个无法守住的兵而放弃了中心。而针对吃兵的这步棋，白方会应以3. Nf3（阻止3....e5），紧接着4. e3，再5.Bxc4吃回这个兵，这样白方会获得中心优势。

用2....Nf6保护d兵是比较弱的着法，因为白方可以走3.cxd5，**使黑方不得不用一个子吃回**。3....Qxd5 4.Nc3将这个后从中心赶走，让黑方浪费了时间。而3....Nxd5，则会让白方走4. e4驱赶这个马并占领中心。

在实战走法之后，如果3.cxd5，黑方则可以走3....exd5，通过在中心保留一个兵来保持对中心的控制。

3. Nc3

这是一步值得称赞的出子，因为这步棋将一个轻子放在了它最适合的位置上，没有浪费任何时间。这个马可以对e4格施加压力，同时也加强了c兵对d5的攻击力度。

图17-1

3.... Nf6（图17-1）

这个马只需要简单地离开底线，就执行了黑方的开局策略。他很自然地朝着中心出子，抵抗白马对两个重要格子的影响。

4. Bg5

这是一步非常高效的着法，带有威胁的快速出子。之后存在：5.cxd5 exd5 6. Bxf6 gxf6（或6....Qxf6 7. Nxd5，白方获得一兵），黑方王翼的兵形会遭到严重的破坏。

到目前为止，这个开局已经被很多棋手进行了零星的早期尝试，但是皮尔斯别里第一个意识到了这个开局具有极大的获胜可能性。他将这步象的移动（在这样的对局中，多数的大师都会将这个象安稳地走到f4），想象成棋盘另一侧的西班牙开局！通过这个特定的出子顺序，他完善了这些走法，并取得了一些辉煌的胜利，特别是在1895年黑斯廷斯锦标赛的首次亮相。

在这盘对局中，我们看到了他运用后翼弃兵的巨大威力，击垮了一个对此并不熟悉，并且防守不够完善的对手。

图17-2

正如马歇尔的描述，击败梅森就像击败一个"孩子"一样。

4.... Be7（图17-2）

如果没有其他必要的着法要走，那么这个象出动到**任意位置**，都会推进黑方的进程，因为短易位的条件已经具备了。在e7，这个象适合于防御，而且，如果需要的话，它也可以快速转移到更加积极的位置上。另外，黑马也解除了牵制，使得白方的威胁失效。

5. Nf3

在后兵开局中，王翼马的作用是控制e5格，有时也会占据e5，成为前哨。事实上，让马进入到e5格，并用d兵和f兵牢牢地支撑它，在后来被称为"皮尔斯别里进攻"，是一种非常有效的王翼进攻手段。

图17-3

5.... b6（图17-3）

乍一看，这步棋似乎是为了出动c8象的简单而自然的着法，因为象在另一侧遭到了e兵的阻挡。但是，黑方花了很多年的时间，并经历了大量的输棋之后才发现这个象的出子问题，过早地从侧翼出动象并不是一个简单的解决办法。

在经过大量的尝试和犯错之后，一种比较合理的防御方法被逐渐认可，其中包括在早期阶段走...dxc4，在适当的准备之后，通过...c5或...e5攻击白方的d兵。这些走法的第一种（...c5），是为了争夺中心的控制权，打开c线为黑子所用，并释放被挤压的局面。...e5的进攻意味着消除白方d兵对e5的控制，并为黑方的c8象打开斜线。

简而言之，黑方在考虑出动这个象之前，应该先挑起中心的争斗。

至关重要的一点就是黑方迟早都要走出...c5。它可以直击白方的d兵，在中心制造紧张的态势，为自己的重子打开c线，并释放后翼被挤压的局面。如果没有走出这步棋，则会让白方控制c线和c5格。如果再让白方在c5格上放置一个子，那就会对黑方的整个局面形成巨大的压力，仅这一个因素就足以导致黑方的崩溃。

6. e3

白方加强中心，并为f1象腾出一条线路。

图17-4

图17-5

6.... Bb7（图17-4）

黑方完成了c8象的侧翼出动。

7. Rc1

白车被快速地调往重要的c线。现在，这条线只是部分开放，但是随着兵的交换会被清空，车的威力将在此彰显。

7.... dxc4

通常黑方会等到白方出动f1象的时候再吃掉这个兵，因为这样会让白象因吃兵而浪费一着时间。很明显，黑方是急于让自己的b7象在大斜线上获得更大的活动空间。

8. Bxc4（图17-5）

白方吃回这个兵并将一个子带入到战斗中。

8.... Nbd7!

马当前的位置是后兵开局的特点。马一定不能走到c6，因为会挡住c兵。**这个兵必须能够自由挺进，向中心发起挑战。**

在d7，这个马的位置非常理想：它可以向...c5或...e5挺进，攻击中心，既可以参与这些格子的所有权争夺，也能够与f6的马相互配合。

9. O-O

白王远离战场，同时让车投入战斗。

9.... O-O

易位的好处是王在角落里比在中心更安全，在那里有三个兵和一个强有力的马对它进行保护，同时车也会以最便利的方式被调到中心线上。

10. Qe2

在这个开局中，白后能占据的最有效的两个格子是e2和c2。在c2，后可以增援车在c线上的行动，同时在另一个方向上，守卫住具有战略重要性的e4格，以防止黑方f6马的入侵。而在e2，后可以阻止黑方通过10....Bxf3破坏王翼的兵形，支持e兵的挺进，进而垄断中心，并为f1的车到达d1格腾开路线。

将白后出动到e2还有另一个优点：攻击后翼。通过走11.Ba6，白方可以强行换象，进而削弱黑方的白格，之后对这些白格施加压力。

图17-6

10.... Nd5（图17-6）

黑方这步棋的目的是为了通过交换一两个子，释放自己被挤压的局面。

11. Bxe7

白方很愿意通过一些换子简化局面，因为之后他可以回到对c线施加压力的主题上。

另外的选择，11.Bf4撤退，会给黑方提供太多好的续着。他可以走11....Nxf4（给自己保留双象）12. exf4 Nf6，再13....Nd5，在这个格子上永久地保留一个子，而不会遭到对方兵的驱逐；或者黑方也可以11....c5立即攻击中心。最后，他可以将d7的马调到f6，获得一个不错的局面。

白方实际的走法，有效地限制了黑方在应着上的选择。

图17-7

11.... Qxe7（图17-7）

这步棋要比11....Nxe7更好，因为黑方让后投入了战斗，同时让两个车联系在一起。很显然，他不能走11....Nxc3 12.Bxd8 Nxe2+ 13.Bxe2 Rfxd8 14.Rxc7（这是车在这条开放线上取得的战果），黑方不仅会丢掉一个兵，甚至会输掉整盘对局。

12. Nxd5

这次换马对白方非常有利，现在他可以决定事态的发展。

12.... exd5（图17-8）

强迫性着法，因为若改走12.... Bxd5 13. Bxd5 exd5 14. Rxc7，黑方丢兵。

迫使黑方用兵吃回以后，这条大斜线被堵住了，以至于现在黑象的活动范

图17-8

围非常有限。

13. Bb5!

瞧！线路突然打开，白车攻击c7兵，预示着c线的行动开始了。

13.... Qd6

黑方守卫住这个c7兵，准备走14....c6，驱赶白方的象。

现在，将这个兵挺到c5已经太晚了，因为13....c5（看起来这步棋非常安全，因为这个兵有三个棋子的保护，而攻击它的棋子只有两个）14.Bxd7 Qxd7（请注意，白方是如何一次性处理掉两个守卫者的）15.dxc5 bxc5 16. Rxc5之后，白方赢得一个兵。

14. Rc2

白方为另一个车腾出c1的空间，以增强对c线的压力。在一条开放线上叠车的手段，会让它们在这条线路上的威力翻倍。

14.... c6

黑方试图赶走这个讨厌的象。

图17-9

15. Bd3（图17-9）

比15.Ba4更强，因为黑方可以制造一些麻烦的反击，例如，15....b5 16.Bb3 a5（威胁17....a4捉死白象）17.a3 Nb6，之后这个马可以牢固地在c4站住脚。

15.... Nf6

黑方没有意识到危险即将到来，高兴地推进他的计划。在当前情况下，他调动这个马准备进行攻击，也可能去占领e4格。通常情况下，这是一个不错的计划，但是所有的策略都必须基于当前的环境和局面，所有的着法都必须考虑对手的威胁，不能绝对地判断某种着法总是"好"或"坏"的。**所有着法的价值都必须基于特定的局面来衡量。**

白方已经表明了他的意图，就是聚集子力对c线和c6兵尽可能大地施加压力。黑方必须调用所有的资源来保护这条线，或者通过尖锐有力的反击转移白方的力量来应对这样的威胁。

黑方必须做点儿什么来解决眼前的困难，而且要在对手死死控制这条开放线之前快速行动。

黑方的上一步棋，错过了一个黄金机会——15....c5，在中心建立紧张态势，并给自己的子创造更多的活动空间。

16. Rfc1

将黑方的c兵彻底固定住，使其无法移动；如果走16....c5，则17.dxc5 bxc5 18. Rxc5，白方多赚一兵。

16.... Rac8

迅速保护c兵，并恢复（现在黑方意识到了它的危险）挺进这个兵的可能性。

17. Ba6!

非常好的策略！白方想换掉这个黑象，因为在遭到重子的攻击时，轻子对兵的保护效果最好。在黑象的保护下，白车无法对c兵形成严重的威胁。

17.... Bxa6

黑方还有其他着法可以走吗？

如果17....Rc7，则18. Bxb7 Rxb7 19. Rxc6，白方得兵；

如果17....Qc7，则18. b4，进一步压制这个c6兵，之后19.Ne5增强压力，最后通过换象简化局面，将这个兵攻陷。

18. Qxa6（图17-10）

白后逼近，直接进攻a兵，并且通过19. Qb7 Rc7 20. Rxc6 Rxb7 21. Rxd6，间接威胁吃掉黑方的c兵。

18.... Rc7

看起来不错，因为黑车保护了a兵，阻止白后走到b7，同时准备叠车，用另一个子来加强对兵的保护。

19. Ne5

白方的策略很简单：不断调集子力增加对c兵的压力。现在有三个子进攻它，而防御的

图17-10

子只有两个。

19.... c5

之前计划好的19....Rfc8，会让白方获得精彩的胜利：20. Nxc6 Rxc6 21.Qxc8+! Rxc8 22. Rxc8+ Qf8 23. Rxf8+ Kxf8 24. Rc7 a5 25.Rb7，后续的过程，连小孩子都能赢。

20. Rxc5

从现在开始，白方简单地清除那些没有固定住的东西。

20.... Rxc5

在黑方丢兵的情况下，他并不想进行换子，但是他又能做什么呢？

如果走20....Rfc8争夺c线，则21.Qxc8+，后续过程可以参见之前的注释。

或20....Re7（c7车唯一可以躲避的位置）21. Rc6 Qd8（或21...Qb4 22. Nd3 Qd2 23. R6c2 Qa5 24. Qxa5 bxa5，强迫换后之后，黑方局面遭到了严重的破坏）22. a3，接下来白方威胁23. Rc8 Qd6 24.R1c6捉死黑后，对此黑方很难应对。

21. Rxc5

用车吃回，保持对这条重要开放线的控制。由于黑兵遭到牵制，所以黑方不敢用它吃车。

21.... Nd7

看似不错，马同时攻击对方的两个子。如果22.Nxd7，那么22....Qxd7，会进入到后车残局，白方想要取胜并不容易。那样的话，白方最后将不得不挺起王翼的兵阵，把自己的王暴露出来，遭受可能出现的长将。

如果这个车撤退了，那么22....Nxe5 23. dxe5 Qxe5，再次争取和棋的机会。

22. Rc6

这个车利用对黑后的攻击，巧妙地避开了兑换，赢得了时间。

22.... Nb8

黑方被迫使用"战术手段"避开危险，若22....Qe7，则在23. Rc7（牵制黑马）23.... Rd8 24. Qb5（三重攻击），白方得子。

23. Rxd6

简化！这是残局阶段必须要记住的一个神奇的词，特别是对于拥有子力优势的一方。

当你多一个兵时，在不削弱局面的情况下，要尽量通过兑换减少棋盘上的子（也在减少对手的机会）。

图17-11

23.... Nxa6（图17-11）

当然，这是被迫的。

24. Nc6!

大师级的着法！你或我可能会吃掉d兵，这样就多了两个兵。既然可以赢棋，为什么要让局面更加复杂呢？为什么要让黑方通过24....Rc8进行反击呢？

请注意，皮尔斯别里当前的走法保持着对d兵的攻击，增加了对a兵的威胁，并阻止了黑方走24....Rc8，因为白马跳到e7可以将其消灭！

大师级棋手的水平，往往体现在看似简单局面下的细节处理之中，而非弃后这种波澜壮阔的走法。

24.... g6

迟早要给这个王提供移动的空间。通过g7格，王可以奔向中心，从而在残局阶段伸出援手。

25. Nxa7

又一个黑兵沦陷了，同时还有两个兵正在受到白车的威胁。

25.... Ra8

虽然无法到达c8格，但是这个车也必须竭尽全力投入战斗。

26. Nc6

撤回这个马，但是仍然存在26....Rc8 27. Ne7+ 得车的威胁。

26.... Kg7

黑方将自己的王移出白马的将军范围，并奔向中心。

27. a3

现在并不急于吃掉d兵。白方保护好自己的a兵，避免遭到a8黑车的任何隐蔽闪击，同时也阻止了后续黑马跳到b4的可能性。

注意，白方有效地避开了黑方多得一马的危险：27.Rxd5 Rc8 28.Rd6（这个马不能移动，否则会遭到底线闷杀）28....Nb4。

27.... Rc8（图17-12）

黑方终于将车走到了这条一直期盼的线上，但是他能有效地利用它吗？

28. g4

图17-12

图17-13

图17-14

白方的王也需要逃跑的格子，因为黑方威胁走28....Nb8得子，白马将遭到两个子的攻击，却无法移动。

在残局阶段，王前兵形的解散是无关紧要的。在开局和中局阶段，这样的走法会危及王的安全，他可能会遭到棋盘上任何一个子的攻击。

28.... Nc7

黑方保护d兵，但是付出的代价是挡住了自己的车。此时黑方别无选择，因为白方威胁29. Ne7（攻击黑车和两个兵）29....Rc1+ 30.Kg2 Rb1 31. Rxb6，之后两个通路联兵可以确保白方轻松取胜。

29. Ne7（图17-13）

再次将这个车从开放线上赶走。白方威胁黑车，攻击b兵，两个子同时攻击d兵。

29.... Rb8

黑方必须尽最大努力保护b兵，因为如果失去了这个兵，白方后翼的兵就可以肆无忌惮地向前冲，进而升变为后。

30. Rd7!

对黑方的压力不能松懈！尽管30. Nxd5 Nxd5 31. Rxd5进入车兵残局之后，白方也能取胜，但是皮尔斯别里更倾向于这个方案。

30.... Ne6

黑方马必须离开，若30....Rb7对它进行保护，那么31. Nxd5，白方得子。

31. Nxd5（图17-14）

最终黑方d兵也沦陷了，这样白方不但在d线拥有了一个通路兵，而且车还压在次底线上（它可以去捡兵）。

31.... Rc8

与逐步被压死相比，黑方决定放弃另一个兵，在开放线上制造一些反击。如果他的车能够跟到白兵的后面，就有可能将这两个兵全部消灭。

32. Nxb6

白方可以通过32. Nc3，挡住黑车，走得稳健一些。但是吃掉黑方b兵，会让白方拥有三个通路兵——这样的选择很难抵抗！

32.... Rc2

将车深入到对方的次底线，是用车占领开放线的后续发展方向。这步棋对于白方来说，意味着麻烦，除非他有足够强大的方法让所有这些兵都冲向底线，升变！

33. b4

这个兵轻松地躲开了黑车的攻击。

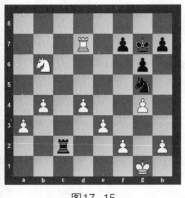

图17-15

33.... Ng5（图17-15）

白兵在前进的路上不会被轻易地阻挡，但是远在王翼的白王可能会面临对方车和马的夹击。

34. a4!

白方冷静地处理他的问题，继续推进通路兵，威胁升变。

冲兵34. f4将马赶走的着法非常有诱惑性，但是不管你信不信，这会让黑方获得和棋的机会！在34.f4 Nf3+　35.Kf1（绝对不能走35.Kh1 Rxh2#）35....Rd2!　36. Nc4 Nxh2+　37. Kg1 Nf3+　38. Kf1 Nh2+　39. Ke1 Nf3+，长将和棋。

34.... Ne4

黑方尝试以另外的方式侵入。

35. a5

皮尔斯别里再次克制住了冲兵攻击黑马的冲动。如果走35.f3，则会遭到35....Ng5，再次威胁36...Nxf3+，形成长将和棋。

35.... Nxf2

黑方能走出具有杀王威胁的攻击吗？

36. a6

黑方的这些着法都是徒劳的，白方对此置之不理！现在，这个通路兵还有两个格就升变了，而在它前进的路上，不会遭到任何阻挡。

1–0

此时，黑方将所有希望寄托在一点点的运气上，似乎有些过分：36....Nh3+ 37. Kh1? Ng5 38. a7? Nf3 39. a8=Q Rxh2#！。当然，之前白方可以走37. Kf1，这样就轻松避开了黑方的威胁。

对局18

诺特布姆 – 多斯堡

荷兰 1931

拒绝后翼弃兵开局

1. d4

在开局阶段，用兵占据中心，同时出子，以加强对中心的控制。

白方首先挺起兵，占据了一个重要的格子，并攻击着另外两个格子。对e5和c5两个格的控制，使得黑方不能在那里放置子力。白方非常希望e5和c5格能够成为前哨位置，它们会得到d兵的支撑。

d兵的挺进还有另外一个目的，就是为白后和c1象打开出动的线路。

1.... d5

对于黑方来说，这是最简单的一种平等控制中心的方法。它阻止了白方继续挺兵2.e4，使其无法获得更多的领地。

2. c4

白方通过弃兵的方式将黑方的d兵从中心转移走。这步棋实际上是用一个侧翼兵交换了一个中心兵，白方可以毫无费力地吃回这个兵。

白方的弃兵，还隐藏着威胁摧毁黑方的兵中心，例如，3. cxd5 Qxd5 4. Nc3（获得先手，因为白方出动了一个子，而黑方必须再次移动同一个子）4....Qa5 5. e4，白方强势地控制了中心。

2.... e6

黑方用另一个兵来支撑自己的d兵，以加强对中心的防御。如果接下来白方走3. cxd5，黑方则可以用兵吃回，在中心保留一个兵。

此时，黑方吃掉白方的c4兵并不好，因为这样意味着放弃中心，失去对e4格的控制。

现在，黑方c8象的线路被封闭（在2.... e6之后），由此带来了出子的困难。这就是后兵开局对于白方来说非常流行的原因之一。

3. Nc3

不错的一着，马同时攻击两个中心格e4和d5，特别是对位于d5格的兵可以施加压力。

3.... Nf6（图18-1）

图18-1

黑方马出子，奔向中心，在那里它的机动性最好，同时也能对抗白马施加的压力。

4. Bg5

白方出象牵制，威胁5.cxd5 exd5 6. Bxf6，此时黑方会陷入困境，要么走6....gxf6，形成非常差的叠兵，要么走6....Qxf6 7.Nxd5丢兵。

实际上，这种威胁并不重要。白方牵制黑马的真实目的不是为了制造一个很容易被破解的威胁，而是要对白方的子进行最有效的布置，白方出象到g5格是一步非常强劲的着法，它对黑马所形成的束缚以及对黑方整个局势所造成的限制是很难摆脱的。

4.... Nbd7（图18-2）

在后兵开局中，黑方的后翼马往往在d7格表现最好，而不是c6。在d7格，它能够支撑另一个马，并帮助c兵随时挺进到c5格。b8马一定不能跳到c6格，否则会阻挡住自己的c兵。**黑方的c兵必须能够自由挺进，攻击白方的中心。**

此时，黑方无意之中也设置了一个陷阱，目的是让贪心的对手吃亏。

5. e3

图18-2

为什么不能走5.cxd5 exd5 6.Nxd5得兵呢?因为紧接着:6....Nxd5!(这个马强行突破牵制)7.Bxd8 Bb4+ 8.Qd2 Bxd2+ 9.Kxd2 Kxd8,黑方得子。

如果白方遵守适用于这些情况的原则,那他就不会掉入陷阱:

不要以牺牲出子为代价吃兵。

白方的这着支撑了中心的d4兵,并为f1象的出子打开了通道。

5.... c6

黑方加强对自己d兵的保护,并为黑后打开了一条斜线。接下来,他准备走6....Qa5,接着再走7...Bb4,发起反击。

6. a3

阻止了黑方子的调动,黑象不能走到b4格牵制白马。

6.... Be7

黑方出子,解除了黑马遭到的牵制,并为王车易位清空了底线。

7. Qc2

在这个开局中,白后这样出子是非常理想的。在c2格,后可以对c线施加压力(在中心兵交换以后,会非常明显),并控制e4格。这就是为什么要在这个时候出动后而不是王翼其他子的原因。守住e4格是非常重要的,这样黑方就不能走7....Ne4换子,进而轻易地将他被压制的子释放出来。

7.... O–O

把王转移到了安全的位置上。此时,黑方无法通过拉斯克常用的调动7....Ne4摆脱拥挤的局面,因为白方可以应以8.Bxe7 Qxe7 9.Nxe4 dxe4 10.Qxe4,白方多得一兵。注意,此时白方在a3的兵,有效地阻止了黑方走10....Qb4+吃回一兵,这说明了白方第6步的挺兵并不是在浪费时间。

图18-3

除了被动的王车易位以外,黑方应该通过7....dxc4 8.Bxc4 e5! 尝试进行反击。这步棋可以争夺对中心的控制权,并帮助c8象打开一条出子的路线。

8. Nf3

白方将王翼马出动到了最好的位置上,可以再次攻击e5格,并终结黑方突袭...e5的任何可能性。

8.... a6(图18-3)

准备9....dxc4 10.Bxc4 b5 11.Bd3 Bb7，紧接着...c5。有助于出动c8象，进而释放自己的后翼，开始对白方的兵中心采取行动。

9. Rd1!

如果黑方要在这一侧发起攻击，那么白方就准备针锋相对——猛攻中心！

在d线上的任何兑换，都会增加车在这条线上的压力，因此，处于d1位置上的车，对于黑方交换中心兵，起到了强有力的威慑作用。

9.... Re8

黑方将车调到e线，因为中心经常是双方争夺的主战场。

10. Bd3

伴随着出象，白方基本完成了出子。请注意，在白方多数子从后排调出投入战斗之前，他没有走出任何形式的战术组合，无论是赢得子力，还是开始攻王。这些子被放在最有效的位置上，在那里它们能够控制中心，具有最好的机动性，并占据大部分的重要领域——白方正在等待一个战术组合的机会，一个能够快速决定对局结果的致命一击。

10.... dxc4

黑方一直没有吃这个兵，直到白方f1象进行了移动，这样象在吃回兵的时候，就浪费了一步时间。

11. Bxc4

强制性吃回兵。

图18-4

11.... b5（图18-4）

黑方使白象在撤退中损失时间，并腾出b7格，准备将c8象出动到这里。

12. Bd3!

白象在这里可以发挥巨大的作用：

沿着两个方向发动进攻，它既帮忙保护e4格，免遭黑子的侵入，也通过攻击h7兵，威胁黑方的王翼，使得黑方无法走12....c5释放自己。

12.... h6（图18-5）

如果走12....c5，则13.dxc5 Bxc5（显然不能走13....Nxc5 14.Bxh7+，白方可以利用闪将得后）14.Bxh7+，白方得兵，因为黑马受到牵制，无法吃象。

图18-5

当前的这着，黑方将h兵移出了白方后和象的攻击范围。现在，他非常希望走出13....c5，进而打开他的后翼，并在中心建立起紧张的态势。顺便，他也希望白方的g5象做出表态。

13. Bxf6!

好的理念！白方没有为了保留双象而浪费时间，而是阻止黑方挺兵...c5所形成的任何反击。如果他能够阻止c兵的挺进，那么黑方的局面会非常拥挤，他可能永远也无法让白格象走到一个合适的位置。

13.Bxf6的直接目的是为了让黑方在吃回的时候将一个子：马或象，从控制c5格的位置上转移走，使其失去将兵挺到c5格的支撑。

13.... Nxf6

可能要比用象吃回更好，因为黑后和c8象现在变得更加自由。

14. O–O

让王（必须要不惜一切代价远离危险）躲藏起来，同时让车（必须参与战斗）更接近战场。

图18-6

14.... Bb7（图18-6）

由于车和后在同一条线上，所以贸然挺兵14....c5过于鲁莽。对此，白方可以简单地走15.dxc5吃兵，如果黑方走15....Bxc5将这个兵吃回，则16.Bh7+，白方闪将得后。

黑方的想法，除了出动自己的白格象以外，还要把他的a8车走到c8，然后推进c兵。

15. Ne4!

白方腾开c线，以至于现在他有三个棋子（后、马和d4兵）一起控制着c5格，其目的就是让黑方的c兵无法挺进到这个格。

还请注意，白方是如何抵抗挺兵到e4，用兵占领中心的诱惑的。现在他让e4格处于空闲的状态，就可以将其作为白子调动的中转站。

15.... Nxe4

否则，白方可能会将这个马跳到c5格，进而完全压制黑方的后翼。

16. Bxe4（图18-7）

白方仍然保持对黑方的压制：此时黑方不能走16....c5，因为b7象会被吃掉。

16.... f5

黑方必须立刻将这个象赶走，甚至不惜削弱王翼的兵形。如果延误的话，会让白方有时间走17. Ne5（增加对黑c兵的压力，顺便为象的撤退腾开f3格）。如果需要，紧接着再18. Rc1。

图18-7

17. Bd3

这个象第三次来到了这个格子。

白方一定不能草率行事，错误地走17.Bxc6吃兵，因为17....Rc8，黑方可以利用牵制，抓死这个象。

17.... Qb6

黑方再次准备推进c兵。

18. Rc1

当前局面要求白方必须全力以赴地封锁住黑方的c兵，获得对c5格的绝对控制权，使这个兵永远也无法挺进。他一刻也不能放松，因为对关键的c5格的控制，几乎确保他获得了局面性的胜利。

18.... Rac8（图18-8）

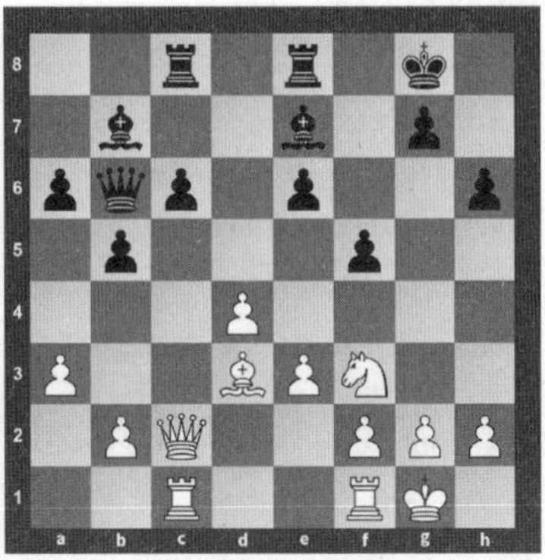

黑方坚持推进c兵的计划。如果他走不出这步棋，那么他的b7象将永远无法获得自由。

19. b4!

白方将一个兵又钉了上去！现在，白方已经在战略上取得胜利，剩下的只是如何运用适当的战术手段，迫使对手屈服。战术组合出现的时机已经成熟！

19.... Qd8

准备在白方走20. Qb3（威胁21.Qxe6+或

图18-8

21.Bxf5）时，进行20....Qd5阻挡。

20. Ne5

有力的一击！白方第三次攻击这个不幸的c兵（它只能停留在原地）。对于被动的反抗，白方计划走21. f4（给自己的马提供更多的支撑，以巩固中心），紧接着22.Be2再23. Bf3，之后c兵会被攻陷。

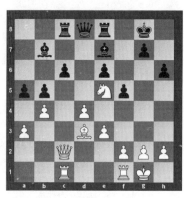

图18-9

20.... a5（图18-9）

黑方攻击处于后翼边缘的一个兵。

对于20....Bf6，白方会走21.f4，紧接着22.Be2再23. Bf3，坚持他的计划。

21. Qb3!

再次威胁22.Qxe6+ 或 22.Bxf5。

对于21.bxa5这步棋，白方大概看都没看一眼，黑方应着选择有21....Qxa5, 21....Bxa3 或 21...c5。从白方的角度看，任何一种应对的方法，都给黑方提供了太多的自由！

21.... Bd6

黑方之前准备的防守方法已经不再适用了：如果21....Qd5，则会遭到22. Qxd5，接下来在22....exd5 23. Bxf5或22....cxd5 23. Bxb5之后，白方都能多得一兵。

22. Bxf5

第一次实质性的出击，就赢得了一个兵。

22.... Qf6

黑方希望利用后对白象的攻击，以及后、象同时对白马的攻击，赚回一兵。

23. Bb1

将象撤回到底线的思路是：为了将它走到后的后面，支持后沿着斜线进攻。接下来，既可以将后走到c2，也可以将象走到a2。

23.... Bxe5

黑方不愿意放弃这个灵活的子，但是为了吃回之前丢的兵，他必须这样做。

24. dxe5

强迫性着法。

24.... Qxe5

子力虽然均等，但是黑方似乎陷入了最坏的情况。

当然，此时白方能够走25.bxa5赚得一兵，但是这样会在a线上形成一对孤叠兵，这无疑让他在多兵中无法获得任何优势。对于当前这么好的局势，肯定有比吃兵更好的选择！

25. Rc5!

白方拒绝了这个兵，继续对黑方施加压力。现在车牢牢地压住黑方的后翼，使其陷入瘫痪。白方这步棋的力量显而易见，这个车永远无法遭到驱逐！

图18-10

25.... a4（图18-10）

这是过渡的着法，其目的不仅是为了解救这个兵，而且还想通过白后下一步棋的走向，摸清楚白方的计划。

26. Qa2!

出色的撤退！人们可能更希望走26.Qc2，这样白后在白象的支持下，能够入侵到黑方王翼的阵地。然而，黑方可以机智地走出26....Qf6，进行防守，现在：

（1）27.Qh7+ Kf7，白方无法进一步进攻。

（2）27. e4（打算通过28. e5驱赶黑后，入侵黑方阵地）27....e5，黑方可以抵御任何的入侵。

26.... Qd6

走26....Qf6防守，白方会走27.e4!（现在我们看到了26.Qa2的作用——它牵制住了黑方的e兵，此时阻止了27....e5的挺进）27....Rcd8 28.e5 Qf4 29.Qc2（威胁30.Qh7+ Kf8 31.Bg6 Re7 32.Qh8#）29....Qg5 30.f4 Qg4 31.Rc3，此时这个车会继续调到g3，然后再33.Qh7+，则一锤定音。

请注意31.Rc3的走法，虽然释放了后翼的压力，但是并没有违反坚持的原则，因为制胜的雷霆一击，要优先于局面优势。

27. Qc2

现在这对子产生了更好的效果！此时，白方威胁28.Qh7+ Kf8 29.Bg6 Red8

图18-11

30.Qh8+ Ke7 31.Qxg7#。

27.... Rcd8（图18-11）

如果走27....e5，用后防守g6格，则28.Qh7+ Kf7（若28....Kf8，则29.Bg6，白方会赢得更容易）29.f4（威胁30.fxe5+）29....e4 30.Ba2+ Kf6 31.Qf5+ Ke7 32.Qf7+白方得象，这才刚刚开始。

28. Qh7+

白方对白格的控制，迫使黑王在遭到入侵的时候，只能逃离；被压制的后翼和窒息的黑象，都让黑方很难再继续坚持。

28.... Kf8

如果28....Kf7，那么白方既可以通过象的将军，在子力交换中得子，也可以走29.f4，继续进攻。之后的续着可能是：29....Rh8 30. Qg6+ Kf8 31.f5 e5（或31....Qe7 32. f6）32. f6，白胜。

29. Bg6

进一步限制黑方，同时攻击黑车。此时威胁30.Qh8+ Ke7 31.Qxg7#。

1-0

现在，黑方只能以高昂的物质代价，延缓输棋的时间。

在防范策略的价值方面，白方这盘棋的走法是一个非常好的例子。在黑方后翼陷入瘫痪之后，他展示了一个不同寻常的事实，那就是一侧的劣势，会导致另一侧的完全崩溃！一旦黑方遭到了压制，他做出的某些努力似乎也只是无谓的挣扎。

对局19

格林菲尔德 – 申金

维也纳 1915
拒绝后翼弃兵开局

1. d4

以这个兵开始对局，一次释放两个子。这是白方用一步棋所能达到的最好效果，通过这种方式可以将底线的子调动出来投入战斗。兵在中心的争夺和关键格的控制方面发挥着重要的作用。

1.... d5

这可能是黑方最好的应对方法，用兵来抵消白方对中心的压力。

2. c4

这是一次攻击，也是一步弃兵。攻击是因为白方威胁3.cxd5 Qxd5 4.Nc3 Qa5 5.e4，在中心建立两个联兵。弃兵是因为黑方可以走2....dxc4得兵（这只是暂时的）。

无论从哪个角度来看，白方的目的都是为了破坏黑方的兵中心，要么将黑方在d5格的d兵消灭，要么诱使它离开那里。

图19-1

2.... c6（图19-1）

这步棋的作用是当遭到白方3.cxd5吃兵的时候，可以走3....cxd5吃回，这样黑方能够在中心保留一个兵。

黑方第二着还有一个好处是没有封住自己的c8象，而2....e6这样的走法则会如此。不过，从不利的角度来看，如果黑方真的自由出动了象，那么他必须准备好因为这个象的离开，d兵和b兵可能遭到令人讨厌的攻击。另一个更重要的考虑是，虽然c兵在c6的位置上很好地支撑了d兵，但是并没有实现自己的主要目的，即没与白方争夺对中心的控制权。只有挺进到c5格，攻击白方的d兵，并为自己的重子打开c线，这个兵才能展现出它的价值。

3. Nf3

为什么白方不走3.c5，在后翼完全压制他的对手呢？以下是他不这样做的一些原因：

（1）一个好的策略是在中心维持紧张的态势——保持兵的流动性，而不是固定住。

（2）在将兵挺到c5时，白方就放弃了对对手中心的进攻，也失去了在必要时进行换兵的选择。在某些时候，这样的换兵可能会摧毁黑方的整个中心！

（3）c5格应该由子去占领，而不是兵。放置在那里的子可以对黑方的整个后翼产生巨大影响。

（4）将一个兵放置在c5格，会封闭住c线，使黑方无法发挥后或车的作用。

（5）在开局阶段，应该出子，而不是走兵。

所有这些都解释了为什么国际象棋大师会"潜意识"地找到正确的走法，并不是说他们能够提前分析20步，也不是说他会用心研究每一步棋产生的效果。有时候对于下一着要走什么他甚至连看都不会去看一眼！忽略那些在潜意识里与行棋原则、不可能带来有利结果的走法让自己省时省力。舍弃那些与他的正确感觉相悖的着法，避免不利于局面判断的权宜之计。在高强度的比赛中，他能够在10秒之内走出比普通业余棋手更有力、更合理的着法。

3.... e6

平静的一着，巩固了自己的中心，释放了f8象。

此时，黑方的意图仍不清晰。下一步他可能会吃掉c4兵，然后试图走...b5，或者4....f5，紧接着5....Nf6，可能再6....Ne4，形成石墙阵形。

4. e3（图19-2）

图19-2

白方选择了比较安全的走法，保护c4兵。它释放了一个象，但是将另一个象给堵住了，毕竟无法面面俱到。

4.... Nf6

这个马跳到了一个很好的位置上，对于d5和e4格，在中心具有重要战略意义的四个格子中的两个，进行了有力的控制。

5. Bd3

这个象占据了一条可以发挥出巨大的作用的斜线，同时，王翼一侧的轻子都出动了，可以快速地完成王车易位。

一般来说，先出动王翼的子，是一种好的策略，这样王就可以尽快地转移到安全的位置上。很多棋手都非常熟悉这个过程和它所带来的好处，所以会严格地执行，有时甚至会全然忘记出动后翼的子！

5.... Nbd7

非常好的一着，这个马可以支持...c5或...e5，冲击白方的中心。另外，与另一个马的相互保护，也让它有了其他的作用，就是可以替换f6的马。

6. Nbd2

这着的主要目的是在科里方案中支持e兵的挺进。将这个马出动到d2而不是c3的第二个目的是，如果黑方走6....dxc4吃兵，白方则可以吃回，之后在另一个马的强力支持下，再跳到e5格。

6.... Be7

很好的防御性着法——也许有些夸张！这个象很好地被置于e7格，促进了王车易位，但是它并没有试图阻止白方继续扩张以及获得更多的领地。黑方必须通过...c5进行反击，否则会遭到逐步挤压，所有子力被限制在非常局促的空间里。

图19-3

7. O-O

白王被转移到了安全的区域，同时h1车获得了更灵活的位置。

7.... Qc7（图19-3）

另一步平静的出子，此时更好的走法应该是尖锐地挺兵7....c5。黑方不能坐以待毙，必须与白方展开争斗。国际象棋不是懦弱者的游戏！

8. e4!

类似于科里方案的手段，在中心突破，并为蛰伏在后面的子打开进攻的线路。

8.... dxe4

黑方不能允许这个兵挺到e5，因为它会驱赶f6的黑马，使其完全丧失行动力。

9. Nxe4

比用象吃回更有活力。这个马为c1象让开了出动的线路，并直指对手的马。

9.... Nxe4

黑方必须进行换子，以缓解被压制的局面。

10. Bxe4

这步换子对白方来说比较好。棋盘上子的数量越少，子可以活动的空间就越大，特别是这个行动自由的象。

图19-4

10.... Nf6

对黑方来说，攻击象可以获得一步先手，同时给后翼的子腾出多一点儿的活动空间。

11. Bc2（图19-4）

白象虽然撤退了，但是退到了一个非常有利的位置上。它随时准备投入到王翼的进攻之中，如果有需要，也可以迅速转移到后翼。

白方的局面优势非常明显，主要体现在以下几个方面：

（1）象拥有很广阔的攻击范围。

（2）用兵掌控着中心。

（3）控制着具有重要战略意义的e5格。

（4）重子能够对中路产生巨大的影响。

11.... b6

为了将黑象走到b7，因为在另一侧的斜线上，它被自己的e兵挡住了。

12. Qe2

白方出动另一个子，加强对e5格的控制。控制住这个格，使黑方想挺进e兵缓解被动局势的计划实施起来具有一定的难度。

12.... Bb7

随着这步出象，黑方似乎找到了摆脱困境的方法。现在，他准备走...c5，用白格象控制住这条大斜线，在中心制造适当紧张的态势。他会有时间做到这些吗？还是他已经错过了...c5的最佳时机？

13. Ne5!

对于这个马来说，是非常好的位置！在中心，马的力量可以向八个方向辐射，增加了黑方使子力获得自由的难度。

13.... Rd8

这着乍一看是合理的，因为黑方出动了一个车，同时攻击白兵。

唉，现在走13....c5，释放自己的子，为时已晚，因为白方会走14.Ba4+，迫使黑王移动（垫马或垫象都会导致丢子），丧失王车易位的权利。

14. Rd1

白方没有因防御而浪费时间。车保护兵，同时完成调动。任何情况下，它

图19-5

都会选择这条线路。

车属于开放线，或可能会被打开的线。

14.... O-O（图19-5）

14....c5的挺进仍然不成熟，会遭到15.Ba4+，之后黑方要么移动王，无法再进行王车易位，要么走15....Nd7，在16.Bxd7+ Rxd7 17.Nxd7之后，丢子。

在白方走出下一着之前，让我们总结一下他的优势：

（1）白方中心兵，限制了黑子的自由移动，这一点绝对要比黑方好。

（2）白后，攻击9个格子，而黑后只有5个。

（3）白象，控制着13个格子，而黑象只有7个。

（4）白马，拥有非常好的机动性，而黑马只能后退。

很明显，白方已经建立了一定的空间优势。他的子具有更强的机动性，正如简单的算术所展示的那样，它们的攻击力明显要比黑方的更大。白方已经获得了寻找决定性战术组合的权利，接下来他将充分利用自己的空间优势向胜利迈进。

有趣的是，让我们看看哪种形式的攻击能够成功突破黑方坚固的防守。

15. Bf4!

白象的出动直接对黑后形成了威胁。白方打算下一步走16.Ng6，象闪击黑后。在黑后躲开以后，白方可以用马吃车，在交换中得子。

15.... Bd6

其他的选择15....Qc8，让后移出象的攻击范围，看起来并不好。实战着法，黑方阻止了白方跳马所形成的闪击。

16. c5!

这着是一系列有力打击的开始，直到将黑方击垮。白方有两个方面的想法：一是赶走黑象；二是永久封住黑方的后翼。

16.... bxc5

黑方只能这样选择，若走16....Bxe5，会遇到：17.Bxe5 Qc8 18.Bxf6 gxf6 19.Qg4+ Kh8 20.Bxh7 Kxh7 21.Rd3 紧接着 22.Rh3#，黑方将无法防御，白胜。

17. dxc5（图19-6）

国际象棋思考逻辑详解

图19-6

白方另一个兵冲上来继续攻击黑象。

17.... Bxe5

或17...bxc5 18.Ng6，白方利用闪击得子。

18. Bxe5

白象吃回，并攻击黑后，使得黑方继续奔逃。

18.... Qa5

如果18....Qc8，那么白方可以通过以下方式获胜：19.Bxf6 gxf6 20.Qg4+ Kh8 21.Qh4（威胁将杀）21....f5 22.Qf6+ Kg8 23.h4（打算将兵冲到h6，然后在g7格将杀黑王）23....Rd7（紧接着走24....Qd8，将白后赶走）24.Rxd7 Qxd7 25.Rd1 Qc7 26.h5，此时，白方存在27.h6 和 27.Rd3（紧接着28.Rg3+）两个威胁，这些威胁都是致命的。

19. Bxf6!

白方果断地干掉了这个马——王车易位后的黑方最好的防御者。这是攻破黑王要塞的前奏。

19.... gxf6（图19-7）

在这步棋之后，黑方王翼的局面遭到了严重的破坏，他需要在王翼设置障碍以阻拦白方的进攻。在后翼，黑子需要活动的空间，但是他的局面被钉住了——而且是被一个没有保护的兵给钉住了！

20. Qg4+

比20.Qe4更准确，因为黑方只有一种应对的方法。

20.... Kh8

黑王只能躲到角落里。

21. Qh4

白方下一步威胁将杀。

21.... f5（图19-8）

黑方唯一的防守办法。

22. Qe7!

深入敌人的心脏。攻击黑象只是一种手

图19-7

图19-8

段，真正目的是击垮对手，哪怕只是一瞬间，也要让黑方陷入保护象的麻烦之中。这步棋为白方实施真正的威胁争取了时间，这个威胁是对两个黑车的攻击。

22.... Bc8

如果黑方走22....Rb8保护象，白方则可以通过以下的方式获胜：23.Qf6+ Kg8 24.Rd3 f4 25.Rh3（威胁26. Bxh7#）25....Rfd8 26.Rxh7继续威胁将杀。对此黑方无法防守。

23. b4!

致命一击！黑后被迫离开d8车所在的斜线——这个车需要后的保护！

接下来，黑方还能做什么呢？

（1）23....Qxb4 24.Rxd8 Rxd8 25.Qxd8+ 白方得车。

（2）23....Rfe8 24.Qf6+，下一步25.bxa5得后。

（3）23....Rxd1+ 24.Rxd1，给白方留下两个强有力的威胁：25.Qxf8# 和25.bxa5，黑方无法同时避开这两个威胁。1-0

对局20

鲁宾斯坦 - 萨尔维

罗兹 1908

拒绝后翼弃兵开局

1. d4

140多年前，棋手几乎都以1.e4起步开始对局。如果能进行弃兵，他们愿意这样做。

如今，当每个人都想以最小的风险赢棋时，1.d4也变得同样受欢迎。后兵开局会形成风险小、可靠的局面。这种开局不仅更加安全，还能让白方从一开始就拥有微弱的优势。

在第一步中，白方用一个有保护的兵占据中心并对中心施压，同时，释放自己的后和黑格象。

1.... d5

非常经典的应对方法。它平衡了中心的压力，也阻止白方下一步走2.e4，独占最好的几个格子。

2. c4

有以下几个目的：

（1）引诱黑方吃兵，使其失去对中心的控制。

（2）通过换兵（如果黑方不吃），为自己的车打开c线。

（3）实施对黑方d兵和d5格的攻击。

2.... e6

黑方用另一个兵支撑d兵。如果白方走3.cxd5，**黑方准备用兵吃回**，这样可以在中心保留一个兵。

3. Nc3（图20-1）

对于这个白马来说，这是一步很好的出子，因为它没有阻挡c兵的挺进，没

图20-1

图20-2

有妨碍c线的打开。比3.Nf3更加尖锐，因为它增强了对d5格的压力，而d5格在这个开局中非常重要。

3.... c5

这步棋受到塔拉什无条件的支持。他认为，黑方没有更好的方法能够自由、轻松地出动他的子，即使在中心换兵也会给他留有一个孤兵。

3....c5的一个好处是通过对d4兵的攻击，立即与白方争夺中心。另一个好处是让黑方能够将后翼马跳到c6，而不是d7，这样可以避免长时间干扰c8象的出动。

4. cxd5!（图20-2）

这是保持主动权的最佳方式！交换兵的目的，是给黑方制造一个d线孤兵。

4.... exd5

最安全的吃回方式。黑方也可以走4....cxd4 5.Qxd4 Nc6 6.Qd1 exd5 7.Qxd5 Be6，但是这种

图20-3

弃兵的走法，没有任何补偿，并不可靠。

5. Nf3

现在，两个白马控制着所有具有战略意义的中心格（e4，e5，d4和d5）。

5.... Nf6（图20-3）

无论走实战着法，还是先走5....Nc6，并没有什么区别。

6. g3!

这步棋也许是白方众多选择中最好的一个。除此以外，他还能选择6.e3或6.Bf4这些柔和的走法，无论哪一种，都可以给白方提供一个安全、稳固的局面。也可以选择尖锐的走法6.Bg5，立即发起攻击。在1924年的一次表演赛中，阿廖欣在6.Bg5之后，精彩地击败了库斯曼。

对于实战走出的平静着法，鲁宾斯坦打算从侧翼出动白格象，以此增加对d5的压力。

6.... Nc6

黑方获得了其中的一个目标，它促使他选择塔拉什防御。后翼马对中心产生了一定的影响，同时白格象（通常会被在d7的马堵住）也可以自由出动，不再受到任何的束缚。

7. Bg2

白象控制着大斜线，重点盯着黑方的d兵。目前，象的线路被马堵住了，但是这个马可以随时离开。

7.... cxd4

图20-4

黑方换兵，是为了给己方的子创造更大的活动范围（注意，这步棋增强了黑格象的机动性）。但是它并非没有危险，打开线路对出子领先的一方更为有利，而在当前情况下，明显是白方出子更快。

稍好一点儿的选择是7....Be7，平静地正常出子，或者如果黑方好斗，则可以选择尖锐的7....Bg4，通过攻击白马，对d4兵施加更大的压力。

8. Nxd4（图20-4）

白方吃回以后，在中心给黑方留了一个孤兵。当它遭到攻击时，必须依靠子对它进行保护，因为它的两侧已经没有兵可以对它进行支撑了。另一个需要考虑的问题是，对手的子可以稳固地站在孤兵前面的格子里，即当前局面的d4格，因为不用再担心会被兵赶走。

所有的这些，都非常令人沮丧，但是作为这些缺点的回报，有孤兵的一方会拥有开放线以及便于黑后、黑方黑格象移动的斜线空间。这个兵本身，尽管比较孤单，却常常会成为突破对手防御阵地的一把尖刀。

理论家们对孤兵优缺点的看法不完全一致。很多年以前，菲利道尔在他的《国际象棋分析速成》中曾经提到："一个兵，如果跟它的同伴分开，则很难或永远不会有前途。"而塔拉什却争辩道："害怕拥有d线孤兵的棋手，应该放弃下棋。"

对于双方来说，主要存在以下的争论：

（1）支持黑方有利的人认为：黑子的机动性增强，可以在e4和c4（有d兵的支撑）的位置上建立据点，并且开放线（e线和c线）更有利于重子发挥威力。

（2）而白方的优势是可以在d4永久地安置一个子，并让黑方忙于应付d兵所遭受的威胁。并不是说黑方的这个孤兵很容易被吃掉，因为攻击它的子的数量总是与保护它的子的数量相等，而是这个孤兵需要不断地被保护。白方可以声东击西。黑方不仅要做反击的准备，而且还要时刻注意保护这个弱兵。

图20-5

8.... Qb6（图20-5）

促使对手立刻做出选择，要么换马，要么挺兵9.e3进行保护，但是这样会堵住白方黑格象的出子路线。

9. Nxc6!

白方很愿意接受这样的选择！虽然消除了黑方孤兵的问题，但是也相应地给黑方制造了其他的弱点。从现在开始，白方将放弃d5格，将注意力转向对d4和c5格的全力控制。通过将子固定在这些格子上，白方能够阻止黑方推进他的d兵和c兵。封锁这些兵的作用是为了将黑方所有的子都关在兵的后面。

9.... bxc6

如果走9....Qxc6，那么会立即失去d兵。

10. O–O

在发起攻击之前，白方先将王转移到安全的位置上。同时，王翼车也会在中心线的争夺中发挥作用。

10.... Be7

很不幸，黑方无法推进任何一个处境欠佳的兵。如果走10....c5，那么11.Nxd5，白方得兵；如果走10....d4，白方应以11.Na4，迫使黑后放弃对被威胁兵的保护。

此时，更好的反击走法是10....Be6，加强对d兵的保护，这样可以尽快地挺进...c5。黑方不能被动防守，否则会被牢牢压死。

图20-6

11. Na4!

白方无意吓唬黑后。这步跳马并不是为了进行攻击，而是为了控制c5格，这样白方的一个棋子就可以安全地占据那里。

11.... Qb5（图20-6）

黑后留在附近，这样可以帮助抵御入侵者。

12. Be3!

你可能会期望这个象走到f4的位置上，因为在那里它的攻击范围更大，而且也不会妨碍e兵的挺进；或者你可能考虑走到g5，在那儿象可以束缚黑子。这些都是很好、很自然的走法，但是它们都与控制当前局面的战略思想不符。一旦有了明确的、合乎逻辑的计划，就必须采取符合计划的行动。这样，对自己局面的改善，或者对对手局面的削弱，就是顺理成章，而非偶然。就这一点来说，子力的出动，绝不能基于它自身的喜好。

对于一个格子的控制会导致局面的崩溃，这似乎很奇怪，但却是事实。这是后翼弃兵开局的一个精妙之处，即这种控制（通常是由于黑方忽视了对中心的争夺，没有通过...c5让后翼舒展）会让白方将对手的子限制在一个很小的范围内，并逐步将其击退。白方的子，既可以护送一个兵升变，也可以转向棋盘的另一侧，围攻对手的王。

12.... O-O

黑方没有看过前面的记录，所以他倾向于"好"的出子。

在c兵被永久地固定在c6之前，黑方应该调集所有的力量将它挺起。立即挺进...c5的时机还未成熟，因为在12....c5 13.Bxd5 Nxd5 14.Qxd5 Qxa4 15.Qxa8之后，白方会在子力交换中得子。但是黑方可以走12....Be6，进行争斗（保护d兵，并准备挺起c兵），紧接着再13....Nd7和14....Rc8，所有的这些，都是为了帮助c兵挺进一格。

图20-7

13. Rc1

白方控制这条半开放线，给c5格更大的压力，并准备调动一个子占据那里。

13.... Bg4（图20-7）

用两个子攻击e2兵，令白方陷入尴尬的境地。白方应该如何进行应对呢？

若14.Re1，这个车的位置会非常糟糕。

若14.Nc3，那么14....Qxb2，黑方得兵。

若14.Rc2，黑方会吃掉白马。

若14.f3，白王周围的兵阵会变得松散，而且围堵了自己的象。

尽管所有的这些想法都支持黑方的这步走法，但塔拉什还是对这次反击的行为不屑一顾：进攻开始了……

14. f3

……进攻结束了。

g2白象被包围，但这只是暂时的。至于王翼兵的弱点，如果黑方不能加以利用，也不会有什么后果。

14.... Be6

这个象终于走到了最合适的位置上，但是为时已晚——已经太晚了！

15. Bc5!

既然具有重要战略意义的d4和c5格在白方的控制之下，他就将一个子调动到那里，压住黑兵，使其无法移动，并限制黑子的活动。

15.... Rfe8（图20-8）

图20-8

黑方要么保护自己的象，要么迫于无奈进行换子。后一种选择明显不好，因为在15....Bxc5+之后，白方会应以16.Rxc5，用另一个子进行替代，并利用对黑后的攻击，获得一先。

16. Rf2!

好棋！在白方走出e3之后，这个车能够转移到c2，帮助控制c线。同时这步棋腾出了f1格，使白象可以占据一条更有用的斜线。

16.... Nd7

黑方调用三个子去攻击白象，希望能将其击退。

17. Bxe7

这个白象并没有撤退，否则会让黑方挺起17....c5，打破束缚。而此时，白方也不能走17.b4支持这个象，这是很多棋手容易立即做出的反应，这样走所形成的结果是：在17....Bxc5之后，白方必须用兵吃回，因为18.Rxc5，会在子力交换中丢子；走18.Nxc5，会遇到18....Qxb4，丢兵。然而，在18.bxc5之后，在c5位置上的这个兵，不仅不能移动，没什么用处，而且它本身也堵住了白子对c线的威胁。这会让局面的整体策略失效，即应该用子占领对手局面中的这些弱格，而不是兵。因为子能够自由地移动，这样就可以在发动攻击的时候保持线路畅通。如果情况需要，一个拦截者可以为另一个拦截者腾开位置。

图20-9

17.... Rxe7（图20-9）

黑方只能吃回。

18. Qd4!

好棋！将后调到中心非常有效。后的这步调动，不仅会对棋盘上的每个部分都产生影响，而且还阻止了黑方挺进...c5舒缓局面，并准备将自己的马跳到c5。注意，在新的位置上，白后仍然保护着自己的马，并守护着自己的b兵。这样，马就可以自由移动，而失去白后保护的e2兵，此时也有车守护着它。

18.... Ree8

车的撤退帮助防御被白方攻击的c线，因为移动a8车会导致丢兵。

19. Bf1

巧妙地活跃了这个象。19.f4并不好，会让黑子拥有更多的活动空间，之后黑方的象和马可以占据e4格。

19.... Rec8（图20-10）

图20-10

恢复挺兵20....c5的可能性。此时黑方一定已经意识到，如果他不能走出这步棋，就只能坐以待毙。

20. e3!

如此不起眼的一步棋，却产生巨大的效果！可以获得一到两先。因为它发起了对黑后的攻击（迫使黑方在撤退中损失一先），为象打开了斜线，并在次底线上清出了一条通路，这样白车可以从f2转移到c2，增加对c线的压力。

20.... Qb7（图20-11）

正如博蒙特和弗莱彻预见到莎士比亚结局之后所说的那样：谨慎即大勇。

孤注一掷地挺兵20....c5，会遭到21.Rxc5的有力回击，此时黑方不敢吃车，因为黑后还在遭受着攻击。

21. Nc5!

封锁！这个马占据在c5格，对黑方形成了有效的压制。

21.... Nxc5

黑方换掉这个马，不仅是为了除掉一个灵活的封锁者，而且在理论上这种交换也有助于

图20-11

缓解被动的局势。

22. Rxc5

新的封锁者，并不像它的前任那样灵活，但是它不会受到对手兵或象的攻击，因为白车所占据的格子颜色与黑象所在格子的颜色正好相反。

22.... Rc7

黑方无法反击，只能坐以待毙。

但是白方如何从中获利，如何在对手被动的防守中取胜呢？

23. Rfc2

首先在开放线上叠车，这样可以将车的威力提高一倍以上。

目前，白方的双车似乎打不动黑兵。但是总会有办法的！要有信心！

23.... Qb6（图20-12）

黑方的这着没有明确的目的，只是被动等待对手的威胁出现。

24. b4!

重点在这里！当白方的双车压制住对手之后，小兵则会成为攻击敌方阵地的先锋。

现在，白方威胁25.b5，调用三个棋子攻击这个无法移动的c兵。

24.... a6

黑方必须阻止白兵的挺进。

25. Ra5!

白方转移攻击的方向，迫使黑方调动子力对所有弱点（新目标a6兵）进行保护。车的调动不会让黑方的c兵有机会挺进，它还得留在原地。

25.... Rb8

保护后，因为它正在被攻击。其他走法只会造成更差的结果：

（1）如果25....Qxd4 26.exd4 Bc8（保护a兵）27. Rxd5，白方利用c线牵制，多得一兵。

（2）如果25....Qb7 26.Qc5，紧接着27.a4 28.b5，白方也能取得决定性的突破。

26. a3

在继续进攻之前，先保护这个宝贵的b兵（这个兵注定会让对手屈服）。

26.... Ra7（图20-13）

黑方救下了这个被双重攻击的a兵，但是却丢掉了另一个兵。黑方顾此失彼，无法守住所有的弱点。如果尝试26....Bc8，白方则可以

图20-13

走27.Qxb6 Rxb6 28.Rxd5，利用c线牵制，赚得一兵。

27. Rxc6!

这一点成果是白方局面战略价值的第一个战利品。c兵，黑方一切麻烦的根源，首先被拿下了，这是非常自然的。

27.... Qxc6

这样走要比将黑后撤退到b7和换后更好：如果27....Qb7 28.Raxa6，白方会再多得一兵，拥有两个通路联兵。或者27....Qxd4 28.exd4，之后白方有三个子攻击黑方的a兵，可以再多得一兵。

图20-14

28. Qxa7（图20-14）

这让黑方手足无措，因为他的车和a兵，同时遭到白后的攻击。

28.... Ra8

黑方抓紧机会营救这个a6兵，因为29.Rxa6 Rxa7 30.Rxc6 Rxa3，黑方可以得回一兵。

29. Qc5

再次控制c线并占领关键格，这次用的是后。

29.... Qb7

黑方避开换后，因为在29....Qxc5 30.Rxc5 Kf8 31.Ra5之后，黑方会顾此失彼，保护a兵，丢掉d兵。

30. Kf2

不仅为了巩固王翼，也为了让自己的王在残局阶段离中心更近一些，在换后之后局势会更加有利。

30.... h5

黑方这步示威，并不能对白方构成威胁，或吸引白方后翼子的注意力。

31. Be2

一旦局面打开，白方可以让自己的王免遭烦人的将军。

31.... g6

黑方的子都被束缚在对两个孤兵的防守上了，所以他只能用兵走，等待时机。

32. Qd6

白方调动第三个子对黑方的a兵发起猛攻。白后在黑方领地中的进一步渗透，也腾出了c5格，这样白车可以将其作为中转站，入侵到黑方的次底线。

图20-15

32.... Qc8（图20-15）

黑方无法保护住所有的兵（如果32....Bc8，33. Qxd5），所以他只好放弃a兵，并试着通过开放的c线杀向白王。

33. Rc5!

此路禁止通行！白方保持c线的控制权，将黑方的子赶走，比吃掉零散的兵更加重要。

33.... Qb7

在躲避白车的攻击中，黑后没有太多的位置可以选择。

34. h4

固定住了黑方王翼的兵，消除了这一侧可能存在的任何突袭。

34.... a5

黑方试图强行为后打开线路。

还存在其他的走法吗？在34....Kg7　35.Rc7 Qb8　36.Bxa6 Kg8（或36....Rxa6 37.Rxf7+，白方得后）37.Bb7! Ra7　38.Rc8+ Bxc8 39.Qxb8之后，白方可以轻松取胜。

35. Rc7

将黑后可移动的范围降到了最低限度——只有一个位置！

白方现在已经完全控制了所有战略性的重要区域——c线、最重要的c5格、d线、6线和次底线。

35.... Qb8

唯一的躲避位置！这个可怜的后，被驱赶得越来越远。

36. b5

给黑方又制造了一个新的麻烦！白方拥有一个通路兵，步步向前紧逼。

36.... a4

黑方必须让自己的车拥有更大的活动空间。

37. b6

威胁继续：38.b7 Ra7 39.Rc8+ Bxc8 40.Qxb8，吃掉黑方所有的子。

37.... Ra5

黑方这个车在这里也毫无用处，根本起不到防御的作用。

38. b7!

通过39.Rc8+，再次形成了得后的威胁。

1-0

黑方已经无法继续坚持了：

（1）38....Kg7 39.Rxf7+，白方利用闪将得后。

（2）38....Qe8 39.Qb6，捉死了黑车。

（3）38....Qa7 39.Qd8+ Kg7 40.b8=Q，白方多一个后。

此对局是系统地利用局面优势取胜的著名案例。将c5格作为白子调动的跳板——象、马、车，然后是后，依次占据这个位置——这样的方式，用一个小技巧就使得这盘棋达到了最高的艺术成就。

对局21

切尔涅夫 - 哈尔博姆

纽约 1942

科里方案

1. d4

这是开始战斗时最好的一步棋——同样也有1.e4!

这两种走法中，无论是哪一种，都是为了将兵挺进到中心，同时让两个子能够投入战斗。

采用哪种比较好呢？这完全取决于个人的喜好。概括来说，1. e4通常会导致更开放的攻杀局势；1.d4为获得局面优势而争斗。布莱克本曾说："我给那些希望提高国际象棋水平的年轻学生的第一条建议是：在形成自己风格的过程中，应该尽量遵循自己的能力和性格。一部分棋手，喜欢精确计算对局的过程，就像数学中的求和一样；而另一部分棋手，则只关心巧妙的战术组合和精彩的进攻。对于每个棋手来说，形成自己的风格才是最好的。"

1.... d5

很好的应对方式，因为它阻止了白方继续挺兵2.e4，不能让两个兵并排占据中心。同样，黑方也释放了自己的后和象。

2. Nf3

相比较来说，白方更常见的走法是2.c4，继续挺兵抢占中心。这步棋走得非常平和，却蕴藏着力量，因为白方能够很容易地保护自己的兵，并保持一个强有力的局面。

这着的好处在于马走到了最有用的位置上，同时保留了转变为后翼弃兵的可能性。

2.... e6

这是非常安全的一着，但是也有些保守。我更推荐2....Nf6，它不会使黑方陷入被动的防守，同时也不会影响c8象的出动。

在白方已经通过c4攻击d兵后，实战的走法是支撑d兵的最好方式，但是白方并没有做出这样威胁性的动作！

3. e3!

这个平静的着法是科里攻击——一种猛烈的王翼进攻的前奏。

科里攻击的总体计划是在适当的准备之后，将e兵挺进到e4。这需要以下几个步骤：

（1）将f1的象出到d3格，进而加强对e4关键格的控制，并威胁攻击黑方的h兵，在黑方王车易位后，使其成为一个潜在的弱点。

（2）将后翼的马走到d2格（不要走到c3，会堵住c兵），加强对e4格的控制，进而为e兵挺进到这个格子提供支撑。

（3）短易位，将h1的车走出来。

（4）将后出到e2，或将车出动到e1，进一步增加挺兵的支撑。

（5）将兵推进到e4。

这个兵虽然仅仅移动了一格，但是它让所有的子都运转起来了：中心区域将被打开，白方将拥有进攻的路线。

3.... c5

这一着是对白方兵中心的猛击，是后兵开局中黑方常见的一种反击手段。

（1）黑方**必须争夺中心的平等地位**。

（2）黑方**必须争夺重要格子的所有权**。

4. c3

挺兵支撑了白方的中心，并为Bd3做好准备。黑方...c4攻击白象的时候，可以退到c2。

图21-1

4.... Nf6（图21-1）

自然而有力量。这是王翼马最好的位置，它的出子直指中心，以便参与中心的争斗。在一盘对局当中，大部分的战斗都发生在中心区域，在那里发生的任何事情都会影响到棋盘的其他区域。所以中心优势对于局面优势至关重要。而对中心的控制，是成功实施王翼进攻不可或缺的重要因素。

因此，**所有出子都应该着眼于对中心区域的影响。**

除了当前的走法，4....c4也是看似合理的一着，它使得白象无法走到d3格。很多棋手都喜欢这个走法，但是一定不要这么走，这是战略性错误，因为这步棋会减弱对白方d兵和中心的压力。

（1）重要的是，要在中心保持兵的流动性。

（2）重要的是，要对中心的白方d兵保持压力。

（3）重要的是，要保留中心换兵的选择。

图21-2

5. Bd3（图21-2）

对于这个象来说，这是一个非常理想的出子位置。它控制着通向黑王的b1-h7斜线（在王车易位之后），并控制着关键的e4格，以支撑即将发生的中心突破。

5.... Nc6

这是一步很正常的出子。马投入战斗，直指中心。黑方准备尽早挺兵...e5，打开局面。5....Nbd7的走法也是一种比较好的选择，它可以在白方6.dxc5吃兵的时候，用马吃回，而不必非用象吃回。

6. Nbd2

乍一看，这步棋非常不协调，因为白马的位置很尴尬，挡住了c1象的出动线路。事实上，这个马却在执行两项重要的任务：首先，它投入了战斗；其次，即使它只是处于保守的d2格，但是它也会为即将到来的e4行动提供支持。而c1象的不适，只是暂时的。

6.... Be7

比积极地走到d6格更可取，因为这个象需要在离阵地更近的位置以保护自己的王。

图21-3

图21-4

7. O-O（图21-3）

这个特殊的走法可能是国际象棋发明以来最大的贡献，因为它会把王带到安全的地方，同时让车闪亮登场。

7.... O-O

黑方也快速地将自己的王转移到安全的位置上，并将王翼车调动出来投入战斗。

8. Qe2

这个位置，几乎是所有后兵开局当中，白后最佳的位置。这个后支持e兵的挺进，并为随后的进攻加大力度。

8.... Re8（图21-4）

车必须抢占开放线！如果开放线上什么也没有呢？那就可以将你的车朝着中心调动！之后它们将控制最有可能打开的线路。这就是为什么王翼的车通常会出动到e8或d8，而后翼的车会调到d8或c8。

9. dxc5!

此时挺兵9.e4还为时过早：在9....dxe4 10.Nxe4 cxd4之后，白方丢兵。实战的走法是经过深思熟虑的：

（1）对于只移动了一次的黑象，会在吃回兵的过程中浪费一步时间。

（2）这个起到保护王翼作用的黑象，会被调到棋盘上错误的一侧。

（3）在c5格，这个象缺少保护，很容易遭遇袭击。

（4）d2位置的白马，在后续移动到b3格时，可以利用吃象的威胁，获得一

图21-5

先，并为自己的黑格象腾开线路。

（5）如果能够进入到残局阶段，白方将在后翼拥有三兵vs两兵的有利局面。

9.... Bxc5（图21-5）

黑方必须吃回这个兵，否则会少兵。

10. e4!

这是科里攻击中非常关键的一着！这着强行的突破，有效地释放了所有处于被动位置的子。

接下来，黑方应该如何应对呢？如果走10....dxe4进行交换，则在11.Nxe4 Nxe4 12.Qxe4之后，黑方会面临毁灭性的13.Qxh7+，威胁将杀。由于f6马（最佳的王翼守护者）已经不在了，所以不得不移动王前的兵，使王翼被削弱。

如果避免换兵，改走10....d4，则会遇到11.Nb3 Bb6（这个象必须保持对d兵的保护）12.e5 Nd5。此时，白方可以走13. cxd4，就像布莱克本说的那样，"像数学中求和那样准确地"取胜；或者走13. Bxh7+ Kxh7 14.Ng5+，尝试通过"巧妙组合，精彩进攻"的方式取胜，在14....Kg6 15.Qe4+ f5 16.exf6+ Kxf6 17.Qf3+ Ke7（如果17...Ke5，则18. Nf7#）18.Qf7+ Kd6 19.Ne4+ Ke5 20.Qh5+ g5（或20....Kxe4 21.Nd2+ Kd3 22.Qg6+ Ke2 23.Qg4+ Kd3 24.Qe4#）21. Bxg5之后，白方可以在几着之内将杀黑王，进而获得成功。然而，黑方可以应以14....Kg8 15.Qh5 Nxe5，犹如一盆冷水，浇灭了白方的威胁，让白方无法在弃子以后获得合理的补偿。

10.... e5

黑方既避开了可能存在的危险，也阻止了白方挺兵11.e5驱赶自己的马。同时，e8车获得了更多的活动空间，c8象也拥有了畅通的线路，可以快速投入战斗。

11. exd5

按部就班地推进！白方继续为进攻打开线路。现在，e4格成为了白方子力调动的跳板。

11.... Nxd5

黑方并不想用后吃回这个兵，因为在11....Qxd5 12.Bc4之后，存在以下几种可能：

（1）12....Qd6 13.Ng5（威胁14.Bxf7+，得子）13....Re7 14.Nde4 Nxe4 15.Nxe4，白方将会得象。

（2）12....Qd7 13.Ng5 Re7 14.Nde4 Nxe4 15.Qxe4（威胁攻击h兵）15....g6 16.Qh4 h5 17.Ne4，黑方只能放弃象，避免白马击双，丢后。

（3）12....Qd8 13.Nb3 Bb6，之后白方可以选择14.Bg5、14.Rd1或14.Ng5，对多种进攻方式的效果进行权衡和选择。

12. Nb3

通过攻击这个暴露在外的黑象，抢占先手。还要注意的是白方c1的象现在拥有很大的空间。

12.... Qb6（图21-6）

图21-6

这是一步带有欺骗性的走法。的确，这步棋将后调动出来，保护象，但是其他的一些因素也随之出现了。黑方的王翼缺少子的保护，在d5格的黑马也不够牢固（缺少其他子或兵的保护）。

现在存在战术组合吗？有将军或吃子——能够造成一些破坏的着法吗？是的，的确存在！

13. Bxh7+！

在对手获得喘息之前，必须立即抓住这个机会。

13.... Kxh7

拒绝吃象，反而会更糟：这个象既可以带着战果撤回，也可以留在原地，继续走14.Qc4，白后同时攻击滞留在中心的两个子。

14. Qe4+

这才是重点！通过后的双重攻击，白方吃回了棋子，并让黑方多搭了一个兵作为代价。

14.... Kg8

14....f5或14....g6垫将没有任何好处，这样的走法会进一步打乱王翼的兵形。

15. Qxd5

白方将这个子吃回，通过对黑象的攻击再获一先。黑方一直疲于防守，无法腾出时间巩固自己的局面。虽然黑方没有走出任何明显的败着，但是在理论上已经输掉了这盘对局。

15.... Bf8（图21-7）

无奈的撤退，如果走15.... Be7，则会让白方吃掉缺少保护的e兵。

图21-7

16. Ng5

威胁17.Qxf7+，两步之后的将杀。白方步步紧逼，使黑方得不到任何喘息！

16.... Be6

终于，这个白格象投入了战斗。黑方的这着看起来十分有效，因为将杀的威胁被挡住了，对手的后也会被击退。自己出动了一个子，而另一个（a8车）也会紧跟着出来。

17. Qe4

白后撤回，但并没有浪费时间，威胁在h7将杀黑王。

17.... g6

黑方别无选择，因为这是比17....f5更好的防守方式，因为18.Qh4 Bd6（或者18...Bc5 19.Nxe6 Rxe6 20.Qc4，白方得子）19.Qh7+ Kf8 20.Qg6 Nd8（如果移动e6的象，那么d6的象会被吃掉）21.Nh7+ Ke7 22.Qxg7+，黑方的局面将崩溃。

18. Qh4

再次威胁将杀。黑方一直处于逃亡的状态，在白方不断将杀的威胁下，不得不调动子去支援。

18.... Bg7

h7将军无法避免，但是这步棋阻止了白后在h8的进一步入侵。如果对白后的入侵不加以阻拦，例如改走18....Bd6，则会在19. Qh7+ Kf8 20.Nxe6+ Rxe6（如果20....fxe6，那么21. Bh6#）21.Qh8+ 之后，白方多得一车。

实战的走法，黑方似乎为自己的王构建了一个非常安全的庇护所。

19. Be3

白方又调出了一支预备队！伴随着这步先手，黑格象积极地投入到战斗中。象的真正目的是为了控制住c5格，让自己的象或马占据这个位置，而攻击黑后，只是顺带的事情。用马占据c5格，会同时控制住中心和后翼；用象占据c5格，则会有助于阻挡黑王从f8格逃跑。

19.... Qa6

黑方没有走19.... Qc7，因为他想到了后续的过程：20. Qh7+ Kf8 21. Bc5+ Ne7 22. Qxg6! fxg6（或22.... Qxc5 23. Nxe6+ fxe6 24. Qxe8+ Kxe8 25. Nxc5，白方会很容易地赢棋）23.Nxe6+ Kg8 24. Nxc7，此时两个黑车遭到了白马的击双。

20. Nc5!

白方的又一个子侵入到了对方的阵地。攻击黑后是节省时间的权宜之计。

20.... Qc4

希望通过换后消除危机。

21. Qh7+

其目的是将黑王赶出来，撕碎王前的保护。

图21-8

21.... Kf8（图21-8）

唯一的走法。

22. Ncxe6+

一旦确立了局面优势，往往存在不止一种赢棋方法。更加精彩的结局如下：22.Ngxe6+ fxe6 23.Bh6 Re7（或：23....Bxh6 24.Nd7#）24.Qh8+（如果只是为了展示后可以到达h8）24....Kf7 25.Qxg7+ Ke8 26.Qg8#。

22.... fxe6

如果黑方走22....Rxe6，在子力交换中做出牺牲，之后他可以继续坚持，但也会非常艰难。

23. Qxg6（图21-9）

威胁24.Qf7#。

23.... Nd8

我希望的走法是23....Re7，此时，我一直想 "精益求精" 地获取胜利，例如，24.f4（威胁25.fxe5+ Kg8 26.Qh7#）24....e4 25.f5（再次威胁开线将军）25....e5 26.f6，白胜。

24. Nh7+

图21-9

在这里，我仍然非常想走24.f4 e4 25.f5 e5 26.f6 Bh8 27.Nh7#，追求精彩地赢棋。但是理智占了上风。一个棋手必须以尽可能快的方式赢棋。如果能够缩短争斗的时间，必须采取简单而直接的走法。

1-0

如果24....Kg8，那么25.Nf6+ Kh8（或25....Kf8 26.Qxe8#）26.Qh7#；

如果24....Ke7，那么25.Rad1，威胁26.Bg5+ 或 26.Qxg7+ 杀王。

对局22

皮尔斯别里 – 马克

巴黎 1900
拒绝后翼弃兵开局

1. d4

无论是为了娱乐、荣誉还是鲜血，这步棋都是开始战斗的最佳方式之一，不但为白后和白象打开了线路，而且d兵本身也积极参与到对中心控制权的争夺之中。兵占据d4格，控制着e5和c5两个格，使对手的子无法利用这些格子。

1.... d5

这是阻止白方在中心获得更多区域的最简单方式。如果白方被允许自由地挺进2.e4，让两个兵并排在中心，那么在这个重要的区域，白方的两个兵力量会拥有同等的力量。

2. c4

白方冲兵以消除黑方在中心区域强有力的支撑点。在将b1马走到c3之前，这步棋非常必要，因为c线不能被阻挡。

2.... e6

黑方这步棋的目的，是为了在3.cxd5吃兵时，能够应以3....exd5，在d5格保留一个兵。如果黑方用子吃回，白方则可以挺兵e4，对这个子进行攻击，将它赶走，然后形成一个强大的兵中心。

此时，走2....dxc4，接受白方弃兵的策略，并不被推荐，因为黑方并不能保护住这个多出来的兵，这就导致最终黑方是用一个中心兵交换掉了白方的一个侧翼兵。当然，实战的走法限制了黑方c8象的出动，但这是黑方能采取的最合理的防御方式。所以说后兵开局蕴藏着巨大的力量，受到了多数棋手的喜爱，因为从第一步就开始就对黑方施加了压力，这会让他们在开局阶段感觉很舒服。

3. Nc3（图22-1）

马积极出动，奔向中心，加强对黑方d兵的攻击。

3.... Nf6

很好的出子着法：在开局中，用一步就让g8的黑马走到了最合适的位置上，

图22-1

图22-2

对d5格和e5格施加压力（以抵消白马对这些位置的影响），帮助防御中心的d5兵，并能尽快王车易位。

4. Bg5!（图22-2）

有力的出子，牵制黑马，并威胁5.Bxf6 gxf6（如果5....Qxf6，那么6.cxd5 exd5 7.Nxd5，白方赢得一兵），搅乱黑方王翼的兵形。

非常奇怪，尽管皮尔斯别里于1895年在黑斯廷斯对阵塔拉什的那场伟大胜利中使用过这一着，但是甘斯伯格在他的比赛手册中对这盘棋却做了如下评注："这个象的过早出击并不会带来好的结果。这步进攻，或者更好的说法是，可能的进攻，与法兰西防御中的类似走法是不同的，因为白方并不能挺兵e5。一般来说，无论是白方还是黑方，在开局中都需要将他们的后翼象，留在后翼。"

事实证明，这样的观点，很容易被称为"阴沉的预言"。皮尔斯别里使用4.Bg5进攻，为他赢得了几场辉煌的胜利，击败了像斯坦尼茨、马洛契、雅诺夫斯基、伯恩、马克和塔拉什这样顶级的大师。其他避开这步棋的人，如拉斯克、马歇尔和齐戈林（仅举几例），都曾在其他形式的后翼弃兵开局中沦陷。甘斯伯格对这种攻击方式提出了严厉的批评，选择了拉斯克的说法："这是一步独特的，但并不完全合理的出子方式。"而伴随的结果，是皮尔斯别里在残局中击败了他，那盘棋也成为了国际象棋文献中最精彩的对局之一。简而言之，正是皮尔斯别里在后翼弃兵开局中取得的巨大成功，才向其他大师展示出了这步棋的巨大力量，使得这着广受欢迎，一直延续到今天。

4.... Be7

最简单的应对方法：黑方将象出动到最适合的离初始位置比较近防御位置上。顺便也解决了黑马的牵制。

5. e3（图22-3）

图22-3

图22-4

图22-5

在开局阶段应该少走兵，但是这一着是为了出子，有助于让子投入战斗。对于5. e3这步棋，白方冲兵是因为他要为f1象提供一条出动的路径。

5.... O–O

这个王到达了更安全的位置上，同时车也准备发挥作用。

6. Nf3（图22-4）

随着马的出动，现在白方的两个马都在对中心的四个格子施加压力。而且，f3马还能跳到e5格的中心位置上，一旦在那里站稳脚跟就可以牢牢地压制住黑方。

6.... b6

很自然地，要将白格象走到b7格，尤其是在另一侧被堵住的情况下。这步棋确实是黑方最合理的计划之一——然而，在此之前，更准确的走法是6....h6，利用先手将h兵从易受攻击的h7格移动出来。

另一种走法是6....Nbd7，用来支撑...c5或...e5，冲击白方的中心。这个马的出动，还能够遏制白方f3马对e5格的攻占。

7. Bd3

对于象来说，这是一个非常理想的位置：它控制着一条重要的斜线，并瞄准黑方的h兵。这个兵虽然没有立即陷入危险，却位于白方的火力之下。

7.... Bb7

黑方希望自己的白格象从侧翼出动，控制住这条大斜线。然而，皮尔斯别里的下一步棋，让黑方陷入了两难的境地。

8. cxd5!（图22-5）

白方换兵，黑方有四种方式吃回——但是哪一种都不令人满意！

8.... exd5

黑方想在中心保留一个兵，但是这个兵挡住了自己b7象的路线，使其在这条斜线上无法发挥任何作用。

黑方也可以用子吃回，但是那样的话，就等同于放弃了中心。白方可以挺兵e4驱赶这个子，完全控制住具有战略意义的、重要的中心格。

9. Ne5!

在著名的"皮尔斯别里攻击"中，这是非常关键的一步棋。这个马将自己固定在了中心位置上，在这里它的攻击力是惊人的！它的攻击向四面八方蔓延，既控制后翼，又影响王翼。

9.... Nbd7

马必须竭尽全力：出动，威胁与白马交战，并准备支撑10....c5突破，进而与白方争夺中心的控制权。

10. f4

兵不仅仅加强了中心马的地位，为其提供了坚实的根基，而且还阻止了黑方换子的可能。因为走10....Nxe5，会被11.fxe5吃回，此时f线打开，对于白方重子进攻会非常有利。而且，白兵本身，还威胁攻击黑方的f6马，将其从强有力的防御位置上赶走。

10.... c5

后翼的反击，要么太早，要么太晚。黑方想在后翼发起进攻，在冲兵11....c4之后，可以获得三兵vs两兵的局面。但是他低估了白方在王翼发动进攻的速度和力量。白方在王翼的进攻要比黑方在后翼的进攻速度更快，力量更强。黑方只能以子力交换、中心反击来削弱白方的进攻力量。一种可能的走法是：

10....Ne8　11.Bxe7 Qxe7　12.O-O Nxe5　13.fxe5 f6。这样的走法符合防御中的两条重要原则：

（1）子力交换可以缓解拥堵的空间。

（2）侧翼进攻最好从中心展开。

11. O-O（图22-6）

虽然是一步防御的着法（将王转移到安全的位置上），但是主要的目的是立即将车调到半开放的f线上发挥作用。

11.... c4

图22-6

在后翼获得强大兵阵的想法是值得称赞的残局策略，但是黑方现在还没有渡过中局阶段！

11....c4的走法是一个战略性的错误，这步棋消除了对白方d兵的压力，缓解了中心紧张的态势。只有黑方具备吃掉d兵、破坏白方中心的机会，白方才不容易建立稳定的中心。如果没有稳定的中心，白方在王翼的进攻就会存在破绽。

道理非常明确：**在中心保持兵形的流动性；保留吃掉中心兵的可能性。**

12. Bc2

象虽然后退，但是并没有放松对通向黑方王翼斜线的掌控。

12.... a6

准备大举挺进后翼兵，从13....b5开始，然后再14....b4。

13. Qf3

白方将重子调动上来。调动后的目的是直接威胁攻王，赢得进攻的时间，因为这步棋威胁14.Nxc4 dxc4 15.Qxb7得兵，黑方必须对此进行应对。为了抵御白方的威胁，黑方被迫要移动一些靠近王的兵。兵形的这种变化会让兵结构变得松散，并在王的防御方面形成无法弥补的弱点。

图22-7

13.... b5（图22-7）

马克保护c兵并在后翼继续进行反击。请注意，黑方的最近三步棋，用兵占满了白格，进一步减少了自己白格象的可移动性。

14. Qh3!

威胁15.Nxd7 Qxd7（很显然，不能走15....Nxd7 16. Qxh7#），之后白方有三种获胜的选择：

（1）16.Qxd7 Nxd7 17.Bxe7，白方多吃一子。

（2）16.Bxh7+ Kh8（如果16....Nxh7，则17. Qxd7，得后）17. Bf5+ 白方得后。

（3）16.Bf5 Qd8 17.Bxf6 Bxf6 18.Qxh7#，将杀。

"这一切都很有趣，"你可能会说，"但是白方是如何计划这一系列行动的呢？是什么让他在这个战术组合的第一步就看到了结局？"

很好！让我们尝试跟随他的推理思路：

白方用后和象攻击关键点——黑方的h7兵。

如果这个兵仅被王保护，白方可以吃掉这个兵，并形成将杀。

但是这个兵还有另一个保护它的子——马。

将这个马消灭怎么样？

那是不行的，因为它只会被另一个马取代。

那消灭另一个马怎么样？如果另一个马被干掉，整个结构不就会崩塌吗？

一旦白方朝着这个方向思考，就看到了战术组合的第一步，剩下的会很自然地走出来。事实上，一旦他找到了关键点——将保护它的马的保护子马消灭——他就可以想怎么赢，就怎么赢。

图22-8

14.... g6（图22-8）

黑方通过简单的挺兵避免了被将杀。如果白方杀王的战术组合这么轻易就被破解了，那么白方在过程中实现了什么呢？

的确，白方并没有致命的将杀威胁，但是他利用这样的威胁实现了自己真正的目的——在黑王附近的兵阵中制造混乱。**兵阵布局的这种变化，削弱了黑方王翼的整体防御结构。** 在黑方实战走法之后，他的f6马虽然被三个子保护，但是它失去了兵的支撑，会成为一个脆弱的攻击目标。

黑方有其他的防守方法吗？如果走14....h6，则有：15.Bxh6 gxh6 16.Qxh6 Ne4 17.Rf3（威胁18.Rg3+ Nxg3 19.Qh7#杀王）17....Ndf6 18.Rh3 绝杀。或者走14....Nxe5（为了避免移动王翼兵），则有15.dxe5 Ne4 16.Bxe4 dxe4 17.Rad1 Qe8 18.Bxe7 Qxe7 19.Rd7，黑方的b7象会被吃掉。

15. f5!

兵是一种最理想的攻击武器！这步棋所形成的一个威胁就是通过16.fxg6，打破黑兵的封锁线。吃兵，也为白车攻击黑方f6马打开了线路，并可以通过叠车来增强对黑马的攻击。

15.... b4（图22-9）

很显然，15....gxf5是不行的。白方可以用象吃回这个兵，赢得一盘精彩的对局。

图22-9

黑方在后翼进兵是希望通过对c3马的威胁将白方的注意力从王翼转移开。如果能以此延缓白方的进攻，黑方可能会挑起一场激烈的争斗。例如，如果此时白方谨慎地将马退到e2格，黑方则可以走16...Ne4，让局面陷入复杂。

16. fxg6!

直插黑方的阵地！这步棋延长了车的攻击范围——它可以在整条f线上发挥作用——同时白象的攻击直指对手的国王！

16.... hxg6

让我们看看其他的几种选择：

（1）16...bxc3 17.Bxf6 Nxf6 18.Rxf6 fxg6（或18...Bxf6 19.Qxh7#）19.Bxg6 hxg6 20.Rxg6#。

（2）16...fxg6 17.Qe6+ Kh8 18.Nxd7 Nxd7（或18...Qxd7 19.Bxf6+，再20.Qxd7）19.Rxf8+ Nxf8 20.Qe5+ Kg8 21.Bxe7，白胜。

17. Qh4!

集中火力攻击f6的黑马。由于它失去了兵的支撑，所以它的地位已被削弱。

17.... bxc3（图22-10）

黑方同样吃掉了白马。如果走17...Nxe5，则有：18.dxe5 bxc3 19.exf6 Bd6 20. Qh6，将输掉这盘对局。

在白方走出下一步棋之前，让我们看看他的攻击目标，这个在f6格的黑

图22-10

马。尽管g7兵被迫移动到g6格，使得这个黑马失去了g7兵的保护，但是它仍然不会被吃掉，因为对于每个攻击它的子，都有己方的一个子保护。事实上，如果白方尝试走18.Bxf6 Bxf6 19.Rxf6 Qxf6 20.Qxf6 Nxf6，则会损失一个车。所以直接的攻击是不行的！必须依赖于间接的手段。我们已经诱走了这个黑马的一个保护者——兵。我们能否除去其他的保护者呢？当然可以！

18. Nxd7!

这步棋消除了这个黑马的一个支撑。

18.... Qxd7

同样，这步吃子又设计走了另一个保护子！请注意，围攻一个层层保护的目标，其技巧在于，逐个消除掉保护目标的棋子。在当前的情况下，黑马的两个保护者已经消失了——155一个会被消灭，另一个则因为吃子而被诱离。

黑方走18....Nxd7也不会形成更好的防守，接下来，19.Bxe7 Qa5　20.b4（比20.Bxf8更快）20....cxb3　21.axb3 Qb6　22.Rf3，紧接着再走23.Rh3，威胁快速杀王。

19. Rxf6!

比19.Bxf6更强，因为黑方不敢吃车。

19.... a5

如果走19....Bxf6，则有20.Bxf6，威胁21.Qh8#绝杀。

黑方实战的走法是为了20....Ra6做准备，这样可以帮助保护自己脆弱的g兵，可能会击退白车。

20. Raf1

白方叠车，制造了两个新的赢棋威胁：21.Bxg6 fxg6　22.Rxg6#；或21.R1f3，紧接着22.Rh3，再23.Qh8#。

20.... Ra6（图22-11）

黑方希望换车，将白方的一个子从进攻中移走。此时，白方仍然可以取胜，但是需要小心行棋，例如，21.Rxa6 Bxg5　22.Qxg5 Bxa6　23.Rf6（立即走23.Bxg6是有风险的，可能会导致输棋）23....cxb2　24.Bxg6 fxg6　25.Rxg6+ Kf7　26.Rg7+ Ke8　27.Qe5+ Kd8　28.Qb8+ Bc8　29.Rxd7+ Kxd7　30.Qxb2，等等。

但是皮尔斯别里并没有受到干扰！他展现了令人赞赏的连贯性：消灭g兵、攻破防线、削弱防御阵地，进而继续推进他的进攻。

21. Bxg6!

无论是在逻辑方面，还是在连贯性方面，都要求消灭这个兵！

21.... fxg6

必须吃掉象，因为白方威胁下一步杀王。

皮尔斯别里现在可以用七步棋，强行杀

图22-11

王，具体如下：22.Rxf8+ Bxf8 23.Rxf8+ Kxf8 24.Qh8+ Kf7 25.Qh7+ Kf8（25....Ke8 26.Qg8#或25....Ke6 26.Qxg6#）26.Qxd7 之后再 27.Bh6+ Kg8 28.Qg7#。

1–0

这盘对局相比其他任何对局都更能让国际象棋界意识到，后兵开局是一种局面型开局，在进攻方面具有巨大的潜力。其王翼进攻的开展，以速度和力量为基础，以建立一个合理的局面为核心，不像王兵开局，在进攻方面会存在风险和投机性。

对局23

范·威列特 – 兹诺斯科·波罗夫斯基
奥斯坦德 1907
石墙攻击

1. d4

对于后兵开局，乔治·伯纳德·肖的解释是："提供了最强的安全性和最好的机会。"

白方的第一步用兵占据了中心，同时释放了后翼的两个子。

白方出子的整体计划大致如下：

（1）在中心建立并保留至少一个兵。

（2）这个兵将为在e5或c5的前哨马提供支撑。

（3）后翼象负责控制关键的斜线或牵制对方的马。

（4）两个车用来控制开放线或半开放线。

（5）后应该调到c2或e2格，既待在阵地里，又不在底线上。

（6）王在王车易位以后，到达安全的位置上，最好是在王翼。

总体上来说，白方的目标是获取空间，挤压黑方。随着可移动空间的减小，子力调动越来越困难，黑方的局面会变差。导致黑方不得不走出一些较差的着法，因为在狭小的空间中很难走出好棋。同时，黑方会不断地暴露出弱点，白方加以利用，形成战术组合一举击垮黑方。

1.... d5

比1....Nf6更直接。无论怎么走，黑方都是为了阻止白方挺兵2.e4，建立两个兵的中心。当前的走法，抵消了白方对中心的压力，在中心形成了一种比较平衡的状态。

2. e3

在开局中，这步棋非常奇怪，显得被动。因为在开局阶段，每一步棋都是非常紧凑的。

通常，白方会通过挺兵2.c4，攻击黑方的d兵，以削弱其对中心的控制。或者，如果白方不想过早出手，也可以简单地选择2.Nf3出子。

2.... c5

黑方积极主动走的每一着都是在释放重要的子。这步棋为车打开了c线，并在黑马走到c6格以后，可以获得更大的活动范围。c兵本身也攻击着白方的d兵，以此争夺对中心的控制权。

3. c3

这步棋表明，在黑方走3....cxd4换兵的时候，白方会应以4. cxd4。保证在中心拥有完整的联兵，并为自己的重子打开c线。

3.... e6

黑方必须保护自己的c兵，否则白方4. dxc5吃兵，之后挺兵5.b4，保持多兵优势。

4. Bd3

象移动到一条非常有用的斜线上，在这里，它可以对中心施加压力，也随时准备参与王翼的进攻。

4.... Nc6（图23-1）

对于这个黑马来说，现在是一个难得的机会，因为在后兵开局中，它很难有跳到c6的机会。马在c6会对e5、d4格，以及其他的重要区域，都能产生相当大的影响，就像稍后发生的那样。

5. f4

白方在五步棋当中，走了四步兵，就是为了走成一种被称为"石墙攻击"的特殊部署。在开局阶段移动过多的兵明显违背了开局原则之外，采用一种需要对子的组合预先设计才能发起进攻的系统，不考虑攻击的明智性，也

图23-1

157

不考虑特定局面的要求，这样的走法，与正确策略的概念和国际象棋本身的精神是截然相反的。这样的兵阵所承担的风险是在对一支实力相当、力量布置未知、没有暴露弱点的敌人发起盲目的进攻。在这样的情况下，进攻显得为时过早，会被轻易击退，进而造成无序的撤退。如果这样的体系能有效的话，那么白方会非常有利，也总能取胜，但是谁还会想下黑方呢？

5.... Nf6

精彩的出子，同时等待着继续出子！黑方的两个马，都跳到了非常好的位置上，一个控制e5和d4格，另一个控制中心的剩余两个格子。

6. Nd2

这个马为了奔向中心，只能做出这样的选择，或者走到a3格。在d2的位置上，阻挡了象的出动，而它本身也没有更好的前景。在a3的位置上，它只能算是半个马，因为它最多只能到达四个格子，而不是八个。

6.... Qc7

非常好，一旦它所在的线路被打开或可能被打开，重子（后和车）会更好地发挥出它们的作用。

后的出动，获得了一先，因为会涉及局面的威胁——白方要么忽视，要么无视。

7. Ngf3（图23-2）

常规着法，但是在当前情况下，是一步欠考虑的出子。白方过于专注于推进石墙攻击的基本思路（在兵的强力支持下，将马走到e5格），以至于没有在每一步都停下来问问自己："我对手的上一步棋在威胁什么？他有没有将军或吃子这些可以减少我应着选择的手段？"

图23-2

7.... cxd4!

黑方一下子就把c线给打开了！

8. cxd4

黑方上一步的重点在这着强制吃回当中得以呈现。此时，白方不能走8.exd4吃兵（希望保持住强大的兵，用来支撑白马在e5格的占据），因为会遭到8....Qxf4，黑方可以赢得一个兵。而另外的走法8.Nxd4，则会与白方之前要建立的体系发生冲突。在当前的情况下，这个马只属于e5，而不是d4，所以d4格应该由兵来占据。

8.... Nb4!

对象发动令人讨厌的攻击！如果没有这个象的作用，白方永远也不可能在王翼发起一场有效的进攻。

9. Bb1

这是一个并不常见的撤退位置。但是如果这个象想留在这条斜线，直指黑方的王翼，那么这个格子就是它唯一能够走到的位置。

白方对这次退象并不太担心。因为他可以走10.a3将对方的这个马赶走，然后重新部署自己的子力。

9.... Bd7

平稳的一步，却非常巧妙。黑象从最朴素的位置起步，却威力十足，让对手无法忽视它的存在。

现在，黑方准备出车到c8格，加强对c线的控制。

10. a3

在开始他的行动之前，白方必须赶走烦人的黑马，因为它让整个后翼都陷入被动。

10.... Rc8（图23-3）

这个反击完全出乎了白方的意料。

接下来，白方应该如何应对黑方11....Qxc1的威胁呢？如果走11.axb4，则有11....Qxc1 12.Rxa7（当然不能走12.Qxc1 Rxc1+，否则黑方可以赢得一个车）12....Qxb2（威胁13....Rc1，牵制得后）13.0-O Qxb4，黑方会多一个兵，而且还是一个通路兵。

图23-3

11. O-O

现在这个象受到了后和车的保护，已经足够安全。同时白方也把王转移到了安全的位置上。

11.... Bb5!

黑象控制了一条很好的斜线，并抢占先手，白方必须躲车，逃出黑象的攻击。

12. Re1

很明显，白方只能这么走。因为12.Rf2，

图23-4

会有12....Qxc1丢象，或12.axb4 Bxf1（继续威胁13....Qxc1），白方会在子力交换中吃亏。

12.... Nc2!（图23-4）

黑马同时攻击两个白车，使得白方没有其他选择，必须换掉这个可怕的马。

13. Bxc2

对于另外的走法13.Qxc2，黑方可以走13....Qxc2 14.Bxc2 Rxc2，黑车压在次底线，跟对局的实际走法是一样的。

13.... Qxc2

黑方子力侵入到对方的致命位置——次底线。

白方现在几乎陷入了瘫痪：e1车和后被黑方b5象阻碍了移动。

他的象，无处可动。

为了阻止黑方14....Ne4，白方的马只能停留在d2格。

a1车可以移动——但是毫无用处。

14. Qxc2

白方用没有太大作用的后，交换了黑方非常积极的后。

14.... Rxc2

黑方连续的反击所形成的结果是：他完全控制住了开放线，并将他的车侵入到了对方的次底线上。在c2位置上的车对白方造成了非常要命的限制。最麻烦的是，这个车很难被赶走，导致白方的子互相阻碍。

15. h3

图23-5

阻止黑方15....Ng4，另一个子的侵入。

15.... Bd6

象出子到一条有用的斜线上。

16. Nb1（图23-5）

白方的想法是重新部署自己的子力，以获得更自由的移动。他准备走17.Nc3 Ba6 18.Rd1，再19.Rd2，摆脱掉烦人的黑车。通过这样的方式，他的象也能动起来。

16.... Ne4!

黑马立刻抢占绝佳的位置！不仅阻挡了e3兵的挺进，而且扼杀了白方重新部署子力的计划。如果白方尝试走17.Nc3，那么17....Nxc3 18.bxc3 Rxc3，黑方可以多得一兵。

17. Nfd2

白方当然要交换掉这个占据强有力位置上的黑马，或将它赶走。这样，白方才能进行合理的出子。

17.... Bd3

黑方接受换子，附带的条件是，如果这个马被交换了，他会用另一个子占据有力的e4格。

18. Nxe4

白方别无选择，只能尽可能地清除棋盘上的黑子，否则将永远无法将他的子从被动的位置上调动出来。此时如果走18.Nc3，则会更早地丢掉一兵，甚至更糟，因为在18....Nxd2 19. Bxd2 Rxd2之后，黑方多得一子。

18.... Bxe4

黑方用象吃回，威胁19....Rxg2+，白方没有时间走19.Nc3。

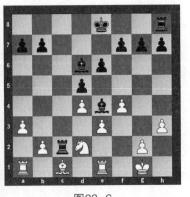

图23-6

19. Nd2（图23-6）

白方通过阻挡黑车的线路，保护住了自己的g兵，但是这步棋也切断了白象的出路——白方又回到了先前的被动之中。

不幸的是，白方此时也没有更好的走法，如果走19.Bd2，则有19....Rxb2 20.Rc1（以牺牲兵为代价，占领开放线，并威胁21.Rc8+）20....Kd7，接下来黑方威胁21....Bxb1得子，白车也要从开放线上撤走，或面临黑方21....Rc8，在开放线上换车。

19.... Kd7

比王车易位更加积极。当前，棋盘上的子太少了，将杀威胁不太可能发生，因此黑王可以公开露面。随着兵力的每一次减少，王的力量则在不断提高，而且，作为一个具有战斗力的子，王需要冲向中心以协助攻击。同时，黑王的出动也为h8车的调动开辟出了一条新的路线。

20. Nxe4

白方唯一的希望就是尽快清空棋盘。

20.... dxe4

这步换子结束之后，一项调查显示了白方的局面有多差：

白象无法移动，造成两个白车无法联手。

中心的兵阵完全被固定住，无法移动。

所有的子，仍然停留在底线。

除了这些特定的局面特征以外，还有重要的一点是当一个车压到对方的次底线时（就像现在黑方这样），它会具有一些特殊的威力：

（1）它沿着所在的线路攻击所有停留在这条横线上的兵，使得这些兵很难被保护。

（2）对于已经离开这条横线的兵，它可以在这些兵的后面，保持对它们的压力，因为它们无论沿着所在的直线移动多远，都会遭到车的攻击。

（3）它控制了对方王的前进路线，使其无法参与残局阶段的争斗。

其寓意是：

在开局阶段，将车向中心移动，移动到可能会打开的竖线上。

在中局阶段，用你的车夺取开放线，并对其进行控制。

在残局阶段，将你的车压到对方的次底线上。要是能把两个车都压在对方的次底线上，则可以形成几乎势不可挡的将杀攻击。如果棋盘上所剩的子很少，则次底线会成为车从背后攻击敌兵的便捷路径。

21. Rb1

准备走22.b4，再23.Bb2，让这个象走出光明。

试图赶走黑车是没有用的。例如，在21.Kf1 Rhc8 22.Re2 Rxc1+之后，黑方得子。

21.... Rhc8

在开放线上叠车，可以将它们的威力增强一倍以上。

在这里，它们的力量是显而易见的。黑方的两个车消除了白方出象的微弱希望。白方的两个车现在都无法离开底线，除非把象先走出去。

22. b4

为象的出动腾出了b2格。

22.... R8c3

彻底击垮了白方的计划！针对23.Bb2，黑方可以走23....Rb3，两个车同时攻

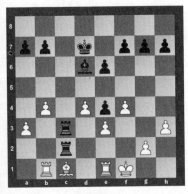

图23-7

击白象，迫使白方走24.Ba1，此时黑方可以走24....Rxa3赢得一个兵，接下来还威胁在次底线上叠车，这样的话，黑方会很容易取胜。

23. Kf1（图23-7）

白王向战场靠近，保护住自己的车。当白象离开底线的时候，这个车可以保护它。用国际象棋的语言进行表达，就是白方想走24.Bb2 Rb3 25.Re2（之前无法走出这步棋），此时所有子都至少获得了暂时的安全。

23.... Kc6

黑王加入到残局的争斗之中，沿着较弱的白格前进。

在类似的情况下，塔拉什的方法是："在安全的情况下，王必须尽可能地前进（在残局阶段），冲入敌方的阵营。在那里，它可以吃掉对手的兵，拦截对手的兵，并引导自己的兵升变。"

鲁本·弗恩清楚简单地说道："王是一个强大的子——必须用起来！"

24. Bb2

象努力出动，是不是为时已晚？

24.... Rb3

立即攻击这个象，迫使白方采取下一步行动。

25. Re2

显然，这是不丢a兵并保护象的唯一方法。如果改走25.Rec1，那么25....Rbxb2，黑方得子。

25.... Rxe2

黑方非常愿意换掉这个车，在残局中简化局面。现在，他拥有局面优势，他的子拥有良好的机动性，包括他的王，正在计划冲进对手的兵阵之中，在那里制造混乱。

26. Kxe2

白方吃回，威胁27.Rc1+ Kb5 28.Rc2，脱离苦海。此时，白象的牵制被解除，而白车（在29.Bc1之后）甚至可以利用这条开放线！

26.... Kb5

黑王简单地靠边就避开了将军。它直奔a4格，在开始破坏这一侧的兵链之前，牢牢控制住白方的后翼。

27. Kd2

白方的车和象无法移动，所以他只能来回走王，因为e兵需要王的保护。

27.... Ka4

在开始发动决定性攻击之前，黑方先让对手的兵陷入瘫痪。

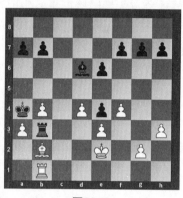

图23-8

28. Ke2（图23-8）

除了王翼兵之外，白方剩下的所有棋子都没有什么有意义的走法。

28.... a5!

正如我们看到的，作为进攻的先锋，兵是无懈可击的。它们几乎可以突破任何障碍。

此时，黑方威胁29....axb4　30.axb4 Kxb4得兵。

29. Kf2

若走29.bxa5，那么29....Bxa3，黑方不但吃回一兵，而且会赢得一象。另外，对于29.Kd2 axb4　30.axb4 Bxb4+　31.Kc2 Ba3，黑方可以交换掉所有的子，留有一个额外的通路兵，从而简单的取胜。

29.... axb4

第一个战利品。

30. axb4

否则黑兵会继续吃下去。

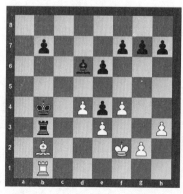

图23-9

30.... Kxb4（图23-9）

黑方并没有用车或象吃，因为无论怎么吃，白方都可以走31.Ra1+，借机从被牵制的被动局势中解脱出来。

31. Ke2

白方无可奈何，只能走这些等着。

31.... Kb5!

无论黑王移动到a线还是c线，都会给白车提供将军的机会。

黑方现在威胁走32....Ba3，对被牵制的白象施加双重的压力，进而得子。

32. Kd2

白王向后翼靠近，营救自己的象。

32.... Ba3

加强对白象的攻击力度，逼迫白方做出选择。

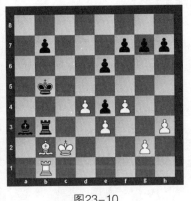

图23-10

33. Kc2（**图23-10**）

唯一的走法。

33.... Rxb2+!

将棋盘上的子清理干净，进入到王兵残局。额外多一兵，这是残局阶段最简单的赢棋方法。

34. Rxb2+

白方必须吃回。

34.... Bxb2

继续简化局面。

35. Kxb2

唯一的走法。

35.... Kc4

威胁通过d3格的路径去攻击王翼的白兵。

36. Kc2

阻止黑王的侵入。

36.... b5

通路兵必须向前冲！这是取胜的关键，白方如果不让黑王奔向自己王翼的兵，那么就不能阻挡这个通路兵的前进。

0-1

后续可能的走法如下：37.g4 b4 38.h4 b3+ 39.Kd2 b2 40.Kc2 b1Q+ 41.Kxb1 Kd3 42.Kc1 Kxe3 43.Kd1 Kf2，新的通路兵勇往直前去升变。

第三章

国际象棋大师讲解思路

让我们想象一下，当自己坐在一位大师级棋手身边，他正在对局中展现他的想法。我们会为对局过程的跌宕起伏而激动，陶醉在将看到的想法变为现实的快乐之中。我们能够看到他们是如何创造条件，为战术主题牵制、马的捉双、双重攻击、战术组合（当相似的机会出现的时候，我们总能注意到）的出现做准备的。

接下来的一些对局，并不是漂亮的焰火表演，也不以爆发式（有时是不可预测的）攻击为特征。它们可能并不似光辉耀眼般受人欢迎，但是它们确实展示了通过力量的铁腕控制，如何形成了条件，同时也展示了运用卡帕布兰卡所倡导的三条原则可以取得怎样的成就。这三条原则分别是：

（1）开局，快速、有效地出子。

（2）中局，子力配合。

（3）残局，准确而快速地行动。

这些对局，是实战中对卡帕布兰卡原则的精彩论证。

在我的书中，这些对局，都是非常精彩的。

卡帕布兰卡-马蒂森局（第24局），除了正常出子，白方什么也没做，但足以让你想出各种有趣的战术组合。令人印象深刻的是，所有的战术组合都对白方有利，直到形成一步杀的威胁，迫使黑方认输。这真是卡帕布兰卡留给我们的宝藏啊！

雅诺夫斯基-阿拉宾局（第25局），毫无疑问，是雅诺夫斯基下过的最精彩的一盘对局。他在d开放线上的子力部署，为形成通路兵创造了条件。而在堵截这个通路兵的过程中，黑方展现了在移动封锁方面的才能，不断用较弱的子替换较强的子。之后进入到了一个有趣的阶段，雅诺夫斯基的兵，像紧紧扼制对方喉咙的手指，牢牢地控制住第7线的黑格。最后阶段，出现了一个进攻线路不断变换的有趣局面，使得黑方为了防守来回走子。

"黑键练习曲"，可以作为伯恩斯坦-米塞斯的对局（第26局）标题。伯恩斯坦集中控制对手的黑格弱点，将子放置在对手阵地的这些空隙中。在王经过精彩的穿插之后，黑方的兵开始沦陷。然后，伯恩斯坦为通路兵的挺进，清理出了一条道路。

切克霍夫-鲁达科夫斯基局（第27局），是一盘不为人知的精彩对局。此对局将我们在本书前两部分讨论的主题（王翼进攻和后兵开局）完美地融合在一起。黑方没有冲兵…c5，结果被对手加以利用。切克霍夫在控制c线以后，限制并封锁了对方的c兵。当黑方子力集中在后翼的时候，切克霍夫突然转攻王翼，让他的对手陷入两翼防守的困境，更不用说中心的陷落了。黑方被迫挺兵…g6，结果削弱了f6和h6两个黑格。白后趁机抢占其中的一个弱格，之后开始了在王翼的一系列杀王威胁，最终在后翼吃掉了对方的后！

塔拉什-米塞斯局（第28局），这盘棋以塔拉什对不成熟进攻进行有力回击而闻名。他在开局阶段获得的先手被带到了残局，所以剩下的就是一个清晰的演示，把后翼多兵转化成通路兵。

马歇尔-塔拉什局（第29局），是一盘鲜为人知的对局，这是一场进攻天才与防守大师之间的决斗。局面型棋手的方法被证明是优越的，他对领土的不断获取把白方逼得走投无路。与塔拉什稳定积累局面优势相比，马歇尔的任何进攻似乎都是徒劳的。

接下来的三盘对局，主题分别是：制造一个通路兵，向前冲，然后获胜！在第一盘对局中（卡帕布兰卡-维勒加斯，第30局），白方准备牺牲他的后，虽然在多数的对局中，这是战术组合的一个高潮，但是在这盘对局中，却隶属一个大的战略部署，以此获得局面优势，形成对d线的控制，进而转变成后翼三兵对两兵的多兵优势。精湛的走法，将这种多兵优势转变成了一个通路兵。在重重包围之下，通过后再一次的牺牲，终于轰开了敌方的大门。

哈瓦西-卡帕布兰卡局（第31局），是积小胜为大胜，局面型弈法的一盘经典对局。卡帕布兰卡在后翼形成多兵优势以后，将其转变成了一个通路兵。他采用的方式是，先控制住开放的c线，然后利用对手的白格弱点，最后剩下的就是护送这个通路兵安全抵达升变格。

卡纳拉-卡帕布兰卡局（第32局），是一盘非常具有鉴赏性的对局。卡纳拉惊奇于自己能够在卡帕布兰卡面前，利用战术组合，用一个车换两个轻子。这真的是意外吗？很显然，卡帕布兰卡提前看到了这个战术组合，并比卡纳拉看得更远，看到了对手没有看到的地方。残局阶段，非常值得研究，展现出了一种在实战当中很少出现的"控制"主题。

有一个兵会升变为后，但是需要一双敏锐的眼睛，才能发现最终成功升变的是哪个兵。

鲁宾斯坦-马洛契局（第33局），是一盘精彩、综合性的表演。鲁宾斯坦在开局阶段的快速出子，让他获得了在中局阶段对中心的控制权，为残局阶段在王翼的进攻创造了条件。这盘对局最具吸引力的地方，莫过于鲁宾斯坦利用d5格对马、象、车、后的调动，它们轮流利用这个格子，作为侵入对方阵地的据点！

对局24

卡帕布兰卡 – 马蒂森

卡尔斯巴德　1929

尼姆佐-印度防御

1 d4

王兵开局给人的普遍印象是，它们提供了各种快速进攻的机会。在一些流行的开局中，可以通过弃子打开线路，制造战术组合，为了杀王而进行各种冒险。有时，这些战术能够成功，但是更多时候，使用这些开局的棋手会发现他们的进攻是错误的，在开阔的局面中，自己像对方一样危险。

在后兵开局中，理想是为了发展自己而奋斗。这种攻击并不是"拼死一搏"，而是子力调配的精打细算，尽快占据有利位置，投入战斗，发挥它们的最大作用，这样才能展现子力更强的攻击力，进而形成战术组合！难道将子简单地置于具有最大自由度、能够最大限度控制棋盘的位置上，子的动态威力就能发挥出来吗？对这些的了解会不会让局面型大师们压制自己的进攻本能，直到进攻时机成熟？

白方挺起d兵，是为了让所有子力能够快速地投入战斗。现在，其中的两个子可以自由登场，同时释放它们的兵占据了中心的区域。

1.... Nf6

正常的走法，将子走到了非常合适它的位置上，其目的是阻止白方在2.e4之后，获得更大的空间。

2. c4

这步棋包含多个意义：

（1）开始对d5格进攻。

（2）为发挥重子的威力，打开c线。

（3）为后提供斜线出动的路径。

（4）遏制黑方走2....d5建立中心兵，因为白方会应以3.cxd5，在交换之后，黑方在中心位置将不会留有兵。

2.... e6

为黑格象的出动腾开线路，并准备进行积极的防御。

3. Nc3

白方的目的显而易见，首先出动后翼的马，是为了支撑e兵的挺进。

图24-1

3.... Bb4（图24-1）

针对白方的意图，黑方通过牵制白马的方式予以回击。此时，如果白方走4.e4，黑方会应以4....N×e4，白方丢兵。

4. Qc2

这步棋包含两个目的：既可以在4....B×c3之后，走5.Q×c3，保持较好的兵形结构，也可以威胁再次进行5.e4挺进。

在开局有一个常见的概念，就是每一步棋，都存在一个"最佳走法"。人们相信，国际象棋大师们都会记住每一个最好的走法和它的应对方法。这种推理是似是而非的，也是显而易见的：数以百万的对局几乎没有完全重复的走法，这样的事实足以证明了这一点。

让我们考虑一下棋盘上的局面。除了对局的走法4.Qc2以外，至少还存在其他7种不错的选择，每一种都有棋手采用。它们分别是：4.Qb3；4.Bd2；4.a3；4.Bg5；4.e3；4.g3和4.Nf3。这些走法中，哪一种才是最好的？没有人能说得清楚。对于棋手来说，只有符合自己风格的走法，才是最好的，才会被自己所采用。

4.... c5

黑方以符合自己风格和性情的方式进行防御（或反击）。黑方立即走出了这步棋，与白方争夺中心的控制权。另外，这步棋还存在其他的目的：为后提供了更大的活动空间，打开c线，保护象等。

然而，对于黑方来说，还存在其他同样有效的走法，可以从中进行选择：4...Nc6；4...d6；4...d5；4...O-O和4...b6，这些走法适用于不同风格的棋手。

5. dxc5

最强势的走法，原因如下：

白方没有在吃兵中浪费时间，而黑方在吃回兵的过程中重复走子。5.dxc5导致d线打开，这对白方非常有利，因为白方可以用车占据d1格，在d线上对黑方施加压力，特别是对黑方落后的d兵进行威胁。

其他的走法，都不够积极。例如：在5.e3之后，黑方可以走5....d5解放自己；同样，在5.Nf3 cxd4 6.Nxd4 Nc6之后，白方失去主动权。

5.... Nc6

黑方在吃回兵之前，出动另一个子。

6. Nf3

在当前阶段，业余爱好者希望在某个地方发生点儿什么，开始寻找一些奇怪的走法。"在这个局面中一定存在着亮点！"而对于特级大师来说，在相同的情况下，他们更倾向于选择简单的走法。他知道如果能持续地让子投入战斗，就不需要去寻找制胜的战术组合。这些子会很自然地从当前位置调动到任何地方。

图24-2

图24-3

6.... Bxc5（图24-2）

再不吃回兵，可能会存在一些危险。

7. Bf4

更常见的走法是7.Bg5，通过牵制黑马，对黑方施加压力，但是在出子方面没有错误。这步棋虽然看起来没有什么威胁，但是这个象控制了一条很重要的斜线，并压制着黑方较弱的d6格。

7.... d5

全力挑战白方对中心的控制权。

8. e3

另一步稳健的走法，为f1象的出动腾开线路，并保护另一个象。

8.... Qa5（图24-3）

黑方发现了一个进攻机会，给白方制造一个c线孤兵，进而形成了一个局面的弱点，因此开始对白马展开攻击，但"这是一个无用的花招"，塔塔科维尔说，"这对卡帕布兰卡很难奏效"。

此时，黑方应该想一些办法，让白格

象投入战斗。例如：8....a6 9.Be2 dxc4 10.Bxc4 b5 11.Be2 Qb6（不能立即走11....Bb7，否则会有12.Nxb5）12.O-O Bb7。

9. Be2

这是另一步稳健的走法，但是要比表面上看起来的更有威力。这步棋实现了以下几个目的：

（1）通过调离底线，活跃了一个子。

（2）白象可以通过e2转到f3，攻击中心。

（3）腾空王翼的格子，可以尽快王车易位

（4）在王车易位之后，可以让底线的两个车产生联系。

9. Bd3? 的走法，虽然看起来更积极，但是会存在一些问题。一方面，黑方可以走9....Nb4，强制用马换象，这会使白方失去一个对中心有潜在控制的、有价值的子。为什么不先走9. a3，然后再出象到d3呢？因为在开局阶段，出子速度特别重要，不能浪费在没必要的走兵上。只有那些对出子特别重要的冲兵才值得走。另外，9. a3会削弱后翼的白格，这更证明了这样的走法是存在问题并浪费时间的。

图24-4

9.... Bb4（图24-4）

与白方常规、简单的出子相比，黑方在开局阶段将同一个象重复走了三次，就是为了给对手制造一个孤兵。从黑方并不顺畅的出子情况来看，这样的走法过于激进了。

与之相比，黑方更合理的走法是：9....O-O 10.O-O dxc4 11.Bxc4 Bd7，这样还能获得一个合理的局面。

10. O-O

这步棋不但让自己的王安全了，而且h1的白车离中心更近，可以快速对黑方造成威胁。当然，车尽可能去占领开放线，如果没有开放线，则可以尝试即将打开的线路。

10.... Bxc3

这个象已经重复走了四次，交换了只移动过一次的马！如此重复的走子表明了背后的策略一定是错误的。

11. bxc3

尽管形成了c线叠兵，但是白方却获得了以下的优势：

（1）白方以两个灵活的象对黑方的一个马和一个象。

（2）白方所有的轻子都投入了战斗，而黑方仍有一个象待在底线。

（3）白方的两个车已经相互协作了，并准备控制半开放的b线和d线。

（4）白王已经躲在了安全的角落，而黑王还暴露在空旷的中路。

（5）白后的位置非常好，与处在棋盘边线的黑后相比，对中心的作用更大。

（6）中心兵的交换（看起来无法避免），将会打开攻击的线路，这对出子占优的一方（当前的白方）非常有利。

（7）白方拥有局面的主动权。

11.... O-O（图24-5）

图24-5

图24-6

黑方要解决的问题之一，就是让王躲到安全的位置上。

如果此时出象，会有些冒险，因为在11....Bd7　12. Rab1（攻击b7黑兵）　12....b6　13.Bd6之后，白方能够阻止黑方短易位，并且威胁14.Rb5 Qa6　15.cxd5 exd5　16.Rxd5 在后翼的进攻会为白方赢得一个兵的优势。

12. Rab1（图24-6）

另一步巧妙的出子，普通棋手很难看出它的目的。他会说："浪费一个车去攻击一个有充分保护的兵，这有什么用？"

的确，这个兵是有保护的，但是黑方的象为了保护这个兵，无法出动。这就使得黑方迟早要被迫走...b6，否则自己底线的三个子会相互妨碍，非常不协调。但是，...b6存在一些问题，比如，黑后的后路会被切断，无法调到王翼保护黑王。另外，c6的黑马也会不安全，会失去b7黑兵的保护。

白方的出子简单朴素，却对黑方的后翼施加了非常大的压力，使得黑方的出子变得困难，同时为黑方制造了一个容易被利用的弱点。

12.... Qa3

黑方想出动白格象，必须先走...b6才行。但是这样走，会切断黑后的后退路线，使其陷入险地。例如：12....b6 13.Bd6 Rd8 14.Rb5 Qa6 15.cxd5 Rxd6（如果走15....exd5，白方则可以走16. Rxd5，闪击黑后，得兵）16.dxc6 Rxc6 17.Nd4 Rc7 18.Re5白方将得子，接下来，18...Qb7 19. Bf3 Nd5 20. Bxd5。此时如果黑方走20....exd5，则会遭到21. Re8# 的底线将杀。

图24-7

图24-8

13. Rfd1!（图24-7）

随着车移动到半开放线上，白方以最佳的方式完成了出子，每个子都在移动一步以后走到了最佳的位置上。当每个子都投入到战斗后，才会出现战术组合的迹象。

13.... b6

这步挺兵是为了出动象，但是失去了对c6黑马的保护，并削弱了马所在的位置。

此时，黑方走13....Qe7守住b兵，对出子也起不到作用，因为黑象不能出动到d7格，否则会阻挡黑后对兵的保护。黑方也不能走13....dxc4简化局面，因为白方14. Bd6，得子。

14. cxd5

进攻开始了！第一拳先破坏了黑方的兵中心。

14.... Nxd5（图24-8）

此时选择用兵吃，走14....exd5，是不好的选择，因为白方可以挺兵15.c4！。接下来如果黑方走15....dxc4，白方回应16.Bd6，白象同时攻击黑后和黑车；如果黑方保护兵，走15....Be6，则16.cxd5 Bxd5 17.Rxd5 Nxd5 18.Qxc6，白方一车换双子，子力占优。

15. Ng5!

好棋！直接威胁16.Qxh7# 将杀，同时还存在两个潜在的意图：逼迫黑方挺起其中一个王翼兵，削弱防御结构；为黑格象清出f6格，准备后续在大斜线上对黑方施压。

15.... f5

黑方还有另外两个选择：

（1）15....Nf6，可以避免挺兵，但是会被白方16.Bd6击双。

（2）15....g6，会使黑方王前的黑格成为弱格。

因此，黑方只能挺起f兵，阻挡白方的将杀威胁。但是这样走，不但削弱了自己的e兵，还让自己的象陷入了被动的防守。

16. Bf3!

这样的双象布局，可以沿着两条并行的斜线，发挥巨大的威力。

白方的主要威胁是：17.Rxd5 exd5 18.Bxd5+ Kh8 19.Bxc6，紧接着20.Bxa8，扫荡了黑方的大部分部队。

16.... Qc5

黑后快速增援岌岌可危的黑马。此时，还存在其他的防御方法：

（1）16....Nde7 17.Bd6 Qa5 18.Bxe7 Nxe7 19.Bxa8，白方会获得多一个车的子力优势。

（2）16....Nce7 17.c4 Nb4 18.Rxb4 Qxb4 19.Bxa8，白方会获得多子优势。

（3）16....Nxf4 17.Bxc6 Rb8 18.exf4，白方也会多子。

（4）16....Qxc3 17.Qxc3 Nxc3 18.Bxc6 Nxd1 19.Rxd1 Ba6 20.Bxa8 Rxa8，白方还是会多子。

黑方的实际走法，看起来避免了丢子，但是白方还有更巧妙的方法去得到黑马。

图24-9

17. c4!（图24-9）

这步棋看起来对黑马不构成威胁，因为兵被黑后牵制，不能吃马。但是在17.c4之后，这个兵可以被用来支撑18.Rb5的攻击，驱赶走黑后，然后再19.cxd5吃马。

现在，战术组合快要出现了。

17.... Ndb4

对后的反击。所有其他的防御方法都是无效的，例如：

（1）17....Nf6　18.Bd6　Qa5　19.Bxc6，黑方的双车被捉住。

（2）17....Nxf4　18.Rb5!（一步漂亮的过渡）18....Qe7（另一个选择18....Nb4 19.Qd2　Qxc4　20.Rxb4　白方得子）19.Bxc6　Qxg5　20.exf4，黑后遭到攻击，使得黑方无法营救a8的黑车。

（3）17....Nde7　18.Bd6　Qa5　19.Bxe7，白方会获得多一个车的优势。

图24-10

18. Qb3（图24-10）

白方必须移动后，但是19. Bd6的威胁，像达摩克利斯之剑一样，悬在黑方头顶之上。

18.... e5

不仅是因为没有其他的办法能够消除19. Bd6的威胁，还希望能通过在象的行进路线上设置障碍来遏制白方可怕的双象。

19. a3!（图24-11）

这步棋启动了漂亮的战术组合，让对局精彩落幕。白方最后通过弃后，制造了精彩的闷杀。

19.... Na6

其他仅剩的走法是19....exf4，这样的话，白方可以在20.axb4　Qe7　21.Bxc6　Rb8　22.exf4之后，轻松获得子力优势。

20. Bxc6

黑方如果走20....Qxc6吃回，将有：21.c5+ Kh8　22.Nf7+ Kg8（或：22....Rxf7 23.Rd8+ 白方强制将杀）23.Nh6++ Kh8 24.Qg8+! Rxg8 25.Nf7#!

图24-11

黑方看到了吃回之后的杀王过程，继续抵抗已无意义，于是将黑王推倒认输。

1-0

这盘精彩的对局，优美而精确。卡帕布兰卡自己的评价是："在这盘对局中，我只做了一点点的战术组合。"

对局25

雅诺夫斯基 – 阿拉宾

巴门 1905
拒绝后翼弃兵开局

1. d4

白方挺兵占据中心，主要有以下几个作用：

（1）将两个子释放出来。

（2）占据重要的格子。

（3）控制住e5和c5格，阻止对手将子走到这两个格子里。

（4）随时准备为自己其他的子占据e5或c5格提供有力的支撑。

1.... d5

黑方紧随其后，挺兵占领中心，阻止白方继续进兵2. e4。

2. c4

白方利用弃兵，诱使黑方放弃中心。

白方也在攻击黑方的d兵，其用意是消除黑兵对中心的控制。

2.... e6

这是一种巩固中心兵的典型走法。一旦白方走了3. cxd5，**黑方必须用另一个兵接替d兵**。不要用其他子吃回。避免吃兵的子遭到白方e兵的驱逐，让白方完全占据中心格。

例如：在2...Nf6 3.cxd5 Nxd5 4.e4 Nf6 5.Nc3之后，白方会完全控制住中心。

3. Nc3

比消极的3.Nf3更加积极，不但加强了对d5兵的攻击力度，而且控制住e4格，支援中心的战斗。

在后兵开局中，白方的一个目标就是尽力实现后续e兵的挺进。就像在王兵开局中，为了获取更大的空间，白方也会努力挺起d4兵。

3.... Be7（图25-1）

此时，常见的走法是3....Nf6。黑方改变行棋的顺序是为了避免黑马遭到牵制。

图25-1

图25-2

4. Nf3

白方进行简单的出子，将王翼马走到最合适它的位置上

4.... Nf6

黑方推迟出马，虽然看起来很好，走得很谨慎，但是除了出动王翼子，准备王车易位，黑方还能有别的选择吗？

5. Bg5（图25-2）

这着并没有形成有效的牵制，但在效果上有些相似，可以对马施加压力，同时会波及后面的象，甚至是在最后面的后。

5.... h6

对于白方的真牵制或假牵制，阿拉宾都不能忍受！黑方马上冲兵，攻击白象，就是为了迫使白方做出决定。

6. Bh4

客观来看，这是否是最强的着法并不重要。事实上，象的压力困扰着黑方，所以雅诺夫斯基有充足的理由保留这个牵制。

6.... dxc4

黑方打开局面，给自己的子提供更大的活动空间。但是这步吃兵也让黑方失去了对中心的控制。

7. e3

这是最简单的吃回兵的方法。f1象，将要吃回这个兵，同时还实现了出子。

7.... a6

准备在8. Bxc4后，挺兵8....b5，攻击白象，并为黑象的出动赢得先手。

8. Bxc4

现在双方子力相等，但是白方的前景更好：有两个比黑方更积极的子，在中心兵的位置也更好。

8.... b5（图25-3）

图25-3

图25-4

黑方冲兵的主要目的是为了给自己的白格象腾出b7格。

9. Bb3

没有人能说清楚，白象是走到这里更好，还是走到d3格更好。白象在b3格可以直指黑方的中心，但是退到d3格，可以控制关键的e4格，后续在黑方王车易位以后，瞄着黑方的王。

9.... Nbd7（图25-4）

当然，黑马不能走到c6格，否则会挡住自己的c兵。这个兵，会起到攻击白方中心并为黑车开线的作用，所以不能被挡住。

马的出动，看似不够积极，但是它支持着另一个马，而且还可以支撑中心位置...c5或...e5的挺兵。

10. Qe2

注意，一位职业棋手，在开始任何决定性的行动之前，是如何布置子力的。像后这样威力巨大的子，看起来并没有进行太多的调动，仅仅是脱离后排的一步简单移动就推动了出子。

还有两点：在对局的最初阶段，后的最理想位置是在自己的阵地里，例如c2或e2格。后脱离后排以后，可以使得双车彼此之间相互保护（在王车易位之后）。更激进的出子（通常是为了攻击孤兵）只会带来危险。

10.... c6

很难说清楚，黑方这步棋的想法是什么。他可能害怕白方挺兵11.d5，或者想为后提供一个后翼的出口。

无论如何，这步棋肯定不如10....c5，好不拖延地与白方争夺中心。

11. O–O

白方王车易位是进取的一着，让白车积极地发挥作用。

11.... O–O

黑方王车易位出于防御的目的，让黑王远离危险。

图25-5

图25-6

12. Rac1（图25-5）

车到达了c线，控制了白方在这个开局中的一个主要目标。

12.... Bb7

随着白格象的出动，黑方似乎解决了后兵开局的一个防御的问题，但是还没有脱离险境！

13. Rfd1

漂亮的着法！白车现在的位置非常好。在d线上给黑方带来的压力，使得黑方冲兵13.... c5显得非常危险，因为在14. dxc5开线以后，白车直指黑后。

13.... Rc8（图25-6）

黑方给予c兵更多的支撑，准备挺兵14....c5，这样可以打开局面，并在c线上引发激烈的争斗。

14. Ne5!

白方的子力配置非常协调，在对局中，每一个子都很积极。而相比较来看，黑子的机动性受限。

此时，白马的移动阻止了黑方自由地冲兵14....c5，因为在15.dxc5 Rxc5（15....Bxc5 16.Nxd7 黑马遭到牵制，无法吃回）16.Bxf6 Bxf6 17.Nxd7，白方得马，并同时攻击两个黑车。

14.... Nxe5

黑方试图通过换子来减轻压力。

15. dxe5

这步交换正是白方所希望的，他有机会沿着新开的d线进攻。换子以后的另一个好处是，白方制造了一个d6强格，为子力的入侵提供了一个坚实的据点。

15.... Nd5（图25-7）

黑马必须阻挡白车对黑后的攻击。如果走15....Nd7，则16.Bxe7（消除掉黑方对d6格的保护）16....Qxe7 17.f4，白方既可以让车牢牢地占据在d6格，并在d

图25-7

图25-8

线上叠车，也可以让马经过e4格，移动到d6格。

16. Bxe7

为了充分利用d6格，白方需要将保护这个格的黑象换掉。

16.... Nxc3

黑方摧毁掉将给自己带来破坏的白马。若16....Qxe7，白方则可以将马跳到e4，再跳到d6或c5格。

17. Rxc3

白方当然不能走17.Rxd8（也不能走17.Bxd8）17....Nxe2+　18.Kf1 Nxc1，黑方会多子。这样走以后，白方可以为在d线上叠车赢得一先。

17.... Qxe7（图25-8）

黑后吃回之后，双方在子力数量上相当，但是白方的局面略优。这样的优势，对于大师级别的棋手来说，足够演变成一场胜利吗？

白方具体的优势在于：占据了仅有的一条开放线，利用重要的d6格对黑方施加压力。

18. Rcd3!

相比较于看似合理的18.Rd6，这步棋更显强势。对于18. Rd6，黑方可以挺兵18.....c5，接下来白方如果走19.Rcd3，则有19....c4，黑方利用兵的击双得子。

白方叠车的走法，不但没有浪费时间，而且还威胁19.Rd7得子。

18.... Rfd8

在相似的情况下，弱势一方总会面临这样的困境，如果不能在每个点上与对手争斗、在每个重要的直线、斜线和格子的控制权上展开争夺，他会逐步被击退，直到被逼到角落。如果他时刻反击，在没有增加机会的情况下，也可以形成子力交换，进而简化局面。

在这个特殊的局面当中，黑方很难阻拦对手的双车，他面临着白方19. Rd7入侵次底线的威胁，也可以19. Qd2，在开放线上叠加三个重子。这样在开放线上聚集子力，会形成压倒性的力量。

19. Rd6!

白方在d6格稳固地放置一个子，彰显了对格子的控制权。

19.... Rxd6

否则，白方会紧接着走20. Qd2，继续加大对黑方的压力。

20. exd6

白方形成了一个通路兵，这会对对手产生巨大的影响。尼姆佐维奇特别强调"通路兵的欲望膨胀"，将它视为"一个应该被关押的罪犯"。

为了阻止通路兵的进一步挺进，黑方必须在它的前面安置一个子来封锁它。事实上，为了控制住这个兵，黑方必须要在剩下的子中调用一个。如果需要持续地戒备，使得这个兵无法行动，那么很明显，黑方只能疲于防守而无法进行反击。而相比较来看，白方则可以自由转换攻击的方向！

图25-9

20.... Qd7（图25-9）

这实际上是被迫的，黑方必须立刻封锁住这个通路兵。如果它再前进一步，可能形成致命的打击！看看以下的可能：20....Qd8　21.d7 Rc7　22.Qd2（威胁23.Qd6，再24.Qxc7，兵升变以后，白方足以取胜）22....c5　23.Qa5 Rxd7 24.Qxd8+ 白胜。

黑方当前的走法，阻止了通路兵的挺进，但是在对它封锁的过程中，黑方用的是后，一个最强的子！

21. e4

表明白方准备挺兵22. e5，支撑d兵，进一步压制黑方。这样，白方的子，就可以从对d兵的保护中解放出来，然后在棋盘上自由行动。

21.... c5

黑方为了出象，打开斜线，同时给自己的车提供了更大的活动空间。

如果为了阻止22.e5而走21....f6，则有22.Qg4，接下来：22...Kf7 23.e5 fxe5 24.Qf5+ Ke8　25.Bxe6 Qd8　26.Qf7# 黑方被将杀；或：22...Re8 23.Bxe6+ Rxe6 24.Qxe6+! Qxe6 25.d7，白兵升变无法阻挡。

22. e5

帮助这个d兵进入到可以发挥作用的下一个阶段：

最初，这个兵需要自己同伴的保护；然后，这个通路兵，成为了一个有根通路兵；最后（如果它实现了自己辉煌的成就），它将变成一个后。

22.... c4

回到清醒的现实中！黑方每一步都在与白方斗争，进而让对手疲于后翼的防守。

23. Bc2

尽管这个象被迫后退，却处在了一条更有威胁的斜线上。

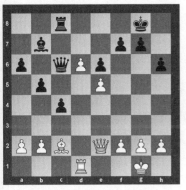

图25-10

23.... Qc6（图25-10）

黑方并不希望让自己最强的子被束缚在看管一个通路兵的事情上，所以通过杀王的威胁，转移白方的注意力。当白方应对将杀威胁时，黑方可以腾出时间转换封锁通路兵的子。

24. f3

这步棋终结了黑方在大斜线上的攻击，让黑后和黑象只能咬在坚硬的石头上。

24.... Qc5+（图25-11）

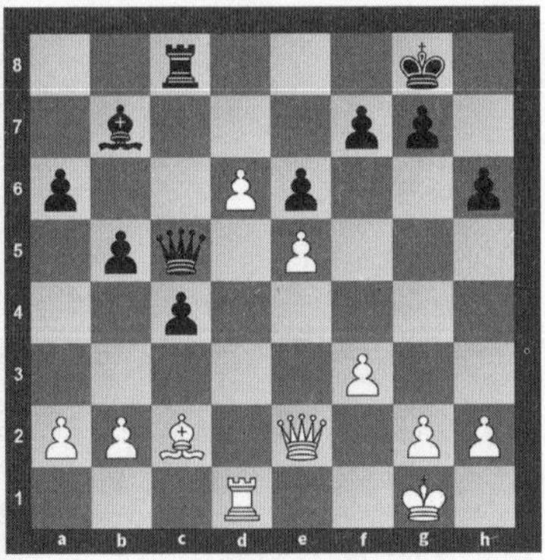

将军的主要目的是夺取黑格斜线的控制权，因为白方无法走25.Qe3。

25. Kh1

白方将后继续保留在棋盘上。显然，他希望通过直接进攻的方式取胜，而不是以25.Qf2换后的方式。

这样的选择是由下棋风格决定的，不是其他的原因。一个棋手，当遇到多种赢棋方法的时候，应该选择一种与他的性情和天赋相匹配的方法。在当前的局面中，我能想象，如果是鲁宾斯坦或卡帕布兰卡，会毫不犹豫地选择换后的走法，进而简化局面，因为他们对自己非常有信心，可以将微小但安全的优势转化为胜利。他们非常愿意将精彩留给其他大师。正是由于存在这些不同的技术风格，所以我们必须要感谢这些被创造的杰作，它们丰富多彩，值得回味。

图25-11

在25. Qf2之后，如果黑方避免换后而继续走25....Qxe5，白方则可以走26.Qb6 Bc6 27.Qxc6! Rxc6 28.d7，利用兵的升变，重新获得一个后，非常漂亮地赢得胜利。

图25-12

25.... Rd8（图25-12）

黑车接替了防御白方通路兵的任务。

26. Qe1!

好棋！白后既可以通过27.Qh4，威胁从王翼侵入，又可以通过27.Qa5，威胁从后翼侵入。

26.... Rd7

暂时把通路兵固定住，使其无法挺进。

27. h3

为白王提供一个逃跑的出口，以备不时之需。一旦白后和白车为了战斗而离开，自己的王不会在底线遭到出其不意的将杀。

27.... Bc6

另一次重新部署，这样黑车可以离开所在的位置，用象（更弱的子）来顶住白兵。

28. f4

准备走29.f5，进行突破，因为兵是极好的进攻工具，它们几乎能攻破所有坚固的堡垒，制造出足够大的缺口，以供其他子去入侵。

图25-13

28.... Ra7（图25-13）

黑车为象腾出d7格。

29. f5!

面对这步强有力的冲兵，黑方无法走29....exf5，否则会有30.e6 fxe6（如果不吃，则白方将在6线上拥有两个通路联兵）31.Qxe6+ Kh8（若31....Rf7，则32.d7，威胁升变）32.Qc8+ Kh7 33.Bxf5+，白胜。

29.... Bd7

黑方完成了防守子的更换。必须有一个子

充当封锁的角色，他将这项任务安排给了最不重要的子——象。

30. f6

白兵的连续冲撞，将强行在黑方的防御阵地上打开缺口。接下来，白方威胁31.Qg3（准备32.Qxg7# 杀王）31....g6 32.Bxg6 fxg6 33.Qxg6+，形成两步杀。

30.... g6（图25-14）

对于30....gxf6，白方可以利用对黑王的追杀，获取胜利。具体如下：31.Qg3+ Kh8（31....Kf8 32.Bh7 绝杀）32.Qf4 f5（或32....Qxe5 33.Qxh6+ Kg8 34.Qh7+ Kf8 35.Qh8#）33.Qxh6+ Kg8 34.Qg5+ Kf8 35.Qf6 Kg8 36.Rf1 Bc6（防止白方Rf3，再Rg3+）37.Bxf5 exf5 38.Rxf5 Be4 39.Rh5，之后黑王会很快被杀。

图25-14

实战走法之后，兵形结构的变化为白方提供了新的攻击目标。不过，他必须要保护好珍贵的e兵，因为它是两个高兵的牢固支撑。很明显，这两个兵的位置，可以使白方牢牢地控制c7、e7和g7。这些格子，都在对方的阵地里，离黑王又特别近，而黑方无法将子放在这些格子里。由于能调动的子非常少，所以黑方很难击退这些入侵者。

从这一点看，这场对局的取胜过程可以作为指导和观赏的典范。

31. Qg3

威胁32.Bxg6 fxg6 33.Qxg6+，紧接着快速杀王，获取胜利。

31.... Kh7

这是保护兵的唯一方式。如果选择31....g5挺兵，则会有32.h4，进兵强攻。

32. h4

黑方的g6兵被牵制，白方准备走33.h5，对其发动强攻。

32.... Qc8

赶紧把后调到危险区域进行支援。如果黑方走32....h5，尝试着阻挡白兵的挺进，白方可以走33.Qg5（威胁34.Qxh5+）33....Kg8 34.Qh6 再 35.Qg7#。

33. h5

集中火力攻击脆弱的地方。

33.... Qg8（图25-15）

图25-15

不能走33....Be8，虽然也在保护兵，但是会阻挡后的调动，因为后才是唯一一个足够灵活、能够抵御白方进攻的子，它可以从一个位置，快速移动到另一个位置。

34. Rd4

白方让所有的子都发挥出威力。在换兵以后，这个车可以调到h线或g线上。

34.... Be8

黑象支援对g兵的保护，这样可以将黑后解放出来，去保护白方的下一个攻击目标——h兵。

35. Rh4

接下来的计划是三步杀：36.hxg6+ fxg6 37.Rxh6+ Kxh6 38.Qh4#。

35.... Qf8

唯一可能的防御。

36. Rg4

漂亮的调动！白方的上一步引离了黑后对g兵的保护。现在，这个兵少了一个子的保护，白方调用了第四个子（车）来攻击它。

36.... Qg8（图25-16）

黑后撤回到原来的位置，加强防守。

37. Qe3!

威胁黑车，为白方的真正目的赢得了时间，那就是攻击棋盘另一侧的h兵。

37.... Rd7

黑车迅速逃离，但是无法支援对王的保护。

38. Rh4

更新并缩短了之前的杀王威胁：39.hxg6+

图25-16

fxg6 40.Qxh6#。

38.... Qf8

再一次，黑后转向保护h兵。

39. g4!

强大的兵团！白方将所有子力都投入到了战斗之中，现在威胁40.g5，紧接着41. hxg6+ fxg6 42.Rxh6+ Kg8 43. Qh3，这样可以轻松取胜。如果在40. g5之后，黑方走40.... hxg5，则会遭到41. hxg6++ Kg8 42. Rh8+ Kxh8 43. Qh3+ 黑王被杀。

39.... Kh8

黑方躲开g兵的牵制，并准备走40....g5 41.Qe4 Qg8。白方将很难突破黑方的防线。

40. hxg6

撕开保护黑王的兵阵。

40.... fxg6

两害相权取其轻，否则白方继续挺兵41.g7+，会是致命的。

41. Rxh6+

消灭掉黑王前的另一个防卫。

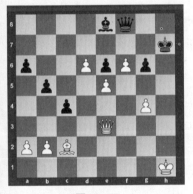

图25-17

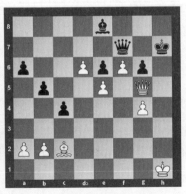

图25-18

41.... Rh7

如果走41....Kg8，则有42.Qh3，白方在开放线上叠加子力，势如破竹。

42. Rxh7+

当然不能走42.g5 Rxh6+ 43.gxh6，h线会被封住，对白方不再有用。

42.... Kxh7（图25-17）

白方只有一个可以挺进的兵，但是攻击并没有失去威力。

43. Qg5

现在，白方计划通过44. Qh5+（利用g兵被牵制的困境）44....Kg8 45.Bxg6进行渗透，破坏黑方最后的防线。

43.... Qf7（图25-18）

黑方避免换后，例如43....Qh6+ 44.Qxh6+ Kxh6 45.f7 Bxf7 46.d7，白兵可以顺利升变。

44. Qh5+

白方开始了最后的行动！

44.... Kg8

黑王被赶回去，失去了对g兵的保护。

45. Bxg6

白方牺牲一个子，为通路兵的前进创造条件，直接决定了最后的胜利。

45.... Qxg6

45....Qb7+的反击是徒劳的，因为白方可以简单地应以46.Kh2，白王看起来暴露在外，但是不存在任何的危险。

46. Qxg6+

1–0

在46....Bxg6之后，白方可以挺兵47.d7，轻松获胜。

整盘对局，完美地融合了清晰的局面型弈法和巧妙的进攻，开局简单明了，中局是进攻技术的典范，残局充满了艺术的美感。

对局26

伯恩斯坦 – 米塞斯

科堡 1904

西西里防御

1. e4

客观地看，1.e4是最强的开局走法之一。它在中心建立了一个兵，并释放两个子去战斗。对于一步棋来说，很难有更多的作用。

1.... c5

西西里防御是当前最流行的开局之一。黑方第一步的不足之处就是只释放了一个子，但它在某一方面与1....e5有相似的目的：控制d4格，并且对白方来说，无法挺兵d4，形成"两个并排"的中心兵。如果白方坚持走d4，黑方则可以回应...cxd4，与白方换兵，削弱白方的中心。

西西里防御是非常合理的的一种开局，会形成激烈的争斗，黑方的反击机会多，特别是对抗沉迷于王翼进攻的野心勃勃的对手。

黑方的目标是后翼的反击，为了达到这个目的就需要控制c线，弥补白方在中心和王翼的优势。

2. Nc3

正常出子，白方将一个子走到了能够对中心产生影响的位置上。但是这步棋，太平稳了！

此时，更积极的走法是2.Nf3，出动王翼的子（可以更快地易位），并准备挺兵3.d4，争夺中心，同时释放后翼的子。

图26-1

2.... e6（图26-1）

黑方的走法平淡却有效！为f8的黑象和黑后打开斜线，并准备在合适的时候，挺兵3....d5，占据中心。

3. Nf3

积极地出子，用一步就把白马放在了最合适它的位置上，增强对中心的压力，并能够更快地进行王车易位。

相反，如果挺兵3.d4，则3....cxd4 4.Qxd4 Nc6，黑方可以利用对白后的攻击，获得先手。

3.... Nc6

如果黑方走3....d5，白方则会应以4.exd5 exd5 5.d4，借此打开线路，这对出子更快的一方有利。在当前局面下，白方出动了两个子，而黑方却一个都没有。

4. d4

西西里防御的典型的突破方法，以此提高白子的移动能力。不但为c1象的出动打开了斜线，而且让白后获得了更大的活动空间。

图26-2

4.... cxd4

黑方用c兵交换了对手两个中心兵当中的一个。同时，为了发挥后和a8车的威力，打开了非常重要的c线。

5. Nxd4

通过这步吃回兵，白方把马调到了中心，增强了白子的攻击范围。

5.... Nf6（图26-2）

双方迂回地走到了西西里防御中的四马变

例。尽管子力位置看起来很传统，但是这一变例非常尖锐。

现在白方应该走什么呢？此时的选择，更多是基于棋手的风格、心境和性格，而不是其他的因素——这就是为什么国际象棋如此让人着迷。

白方可以选择简单地走6.Be3或6.Be2，有条不紊地慢慢推进，也可以大胆地走6.Ndb5，或谨慎地走6.a3预防牵制，还可以有耐心地走6.g3或6.Nxc6，致力于建立空间优势。

无论白方走什么，这步棋都能反映出他的个性。指挥部队活动的方式能够反映出这个人的思想、心境和天性。

图26-3

6. Nxc6（图26-3）

从换马的这着，可以看出白方更倾向于选择微弱的空间优势。让我们大致看一下以下的几种选择：

（1）6.Be3 Bb4（牵制白马，并威胁7....Nxe4得兵）7.Bd3 d5!，黑方克服了所有困难。

（2）平稳的走法：6.Be2（当然不能走6.Bd3，否则会丢马），也会遭到6....Bb4的反击。

（3）预防牵制的走法：6. a3，也不够好，黑方可以应6....d5，白方将失去主动权，在开局阶段，出子速度非常重要，不能浪费在走兵上面。

（4）连环马的走法：6. Ndb5，并不适合每个人，在6....Bb4 7.Bf4 Nxe4 8.Nc7+ Kf8 9.Qf3 d5 10.0-0-0之后，局面会非常尖锐复杂；或者在6....d6 7.Bf4 e5 8.Bg5之后，形成了比较尖锐的阿根廷变例。

当前走法的好处是黑方在用兵吃回以后，会挡住c线，失去西西里防御的一个主要的攻击路线。

6.... bxc6

比6....dxc6更好，一方面，可以更好地夺取中心。在当前的局面下，在中心形成兵阵，并且b线被打开，更能发挥a8车的威力。

另一方面，如果走6....dxc6，那么7.Qxd8+ Kxd8 8.Bg5 Be7 9.0-0-0+，黑方会连续承受白方的攻击。

7. e5

图26-4

不仅是为了驱赶f6的黑马，还可以加强对d6格的控制。

7.... Nd5（图26-4）

黑马向中心调动并不需要多加考虑，因为其他可行的位置仅有初始格g8。

8. Ne4

此时换马不会给白方带来任何好处。实战中的走法，可以对d6格继续施压。

8.... f5

不能让白马如此惬意！要么让白马离开，要么表明意图！

黑方也存在另一种防御方式：8....Qc7 9.f4 Qb6，使白方无法在王翼进行易位。

9. exf6

必须要让马停留在能够为白方发挥作用的位置上，就是占据关键的d6格。

9.... Nxf6

黑方不能用兵吃，否则10.Qh5+，将使黑王被迫躲避，从而无法进行王车易位。

10. Nd6+

强迫换子，给黑方留下一个"坏"象。由于黑兵所在的格子与黑象的颜色一样，所以这个象显得很无用。在己方兵的阻碍下，几乎没有出动的路径。

10.... Bxd6

另一种仅有的走法是10....Ke7，那会更糟。

图26-5

11. Qxd6（图26-5）

白方牢牢地挤压对手的空间。不仅封锁d兵，使黑方无法挺兵...d5，而且黑王不能通过易位躲到安全的位置上。另外，由于黑方的王翼象被换掉了，失去了对黑格的控制，所以黑方承受着白方在黑格上对其施加的巨大压力。

11.... Ne4

必须尽快将白后赶走，否则黑方会因为缺少足够的活动空间而被憋死。

如果走11....Qe7 12.Bf4 Qxd6 13.Bxd6 Ne4 14.Ba3!，黑方依然得不到缓解，此时白方俨然一只有力的手，紧紧按压着黑方。

12. Qd4

在撤退的时候，白后仍然向两个方向发起攻击，同时威胁黑马和g兵。

12.... Nf6

这是唯一能够避开两个威胁的走法。

13. Qd6

白方再次尝试，因为不愿意放弃这个有利的位置。同时，也在暗示，如果他愿意，可以通过重复走子，形成和棋。

图26-6

13.... Ne4（图26-6）

黑方不能让白后停留在d6格，延迟驱逐可能是致命的。

阿廖欣提出，此时黑方的困境并不是无法克服的。他提出了这样的建议：13....Qb6（黑方威胁14....Qxf2+ 15.Kxf2 Ne4+，得兵）14.Bd3 c5 15.Bf4 Bb7 16.O-O Rc8。

14. Qb4!

非常强势的走法！如果白后无法稳固地占据在d6，那么这里就是次佳的好位置。在b4格（尽管这个位置有些奇怪），白后可以攻击黑马，控制令黑王无法易位的斜线，同时还阻止了黑方出动a8车，占领打开的b线。

14.... d5

黑方保护黑马，并准备走15....Qd6换后。黑方的中心兵为自己的不利局面提供了一些补偿。

15. Bd3

很自然的一步走法，正常出子，并威胁16.Bxe4 dxe4 17.Qxe4得兵。

15.... Qd6

黑方主动换子，要么换掉有攻击威胁的白后，要么将白后从有利的位置上逼走。

16. Qxd6

白方更愿意简化局面，因为他仍然拥有一对强有力的双象，同时牢牢地控

图26-7

制着黑格。

16.... Nxd6（图26-7）

黑方对此次换子也感到满意：自己的两个车，可以占领开放线；在中心有一组兵，能够用来限制白象的活动范围。

17. f4!

"拥有显微镜般的观察力，这才是大师。"伟大的马克这样评价。

现在，e5格被白方控制，黑方的e兵无法挺进。这个兵不能移动所带来的影响就是黑方的象被限制住了，无法出动。

17.... a5

黑方必须做些什么，好让这个f6象投入战斗。这步棋的目的是准备出动象到a6格，然后与白方更有力的象进行交换。

18. Be3!

好棋！阻止黑方c兵的挺进，并将另外两个黑格d4和c5控制住。

18.... Ba6

黑方希望清除掉白方一个具有威胁的象。

19. Kd2!

在残局中，王是一个强有力的子，应该被积极地用起来。随着棋盘上子力的减少，王在暴露的情况下，受到将杀的危险性在降低，自己的战斗力却在提升。在残局阶段，王非常厉害，可以钻进对方的兵阵之中进行破坏。

这就是为什么，在当前的局面下，白王要向中心靠近，因为在那里，王的能力才会得到最大的发挥，而不是王车易位后所处的位置。

19.... Nc4+

黑方的计划显而易见：想用马换象，这将在棋盘上形成异色格象的局面，这种局面通常会形成和棋。

另一个值得考虑的选择是：19....Nb7，可以支持20....c5的挺进，进而获得强大的中心兵阵。

20. Bxc4

迫不得已的应对方法，因为黑方同时攻击e3象和b2兵。

图26-8

20.... Bxc4（图26-8）

让我们评估一下当前的形势：白象比黑象具有更大的自由度。由于很多兵在白格里，而这个颜色的格子又是黑象的活动范围，所以黑象的移动受到了很大的束缚。

白王离中心和关键的d4和e5格更近，在最后的战斗中，比黑王的位置更好。

黑方的中心，也是他对局的核心，将会被牢牢地控制住。他在这个区域拥有的三个兵将被固定住，无法移动。

21. a4!

封锁！a5兵的行进路线被堵死了，这个兵现在成了一个固定的目标，处在被Bb6攻击的危险之中。为了保证这个兵不会被吃掉（否则会让白方拥有一个通路兵），黑方必须始终用他的a8车来保护它。由于要保护兵，黑车无法发挥出应有的威力。

21.... Kd7

为了最后的斗争，黑方也让自己的王向中心前进。

现在，两个黑车相互保护，同时黑王奔向d6格，之后会支持e兵或c兵的挺进。

22. b3

白方攻击黑象，强迫它退到棋盘的边线位置。你会注意到，这个象的活动范围被两边白格内的兵给缩小了，而斜线上的这些格子，恰恰是黑象的行动路线。

22.... Ba6

对于这个不幸的象来说，这是唯一能到达的格子！

23. Bb6!

现在，对这个黑兵的攻击开始了……

23.... Bc8

……唯一的方法，只能继续退象！

24. Ke3

继续长途跋涉，奔向d4和e5，就像我们应该看到的，所有的攻击点都在

图26-9

北边！24．Bc5会更有力量，可以防止黑方24....Rf8反击。

24.... Ra6（图26-9）

24...Kd6支持兵推进的走法也不见得更好，因为白方可以走25.Kd4，将这个想法扼杀在摇篮里。

黑方最好的走法是24....Rf8，通过抢占开放线的方式，让自己的h8车投入战斗，进而制造一些反击。实战中的走法，进攻白象，成功将其从一个较好的格子上撵走——但却撵到了一个更好的位置上！

25. Bc5!

白方控制着棋盘上的每一个重要格子！白象阻止h8的黑车调到f8格，阻止a6的黑车移动到b6格，阻止黑王走到d6格，阻止d线黑兵向前挺进，压住c线黑兵使其无法移动！与白象控制的8个格子相比，黑象仅对一个格子产生影响！这种潜在威力的不同，在很大程度上为白方提供了更多的进攻机会，而黑方在防守的过程中，会陷入困境。白方每次获得或控制领地，都将造成黑方的空间越来越小。

25.... Kc7

黑王靠边站，将d7格让给黑象。

26. Kd4!

勒紧绳索！白王也在为h1车让开线路，准备出车控制e线。

26.... Bd7

黑方试图将象调动到王翼，例如走到g6格。

黑方的h8车看起来有了更大的活动范围，但有什么用呢？如果它走到了b8格（一条非常好的线路），那么接下来，在哪个位置进行渗透呢？在这条线上，它无法到达任何有用的格子。

27. Rhe1（图26-10）

比立刻用王占领e5格更有力量。白方准备

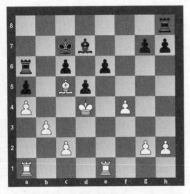

图26-10

通过这个关键格，让白车转移到g线上。将白车调过去以后，再将王走到e5格，加强对黑格的控制。

27.... h5

黑方准备用兵来阻挡白车在王翼的攻击威胁。

28. Re5

下一站是g5格。

28.... g6

封住路线，黑方准备坚固防守。

29. Rg5

白方攻击g兵，同时为白王腾出位置。

29.... Rg8

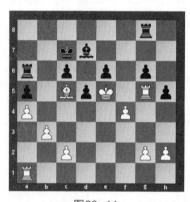

图26-11

黑方必须保护住这个兵，这当然比29....Rh6的走法更加灵活，因为那样的话，车将毫无机动性可言。

30. Ke5（图26-11）

沿着畅通的黑格，进一步渗透。接下来威胁31.Kf6 Be8 32.Re1（比32.Kxe6吃兵更强），再33.Rxe6吃兵。

30.... Be8

黑方放弃了e兵，因为无法守住所有的兵。此时，黑方存在一个小机会，如果白方走31. Kxe6，立刻吃兵，黑方则可以31....Bd7+ 32.Kf6 Bf5，进行一些抗争。

黑方这个可怜的象，非常不幸地被五个处在相同颜色格子里的兵所困住。

31. Re1

在做出决定性的行动之前，白方对黑方施加更多的压力。请注意，大师级别的棋手，在出击前，是如何让每一个棋子都投入战斗的。

31.... Ra8（图26-12）

为了重新投入到战斗之中，这个车回到了

图26-12

初始位置！

31....Kd7的走法，并不能达到满意的防守效果，因为白方可以走32.Kf6，闪开线路，用车攻击e兵。

32. Kf6!

白方完成了这个围攻计划。请注意，黑方在e6、d5、c6的几个兵的位置所造成的影响是使自己的所有子都受到了束缚。同时，白方可以利用c5、d4、e5和f6这些较弱的黑格，渗透进对手的关键位置。还请注意，这些黑格，就像"洞"一样，黑兵无法攻击位于这些格子里的白子。

白方并没有发动猛烈的攻击，也没有使用复杂的战术组合来完成他的目的，而是利用巨大的空间优势碾压对手。

32.... Bd7

对于之前的走法，黑方又进行了调整。接下来33.Rxg6 Rxg6+ 34.Kxg6 Rg8+ 35.Kxh5 Rxg2，黑方可以突然向对手发起反击。

33. g3

为了提防可能存在的反击，消除黑车突破的机会，白方在王翼构建了一个兵链。

33.... Rae8

黑方怎么走都无法改善他的空间，所以只能走一步等着。

34. Ree5

白方也可以走34.Rxg6，之后的赢棋过程并没有困难。但是他上了双重保险。首先封锁住e兵，彻底消除可能存在的反击！

34.... Rh8

图26-13

"只要能硬挺……"

35. Rxg6（图26-13）

首个实在的收益。剩下，将是有趣地展示获胜的艺术。

35.... Rh7

担心h线孤兵遭到威胁，黑方准备在h线叠车，加强对这个兵的保护。

36. Rg7

白方继续扩大空间。现在他已经侵入到了

对方的次底线。

36.... Reh8

黑方拼命地坚持着。

37. Rxh7

最简单的走法，细致严谨地获取胜利。在残局阶段，当一方拥有子力优势时，常见的策略就是换子，而不是换兵，要把它留到兵残局中。**只有兵的残局才更容易获胜。**

37.... Rxh7

黑方现在只少了一个兵，但这只是暂时的！

38. Kg6!

伴随着每一次换子，白王的力量都在增强！现在，白王威胁着黑车，并帮助攻击h兵。

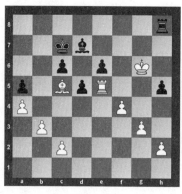

图26-14

图26-15

38.... Rh8（图26-14）

奇怪的是，在棋盘上，黑车只有一个格子可去！

白方现在吃掉h兵会获胜吗？

39. Kg7!

不会，绝对不会！如果走39.Rxh5？那么39...Be8+，黑方会吃掉车，多子获胜。即使是一个简单的残局，也很容易出错！

白方当前的走法，先将黑车从保护兵的位置上赶走。

39.... Rd8

黑车必须离开这条竖线，放弃这个兵。

40. Rxh5

现在，吃兵变得安全。

40.... Be8

希望将这个象调到王翼，然后攻击白方后翼的兵。

41. Rh7（图26-15）

白车抓紧时机，压在次底线，这是残局阶

段，车的最好位置。

41.... Rd7+

否则，白方会走42.Kf6+ Bd7 43. g4，兵的挺进无法阻挡。

42. Kh6

白王必须留在车的周围。

42.... Rxh7+

此时换车无法避免，所以黑方抢先交换，让白王远离h5格。如果黑象能够到达那里，可以给白方制造一些麻烦。

43. Kxh7

现在的局面，已经达到了白方的预期。白方的王翼兵，可以挺进，而黑方的兵，要么不能挺进，要么不敢挺进。

43.... Bh5

现在，黑象直插白方后翼兵的背后！

图26-16

44. h4（图26-16）

后翼的兵无法获救，所以白方开始挺进王翼的兵。

44.... Bd1

在长期被动之后，黑象开始威胁所有白方的白格兵，而且控制着（目前情况下）所有王翼兵的挺进。

45. c3!

为了自救，这个兵逃到了黑格里。

45.... Bxb3

黑方吃掉一个兵，但是不会牵扯白方的注意力，因为并没有构成真正的威胁。

46. g4

准备在46....Bxa4吃兵以后，对黑方予以回击：47.f5 Kd7（在47...Bc2 48.Kg6之后，h兵的挺进将畅通无阻；或：47....e5 48.f6 Kd7 49.f7白兵升变也无法被阻挡）48.f6 Ke8 49.Kg7白王护送兵升变。

46.... Kd7

黑王冲向王翼，拦截白兵。

47. g5

正如尼姆佐维奇所说："通路兵都渴望升变。"

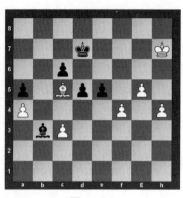

图26-17

47.... e5（图26-17）

最后的挣扎，也没有更好的防守方法。如果走47....Ke8，则48. g6 Bc2 49.h5 Bf5 50.Kg7，白胜势。

48. f5

最简单的走法，白方用三个通路联兵足以取胜。

48.... Bxa4

在48....Bc2之后，白方可以走49.Kg6奠定胜利，既保护了f兵，又为h兵的挺进让开了道路。

49. f6

是时候逼迫对手认输了，升变无法阻挡。在49....Ke8 50.Kg7之后，白王可以护送这个兵顺利升变。

1–0

这是一盘利用黑格弱点取胜的精彩例局。

对局27

切克霍夫 – 鲁达科夫斯基

莫斯科 1945

拒绝后翼弃兵开局

1. d4

在不冒风险的情况下，这一步棋比其他走法更有可能获得开局优势。

就像1.e4一样，同时释放了两个子，而且一个兵占据中心格。但它还有一些其他的好处：

（1）d兵有保护，非常安全，不会立即遭到攻击。

（2）白方的f2兵，不会像王兵开局中经常出现的那样，遭受威胁。对c5格的控制，使得黑方无法将他的黑格象走到c5，攻击较为脆弱的f2兵。

1.... d5

最简单的一种方式，预防白方下一步挺兵2.e4占据中心。

2. c4

后翼弃兵开局的典型走法。这个多面手的c兵可以做很多事情，其中有三件事与黑方争夺中心有关：

（1）形成子力交换，诱使黑方吃兵，用自己的中心兵与对方的侧翼兵交换。

（2）当时机到来的时候，威胁吃掉d兵，破坏黑方的中心。

（3）对d兵施加持续的压力，以至于黑方要一直对这个兵提供保护。

除此以外，c兵的挺进也会使c线保持畅通，为白方重子的出动清理出道路。同时，也为后在后翼的调动，开辟了一条路径。

2.... e6

黑方巩固中心兵的地位。面对白方3.cxd5吃兵的走法，黑方准备用兵吃回，从而在棋盘的中心保留一个兵。这是黑方最安全的防御方法，即使这步棋限制了自己c8象的出动。

3. Nf3

极好的一着，虽然它没有3.Nc3尖锐，对黑方d兵加强攻击压力，但是任何符合棋理的行棋方式，在后兵开局中都很适用：

尽快出动所有的子！

正如卡帕布兰卡所说，开局的主要原则就是：**"快速有效地出子。"**

3.... Nf6

黑方的马也奔向中心，控制住e4格，增强对d5兵的保护。

这是一种好的出子原则，先移动王翼的子，因为只需要出动两个子，就可以进行王车易位了。

4. Bg5

一步强有力的出子！白象的出动，犹如一只有力的手按压在黑马之上。这步棋没有形成直接的威胁，白方仅仅是"可能的威胁"而已。

4.... Be7

这是解除黑马牵制的正确方法。没有经验的棋手经常会急于走4....h6 5.Bh4 g5 6.Bg3，挺兵驱赶白象。之后会看到这个冲动行为所造成的后果，毁掉了王

图27-1

图27-2

翼稳固的兵阵。

5. e3（图27-1）

白方巩固自己的中心兵，并将白格象释放出来。

5.... O-O

黑方在出动后翼子之前，先将王移到了安全的位置。b8马，可以跳到d7格，也可以在白方中心遭到攻击的时候，跳到c6格。

6. Nc3

白方不存在这样的问题。他的后翼马能够跳到c3格，因为不会妨碍c兵的挺进和c线的打开。在c3格，这个马积极参与到了控制中心的战斗之中。

6.... Nbd7（图27-2）

在c兵挺起来之前，这个马不能跳到c6格，必须保持c兵移动的自由，可以进入到c5格，参与中心的战斗，也可以移动一格到c6，加强对自己中心的巩固。但是这个兵一定不能被...Nc6阻挡！

6....Nbd7这步出子，比表面看起来更强。黑方空间狭小只是暂时的，因为这个马，可以支持...c5 或...e5，解放子力，并攻击白方的中心。

7. Qc2

适合白后的格子！在c2，白后可以在几个方向上发挥它的威力：在半开放的c线和中心，阻止黑方走7....Ne4解放子力。因为像这样用强迫换子来摆脱压力的方式会遭到白方如下的反击：（在7....Ne4之后）8.Bxe7 Qxe7 9.cxd5 Nxc3（如果9....exd5，则10.Nxd5，白方赢得一兵）10.Qxc3 exd5 11.Qxc7 Qb4+ 12.Qc3，白方多得一兵。

7.Qc2的另一个好处是为后翼车腾出了d1格，这样可以在这条线上对黑后施加压力，从而阻止对手在中心制造突破。在中心换兵，可以清除掉一些障碍，增强白车在这条线路上的压力，直指对方的后。

7.... c6

为中心兵提供了坚固的支撑，并为后向后翼调动提供了一条路径。更尖锐的走法7....c5，与白方争夺对中心的控制权，在中心建立紧张的态势也许会更可取一些。延迟走...c5的风险可能是黑方再也没有机会反击白方的中心。

8. Bd3

白方出动了第5个子，直指黑方的王翼，并可以向任意一侧立刻进行王车易位。

8.... dxc4

黑方在吃兵之前，一直等待着白方移动他的f1象。否则，象吃回兵与出子会同时完成。黑方的意图是将d5格腾给自己的马，之后强迫换子，以解放狭小的空间。

然而，这样的选择表明黑方放弃了之前精心构建的兵中心。

图27-3

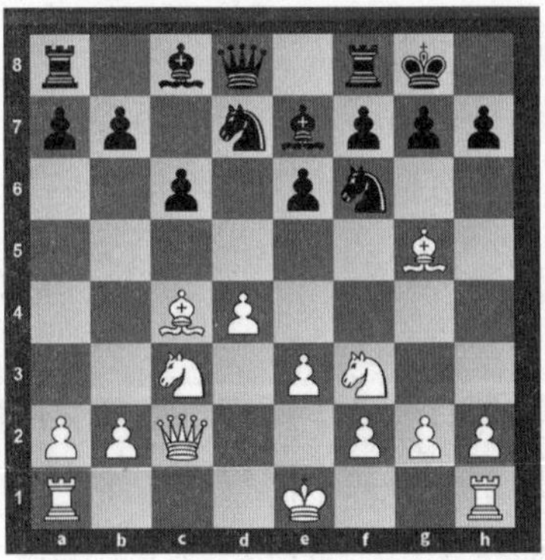

9. Bxc4（图27-3）

白方非常愿意接受换兵的结果，打开线路以后，子力的机动性增强了。

9.... Nd5

明显是为了逼迫白方换象。

10. Bxe7

比10.Bf4 Nxf4 11.exf4更好，因为会让白方形成一个d线孤兵。对于这个孤兵来说，本身没有太大的危险，但是它正前方的d5格却非常危险！这个危险在于，孤兵前面的格子会被黑方的子一直占据。**孤兵前面格子上的子永远不会遭到对手兵的驱赶。**

10.... Qxe7

吃回的正确方法，使黑后投入战斗。如果用马吃，则会让子后退。

11. O–O

白王移动到了更安全的一侧，同时让两个车相互保护。

白方的局势非常好，这都得益于简单直接地出子。

11.... b5

挺兵攻击白象，逼迫其后退。同时，黑方为出动自己的象赢得时间。

12. Be2

白象后退，但是没有退到d3格，因为会遭到12....Nb4的攻击，使黑方能够以马换象。白方想保留这个象，稍后调动到d3或f3格，拥有好的攻击前景。

【编者按：12.Nxd5 exd5 13.Bd3，可以轻松获得一个重要的兵】

12.... a6（图27-4）

保护b兵的常见着法，以此解放c兵，攻击白方的中心。如果黑方能够挺起13....c5，他将拥有一个非常好的局面。

图27-4

图27-5

13. Ne4!

发起攻击！白后威胁c兵，同时白马限制住了c5的挺进。白方的想法就是阻止对手一直想走的...c5，通过将子调动到c5格，彻底遏制住黑方。

13.... Bb7

黑方出动另一个子保护兵。

14. Ne5!（图27-5）

非常好的策略！在将子调动到c5格之前，白方先消除对这个格起到保护作用的一个子——在d7的黑马。如果白方立即走14.Nc5，那么14....Nxc5 15.Qxc5 Qxc5 16.dxc5，留在c5格的会是一个兵，这与一个子占领这个格子的效果完全不同。因为一个兵不能移动，基本上无法限制对手，而一个子，可以在各个方向发挥威力，对对手在周围整个区域的棋子调动，产生可怕的限制作用。

14.... Rac8

出动另一个子去保护这个遭到对手两个子攻击的兵。

黑方并不希望走14....Nxe5 15.dxe5进行交换，因为白方可以将剩下的马牢牢地固定在d6格，然后将白后侵入到c5格，彻底压死黑方。

15. Nxd7

消除黑方保护c5格的一个子……

15.... Qxd7（图27-6）

图27-6

……将另一个子调离！

16. Nc5!

随着对这个格子的控制，白方获得了战略上的决定性优势。剩下需要做的，就是利用他的空间优势，将其转化成真正的胜利。而这一取胜的过程，则是国际象棋最具魅力的部分之一。

16.... Qc7

黑后和黑象同时遭到攻击，所以黑后只能留在黑象的身边。

17. Rfd1

大师们的实践证明，当双车控制住开放线以后，可以最有效地发挥出威力。

假如没有开放线呢？那么应该把车放在半开放线，或者即将被打开的线路上。

假如上述情况都不存在呢？那么应该把车调到中路，在中心的竖线上，给对方施加压力。

但是车，必须要出动！

17.... Rcd8

黑方这步棋，出于多种原因：

这个车在c线上没有前途，因为c6的兵妨碍了它的移动（这个兵几乎也没有什么前途）。

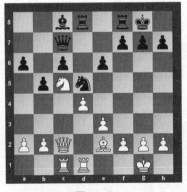

图27-7

车为象腾出c8格。象不能一直待在b7格，因为会被c兵阻挡，同时也需要后的保护，连累后被束缚。

18. Rac1

白方继续沿着自己的战略方向推进，加强c线压力。附带的威胁是19.Nxb7 Qxb7 20.Qxc6，得兵。

18.... Bc8（图27-7）

黑方避开19.Nxb7的威胁，并将黑后从对黑象的保护中解放出来。现在，他可以考虑走19....e5，利用兵的突破，发动一些反击。

19. Qe4!

白后的精彩调动，既阻止了黑方挺兵19....e5（此时再挺兵，则会被轻易地吃掉），又准备转变方向，在王翼发动进攻。

19.... Nf6

这个马——王车易位之后最好的保护者，退回到了f6的位置，顺便对白后发动攻击。

对于黑方其他的着法，白方可以走20.Bd3，威胁21.Qxh7#杀王。这会迫使黑马撤退，或者挺起王前的一个兵，导致兵形削弱。

20. Qh4（图27-8）

白后躲开黑马的攻击，并转向王翼，准备发动对黑王的攻击。

图27-8

20.... Qa5

黑方尝试在后翼发动反击，以此牵扯对手的注意力。此时，黑方几乎无法加强王翼的防守，任何一步挺兵，都只会造成抵抗力的削弱。之前计划的20....e5中心突破，也是有风险的。至少要面对21.Qg3的牵制。

21. a3

挽救a兵最简单的方式，也能阻止黑后走到b4格。

21.... b4

希望搅乱白方的后翼，并进一步威胁22....bxa3。

22. a4（图27-9）

白方避免任何交换，让黑后无法侵入自己的领地。

22.... Nd7

尝试摆脱白马的束缚，因为这个马封死了后翼。如果等待时间太长，白方则会走23. Bd3，紧跟着24. g4（驱赶保护将杀的黑马），

图27-9

全力发动进攻。在黑方被迫应以24....h6之后，白方可以走25. g5，强迫换兵，打开g线。然后，白方可以将王走到h1格，把车调到开放线上，发动进攻。面对这样的进攻威胁，黑方很难坚守。

23. b3

保护a兵，从而解除这个马的任务。

23.... Nxc5

几乎没有什么更好的走法。23....e5的尝试，将遭到24.Nxd7 Bxd7 25.Rc5 Qc7 26. Rxe5，白方可以赢得一兵。

24. Rxc5

换马的结果，让白方的另一个子取而代之占领c5格，继续保持对这个格子的控制。

图27-10

24.... Qb6（图27-10）

比24....Qc7的走法更好，否则会遭到以下的攻击：25.Rdc1 Bb7（同时保护c兵和a兵）26.a5（通过阻止26....a5，彻底孤立b兵），紧接着威胁27.R1c4，再 28. Rxb4。

25. Rdc1

在开放线上叠车，使对手在这条线上承受双倍以上的压力。白方直接威胁26. Rxc6吃兵。

25.... Bb7

黑象同时保护两个白格的兵，但是这个象，几乎不能再做任何的移动。

机动性这个话题，非常有趣。虽然子拥有更多的活动空间，就会拥有优势的这个原则，并不总是对的，但是除了一些特殊情况以外，这条原则在实战中还是非常适用的。毫无疑问，能够自由活动，并且未遭到攻击的子，不仅在其所占据的位置上具有更大的攻击能力，而且还能控制和限制对手子力的移动。除此以外，它们还能轻松地到达棋盘上的其他位置，这就看出了子能自由移动所具有的优势。

让我们比较一下双方的子能做出的所有移动。我们不评估它们的价值，无论是好坏，还是相同点，我们只看它们的活动范围。

白方		黑方	
王	2	王	1
后	12	后	5
c1-车	8	f8-车	1
c5-车	11	d8-车	8
象	9	象	2
总数	42	总数	17

白方子力的有效性，是黑方的250%！在机动性（以及攻击能力）如此悬殊的情况下，黑方还能继续坚持多久呢？

26. a5

这步棋的目的是为了孤立黑方的b兵，顺便将黑后逼回到次底线。

图27-11

26.... Qa7（图27-11）

对于另外的走法26....Qc7，白方既可以继续在王翼布置子力，也可以通过27. Bf3 Rd6 28. R1c4 再29. Rxb4，在后翼赚得一兵。赢得这个兵，白方既不会被削弱攻击力量，也不会被削弱对局面的控制。

27. Bd3!

现在，后翼已经封闭住了，白方将注意力转向王翼，并在下一步威胁杀王。黑方能够很容易地解除这个威胁，但是需要移动王前的一个兵，并因此形成一个永久的、不可补救的弱点！

27.... g6

如果走27....h6，则会遭到28.Qe4的威胁，强迫黑方继续挺兵28....g6，此时黑方的两个兵都移动过了，接下来白方可以继续走29. Rh5 Kg7（如果29....gxh5，则30. Qh7#；或29....Kh7 30.Qf4 强攻h6兵）30.Qe5+ f6（如果30....Kh7，则31.Qg5，形成双牵制，威胁杀王）31.Qg3 g5（如果31...f5，则32.Qe5+ Kh7 33.Qc7+ Kg8 34.Rxh6）32. Rxh6! Kxh6 33. Qh3+ Kg7 34. Qh7#。

如果白方不想在战术组合方面投入精力，一个更简单的方式是继续保持压力，然后施加更大的压力！例如，在27....h6 28.Qe4 g6之后，白方可以不走29.Rh5，而是挺兵29. h4，威胁30. h5，破坏黑王前的兵阵。如果黑方应以29....h5阻挡白兵的挺进，白方既可以用他的车吃掉h线黑兵，也可以走30. g4 hxg4 31. h5，继续冲击。

实战走法之后，黑方在黑格上存在一些弱点，阵地上出现了很多空洞。

图27-12

28. Qf6!（图27-12）

在黑方挺兵...g6以后，白后牢牢地占据着其中的一个空洞。像f6或h6这样由于旁边兵挺起而形成的空洞，是无法保护的格子。这些格子非常弱，因为它们不再受兵的控制，很容易遭到敌方子的侵入。敌方的子可以舒舒服服地占据在这些空洞内，不会遭到对方兵的攻击。

现在，白后在王翼已经占据了有利的位置。白方的计划是：他将挺起h兵到h4、h5、h6，然后威胁Qg7#。如果，这个兵在走到h5的时候被吃掉了，白方可以立刻用车进行将杀。

28.... Rd6

黑方腾开d8格，这样黑后能够及时撤回到这个格与白方换后。例如：29. h4 Qa8 30. h5 Qd8，白后只能离开f6格，放弃对黑王的将杀威胁。

图27-13

29. Qe7（图27-13）

攻击暴露在外的黑车，这样黑方就需要全力以赴地抵挡持续不断的威胁。黑方现在存在三个问题，每一个都在棋盘上的不同位置。

（1）在王翼，必须防守存在的将杀威胁。

（2）在后翼，必须从白方的压制中，将自己解放出来。

（3）在中路，必须营救落单的子。

29.... Rfd8

如果改走29....Qb8，则30.Be4 Rc8 31.h4 Qc7 32.Qf6 Qd8 33.Qxd8+，紧接着34.Bxc6 或 34.R1c4，白方都可以轻松取胜。

30. h4

白方仍然力争h5，h6，再Qf6，形成将杀。

30.... R8d7

必须驱逐白后。黑方不会走30....R6d7，因为他想将底线和d8格留给自己的后。

31. Qf6

将杀的危险变得更加严重！

图27-14

31.... Qa8（图27-14）

只有撤退，黑后才能赶过去营救黑王！

如果黑方走31....Rd5，阻止32.h5，白方则可以走32.Be4，先击退这个车，再继续挺兵。

32. Be4!

没有马上走32. h5，因为黑方可以应以32....Qd8。在实战着法（顺便阻止32....Rd5）之后，面对黑方的32....Qd8，白方可以在换后以后，吃掉c兵，在不出意外的情况下，轻松获胜。

32.... Qe8

希望引诱白方草率地走33. Bxc6吃兵，这时黑方可以走33....Bxc6 34. Rxc6 Rxc6 35. Rxc6 Rxd4，吃回一兵，存在反击的机会。

33. h5!

每一步进兵，都会增加黑王的危险。这个兵朝着h6格挺进，在那里它会牢牢地占据黑方的另一个空洞。

图27-15

33.... Rd8（图27-15）

车后撤，这样c兵就可以得到黑后的额外保护。

黑方一直疲于防守两翼的威胁，这个情况，为白方下一步的行动提供了线索，可以给黑方造成无法解决的问题（最难面对的问题）。

34. Bxc6!

吃掉这个明显受到充分保护的兵。不过，

正如我们将要看到的，其中的一个保护者起不到保护的作用。因为黑后不仅要保护着这个点（c6兵）和d8的黑车，而且还要密切注意将杀威胁。

34.... Bxc6

黑方必须换掉象，否则会丢子，因为两个子同时遭到了攻击。

35. h6!

一步过渡的着法，威胁立即杀王。

35.... Kf8

对于另外的防御方法35....Qf8，白方可以按照以下的方式取胜：36.Rxc6（威胁37.Rxd6 Rxd6 38.Rc8 Qxc8 39.Qg7#）36....Qxh6 37.Rxd6 Rxd6 38.Rc8+，黑方不得不丢后。

36. Rxc6

白方吃回，并威胁37.Rxd6 Rxd6 38.Rc8 Qxc8 39.Qh8+，得后。

36.... Rxc6

没有太多的选择：如果黑方走36...Qd7（对于37.Rxd6，可以走37....Qxd6），则会37.Rc7 Qe8 38.Qg7#。

37. Rxc6

白方吃回车，并准备走38.Rc7侵入次底线。这样可以限制黑王的逃跑，并威胁用后将杀。

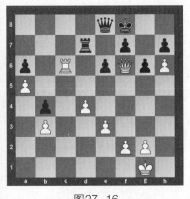

图27-16

37.... Rd7（图27-16）

走37....Qxc6也无法脱困，因为白方可以走38.Qxd8+ Qe8 39.Qd6+ Kg8 40.Qxa6 Qe7（否则会遭遇41.Qb7，立即取胜），41.Qb6，形成一个无法阻挡的通路兵，在残局中赢得胜利。

38. Rc8!

利用毫无保护的车攻击黑后。一个相当不错的走法，但是一些空谈家可能会指出，白方错过了一个精彩的机会，例如，38.Qg7+ Ke7 39.Rxe6+! Kxe6 40.Qe5#。许多棋手会看到比实际对局更快或更有艺术性的赢棋方法，他们会陶醉于自己发现了大师们忽略的一些东西。大师们没有看到这些更简短的赢棋过程，是因为他们一开始就没往这方面想！他取胜的那一步，是他早就预见到的，并在发动最后的战术组合之前，进行了全面的分析。一旦一系列强制性的走法都完成了，他就没有理由浪费时间去寻找其他可能取胜的走法。战术组合的分析和计算，需要时间，而仓促冒险的捷径，也可能存在漏洞。其道理是：**以最简单的方式，走出能够取胜的棋，将精彩留给阿廖欣和凯瑞斯。**

38.... Qxc8

当然，38...Rd8 39.Rxd8也无济于事。

39. Qh8+

1–0

赢得一个后和这盘对局。

白方的精彩之处在于他从来没有放松对这盘对局的铁腕控制。一个显著的特点是，除了一个英勇的小兵b4，黑方的其他子力都没有跨过4线，进入到白方一侧的阵地！

对局28

塔拉什 – 米塞斯

哥德堡 1920
斯堪的纳维亚防御

1. e4

在140多年前《冬夜的国际象棋》这本畅销书中，关于1.e4 比1.d4更具优越性，阿涅尔提出了一个有趣的观点："将d兵挺进两格，会让后有两个格子的活动空间，让c1象有五个格子的活动范围。但是挺进1. e4，会让后四个格子的活动空间，让f1象有五个格子的活动空间。因此，你可以看到，以e兵挺进两格来开始对局是最可取的走法。这步棋的可取之处，还有一个原因，就是这个兵占据了棋盘中心的一部分。在其他兵或子的支持下，两个兵并列在e4和d4格，一定会被视为最好的战斗位置，并倾尽所有的力量，将这种局面保持住。"

1.... d5

第一步棋，黑方就尝试拔除白方占据中心的兵。为了获取主动权，黑方甘愿冒一些风险。事实上，黑后为了吃回兵而过早地投入战斗，这种情况是非常危险的，因为这个后，会在棋盘上遭到白方轻子的追击。

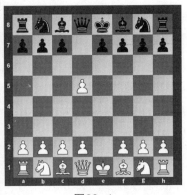

图28-1

2. exd5（图28-1）

最简单的，就是让黑方保持他的步伐。其他的走法2.e5 和 2.Nc3，都过于平淡，不会给黑方带来任何的麻烦。

2.... Qxd5

黑方也可以走2....Nf6，避免出动黑后，但是后续的走法3.d4 Nxd5 4.c4 Nf6 5.Nf3 Bg4 6.Be2，会给白方留有一个非常好的兵中心和更好的发展前景。

3. Nc3

出动白马，利用对黑后的攻击，获得先手。

黑方防御系统的一个弊端是他的后，会遭到对方轻子的骚扰，却不能反过来攻击它们。例如，黑后不能威胁吃掉这个有保护的白马，因为这等同于为了马而放弃掉自己的后。但是马却能攻击并威胁吃掉黑后，无论黑后是否有保护。

3.... Qa5

这步棋，在斜线上对白王施加压力，比被动的3....Qd8撤退更可取。然而，不管怎样，黑方都将后移动了两次，没有出动其他的子。

初学者喜欢一有机会就进行将军，这可能会导致以下情况：3....Qe5+ 4.Be2 Bg4 5.d4 Qe6 6.Be3 Bxe2 7.Ngxe2 白方出动了三个子，而黑方只有一个，还是一个位置较差的后。

4. d4（图28-2）

再次占据中心。占据d4的兵，攻击e5格和c5格，并起到进一步释放c1象的作用。

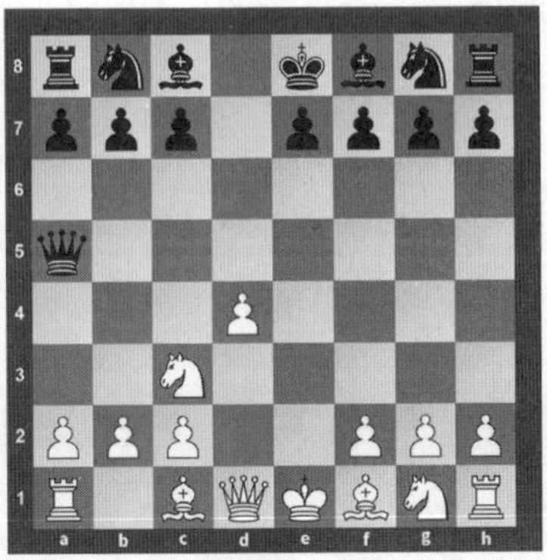

4.... e5

黑方再次猛攻白方的中心！

5. Nf3!

远强于5.dxe5，黑方可以走5....Bb4。此时，白方对于这个兵的挺进，多了6.Nxe5的威胁。

5.... Bb4

黑方并没有保护这个兵，而是加强火力攻

图28-2

击白方被牵制的马。他不会选择走5....exd4 6.Qxd4，因为这样只会加快白方的出子。

6. Bd2

下棋就是这样简单！白方出动了第三个子，同时减轻马的压力。

白方威胁7.Nxe5。对此，黑方走6....Nc6也无法防御，因为白方可以7.a3 Bxc3 8.Bxc3攻击黑后，并获得对手的e5兵。黑方如何应对这个威胁呢？

6.... Bg4

答案是：再利用一个牵制！表面上看，黑方对常规的防守方法不感兴趣，对正常出子也是一样。他想让他的子冲出阵地就能投入战斗。如果这样的策略是正确的，那么出子原则将会变成什么？——什么才是大师们手中的最厉害武器？

到目前为止，黑方已经违反了合理的出子原则，例如：

（1）后过早地出动。

（2）在开局中，同一个子移动了两次。

（3）在出马之前出动了象。

（4）在完成出子之前，就开始发动攻击。

问题是：他能够逃脱掉这些不利因素吗？

7. Be2

白方继续出子，出动另一个子，并解除f3马的牵制，使得8.Nxe5的威胁，变得更加尖锐。

7.... exd4

图28-3

黑方实际上是被迫进行换子，即使这会让白方占据有利的位置。但是除此以外，他还能做什么呢？如果走7.... Nc6保护e兵，那么在8. a3之后，黑方会再次陷入被动，例如：8....Bd6 9. b4 Qb6 10. Na4 黑后会被捉死；或8....Bxc3 9. Bxc3 Qd5 10. dxe5 简单的丢一个兵。

8. Nxd4

吃回，并攻击黑方的g4象。

8.... Qe5（图28-3）

黑方的回应是牵制住e2白象，并攻击缺少

保护的d4马。黑方拒绝走8....Bxe2换子，因为9. Qxe2+，让白方再得一先。

9. Ncb5!

突然之间，白方变得咄咄逼人！保护暴露的马，攻击黑方的b4象，并威胁10.Nxc7+ Qxc7 11.Bxg4得兵。所有这些，都是为了形成进一步的子力交换，以此加快出子的速度，为自己赢得更多的时间。

9.... Bxe2

黑方被迫进行一系列的子力交换，这会让自己所有出动的子都从棋盘上消失。

10. Qxe2

吃回并牵制黑后，强迫对方换后。

10.... Bxd2+

这个象也必须换掉，否则在10....Qxe2+ 11.Kxe2 Bd6（保护c兵）12. Nxd6+ cxd6 13. Nf5 之后，白方可以多得一个兵。

图28-4

11. Kxd2（图28-4）

这样吃回对白方有利，因为可以让白王在残局阶段更靠近中心，并为车的出动清除掉最后的障碍。现在，两个车可以进入到重要的中路开放线上。至于白王，一旦两个后离开了棋盘，它就不再危险，而黑方又没有办法阻止换后！

11.... Qxe2+

延迟换后是危险的，因为白方威胁走12. Nxc7+ 得车。

12. Kxe2

很自然的走法，白方用王吃后，而不是用已经占据中心的马。

塔拉什本人认为，此时他赢定了：他领先了5步棋——王领先了1步，每个马各领先了2步。

12.... Na6

一步较差的出子，但是这步棋保护了c兵，并促进了后翼的王车易位。如果走12....Kd8，那么黑方a8车的出动会很困难。

13. Rhe1!

非常有效的一着，阻止了黑方王翼出子。如果黑方走13....Ne7，那么14.Kf3，白车牵制黑马，黑王因为要保护马而受到束缚。另外，对于13....Nf6，则有14.Kf3+ Kf8，黑方h8车会被长期关起来。

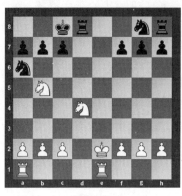

图28-5

13.... O-O-O（图28-5）

黑王快速逃离（同时调出了一个车），躲开了滞留中心所面临的白车骚扰。黑方能从不利的局面中解脱出来吗？

14. Nxa7+!

令人吃惊的战术组合。战术组合总是出现在已经确立优势地位的棋手身上。它们不会偶然出现，而是一种有序、有条理行棋的逻辑结果。

表面上看，白方的吃子并不可靠，因为两个马会同时遭到攻击，而其中的一个马很明显会被吃掉。

14.... Kb8

黑王攻击一个马，黑车攻击另一个。这两个马如何逃脱呢？如果走15.Nab5，则会遭遇15....c6，黑方得子。15.Ndb5 c6，也是一样的。两个连环马之间的相互保护，在受到兵的攻击时，显得无能为力。

15. Nac6+!

关键点在这儿！白方将用双马换取黑方的一个车和两个兵。这次交换，在子力方面对白方有利，而且白方还获得了其他优势，我们将会看到这一点。

15.... bxc6

黑方没有选择，因为走15....Kc8，会被对手以一个马换得一个车和一个兵。

16. Nxc6+

白方继续他的战术组合。

16.... Kc8

只能这样走，将吃掉黑车的白马吃回。

17. Nxd8

吃掉黑方最具威胁的子。在自己的马被吃掉以后，白方两个子对黑方三个子，但是这两个子，是充满活力的两个车，可以在整个棋盘上纵横驰骋，而黑方的子中，有两个在角落里没动，一个在较差的边线上。

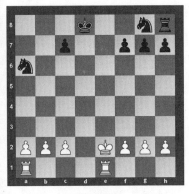

图28-6

17.... Kxd8（图28-6）

黑方的任务仍然是出动王翼的子，同时避开后翼的威胁。在后翼，白方三个兵对一个兵，那么，在换兵之后，剩下的两个兵就畅通无阻了。

黑方不得不面对后翼两个通路联兵的挺进。

18. Rad1+

争取时间！车利用将军，占领开放线。黑方必须失一先才能让王离开火线。

18.... Ke8

在18....Kc8　19.Kf3（威胁20.Re8+ Kb7 21.Rdd8，得子）19....Nf6　20.Re7 Rf8之后，白方既能够走21.g4，在王翼发动攻击，也能够走21.a3，再22.b4，在后翼推进自己的兵阵。

19. Kd3+

白王奔向黑方混乱的后翼，在那里黑方会很难防御。

19.... Ne7

看起来，黑方很不情愿出动王翼的马，但是之后并不会失去什么！如果走19....Kf8，则20.Kc4（威胁下一步杀王）20....g6　21.Rd8+ Kg7 22.Kb5白方捉死了a6黑马；或19....Kd8　20.Kc4+ Kc8 21.Re8+ Kb7 22.Rdd8，g8黑马会被吃掉。

20. Kc4

白王为车闪开线路，并准备帮助他的后翼兵。

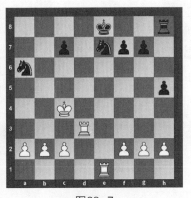

图28-7

20.... h5

特殊的出车方式，但是除此以外，还能怎样把车从角落里调动出来呢？

面对21.Kb5的侵入，黑方准备走21....Rh6，再22....Rb6+，以此予以反击。

21. Rd3（图28-7）

白方决定放弃d线，准备在e线上叠车，吃掉被牵制的黑马。

21.... Nb8

217

黑马退回，是为了跳到c6格，帮助自己的同伴。

22. Rde3

加大压力，威胁吃马。

22.... Nc6

挽救这个马的唯一可行的走法。

23. b4

准备攻击起到保护作用的黑马，将它赶走，然后吃掉另一个马。

23.... f6

为c6的黑马提供一个新的支撑点，面对24.b5，黑方可以应以24....Ne5+，阻挡白车的攻击。如果之后这个马在e5格遭到驱逐，它还可以撤退到g6格，再次保护e7黑马。

24. f4!

这步棋阻止了黑马跳到e5格，并重新威胁25.b5。

表面上看，黑方失去了这个位置，但是米塞斯不仅巧妙地摆脱了牵制的威胁，而且还给对方设置了一个任何人都可能掉落的微妙陷阱！

图28-8

24.... Kf7!（图28-8）

如果现在白方尝试得子，则会掉落陷阱，具体如下：25.b5 Na5+ 26. Kb4 Nd5+ 27. Kxa5 Ra8#，白王遭到将杀！

25. a4

白方避开了陷阱，采用了简单的策略去执行残局：推进通路兵！

25.... Rb8

暂时阻止两个兵的挺进。白方不能走26.a5，因为会遭遇26....Rxb4+，黑方可以得两个兵。同时，在26.b5 Na5+ 27.Kc5（不能走27.Kb4 Nd5+，否则白王会掉落进被将杀的陷阱之中）27....Nb7+ 28. Kc4（如果走到b4或d4，则会被另一个黑马将军，造成丢子）28....Na5+之后，这个王不会有任何的进展——要么撤退，要么被长将。

26. c3

简单且有力！白方保护b兵，并准备挺进a兵。

26.... Rd8

无法阻止27. a5的挺进，所以黑方尝试在开放线上予以反击。

27. Rd3!（图28-9）

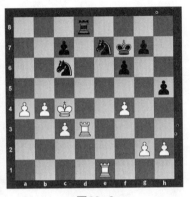

图28-9

简单直接，却是必要的一步棋。**白方必须在这条线上对抗黑车**。此时黑方要么换车，要么将车移走，把整条开放线留给白方。

初学者最需要学习的一点是他必须要为每一块领地的控制而斗争，无论是线还是格子。通常，需要通过子力交换来确保对重要位置和区域的占领。不能因为担心将会形成一盘枯燥的对局，或担心这样的策略不具有拼搏精神而回避换子。拥有子力优势的棋手，为了更加精彩地取胜而延缓换子，因为枯燥和缺少拼搏精神而避免换子，都只是为了折磨他的对手。**一场真正的胜利，必须以最快、最有效的方式完成。**

27.... Rxd3

即使不放弃这条线，黑车在其他线路上也找不到好的未来——所以他只能选择换车。

28. Kxd3

白方只剩下一个子，需要应对对方的两个子，但是这个孤独的车，比对方的两个马，具有更强的机动性，因为这两个马只有相互保护，才能确保彼此安全。

28.... Ke8

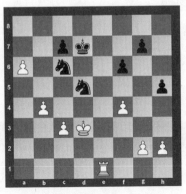

图28-10

黑王奔向后翼，以阻止通路兵的挺进。

29. a5

兵的每一步挺进都会增加黑方的危险。控制住这个兵，需要占用黑方的子，使其没有机会进行反击。

29.... Kd7

黑王向这个兵靠拢，同时解除黑马所受到的牵制。

30. a6

让黑王停住步伐。因为30....Kc8 31.b5，黑方会丢掉一个马。请再次注意，两个连环马，依赖于彼此的相互保护，并不是一种理想的部署。

30.... Nd5（图28-10）

这个马奔向后翼，同时攻击没有保护的f兵。

31. Ra1!

一种应对威胁的处理方式——无视它的存在，用更迫切的威胁进行反击！白方的威胁是32.a7，逼迫黑方用马换兵。

31.... Na7

必须封锁住这个兵！否则在31....Nxf4+ 32.Ke4 Nxg2 33.a7 Nxa7 34.Rxa7之后，白方后续的赢棋过程会非常简单。

32. g3

在后翼行动之前，白方先巩固王翼的兵。

32.... c6

有两个目的：一是为白方b兵的挺进，制造更大的困难；二是为自己王腾开c7格。

33. Ra4!

"白方在残局阶段走的每一步都值得给一个感叹号！"米塞斯，这盘对局的黑方，很有感触地评价。

白方的想法是保护b兵，这样就能够冲兵34. c4，将黑马从中心的有利位置上赶走。

33.... Nb6

黑马没有等待，而是转攻白车。

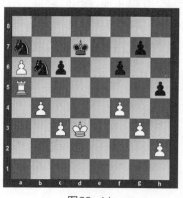

图28-11

34. Ra5（图28-11）

白车被迫离开，但是没有浪费时间，因为它威胁吃掉黑方的h兵。

34.... g6

保护这个兵的唯一方法。黑方也可以尝试将马跳到d5格，但是在35. Kc4，36. Kb3（保护b兵）之后，白方可以挺兵37.c4驱赶黑马，然后吃掉没有保护的h兵。

35. c4

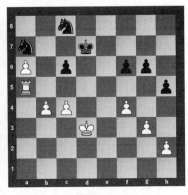

图28-12

让这个马永远远离d5格！

35.... Nbc8（图28-12）

黑方没有什么可走了：他不能走35....Kd6，否则会有36.c5+；也不能走35....f5巩固王翼，否则会让白王从e5的位置侵入。

36. Ra1

相当令人惊讶的一着！白方推迟了后翼兵的进一步调动，准备将自己的王和车调整到更加积极的位置上。白王准备走到d4格，再到c5格，而白车走到开放线，然后侵入到6线或7线的位置上。黑方不得不竭力摆脱白车对王翼兵的威胁，同时还要遏制白方后翼兵挺进所带来的危险。

36.... Nd6

黑方除了耐心地防守，其他什么也做不了。

37. Kd4

白王继续向c5格挺进。

37.... Ndc8

如果黑方走37.... Kc7，准备在38. Kc5时，应以38.... Ne4+。白方则可以通过38. Re1（威胁在e7格形成致命的将军）38....Kd7　39.Kc5 Ndc8　40.b5，强势挺进。

38. Kc5

白王此时的位置非常理想，将在39.b5、40. b6之后，取得胜利。

38.... Kc7

显然不能走38....Nd6，否则会遭到39.Rd1牵制。精彩的后续是39....Nac8　40.Rxd6+! Nxd6　41.a7，黑方无法阻挡这个兵的升变。

39. Re1

准备从e6或e8格侵入，突袭黑方王翼的兵。

39.... Nb6

如果走39....Kd7（阻止白车移动到e6或e8格），则40.b5 cxb5 41.cxb5 Kc7 42.Re6，白方会如其所愿，获得胜利。

40. Re7+

这个车终于冲进了敌方的阵地！

图28-13

40.... Nd7+（图28-13）

当然不能走40....Kb8，否则41.Rb7+，可以赢得一个马，甚至两个马。

黑方带有将军的垫将，看起来似乎能给白方带来一些麻烦，例如，在41.Kd4 c5+ 42.bxc5 Nc6+之后，黑方可以得车。

41. Rxd7+!　　　1-0

精彩的收尾！在41....Kxd7　42.b5 cxb5 43.cxb5 Nc8（或43...Kc7　44.b6+）44.b6之后，紧接着再45.a7，白方取胜毫无疑义。

这真是一盘令人印象深刻的艺术对局，充分展示了在开局中利用赢得时间所带来的优势。

对局29

马歇尔 - 塔拉什

纽伦堡比赛（1）　1905
拒绝后翼弃兵开局

1. d4

尽管走后兵开局是为了在前期获得空间优势，但马歇尔认为，开始进攻的最佳方式是1.d4起步的开局。他这么认为的一个原因，可能是觉得，以e兵起步，不再能够被用来形成带有战术组合机会的开放性对局。在过去，当白方以1. e4起步时，应对方法几乎都是1....e5。白方2. f4，弃掉一兵，然后对方接受弃兵，愉快地进入到激动人心的王翼弃兵开局。在得兵并死死守护这个兵的过程中，黑方可以获得子力优势，但是会损失时间，进而陷入被动的防守。在经历了大量的失败之后，黑方棋手逐渐厌倦了成为精彩对局的牺牲品。他们采取了更加理性的态度，变得谨慎起来。他们采用1....e6, 1....c5或1....c6，将对局向他们熟悉的领域引导。这样形成的结果是，一位攻杀型的棋手，在以1.e4起步以后，会发现自己面对一个"不常规"的防守，对局会被导入到一个陌生的领域。当他渴望发动猛烈的进攻时，会发现自己在紧凑严密的空间中，需要进行系统的规划。他本来应该拥有的主动权，却被剥夺了！如果他的对手没有直接挺兵1....e5，回应他积极的1.e4，那还怎么能走出弃兵（即使是最危险的事情）的局面呢？

以1.d4起步的对局，在面对任何一个防御系统的过程中，白方都可以获得优势，尽管可能很微小。同时，白方还可以保留极好的进攻机会！

1....d5

毫无疑问，这是最有力的应着之一！黑方在中心施加压力，阻止白方挺兵2.e4加强对中心的控制，为两个白子打开线路。

2.c4

弃兵（带有附加条件），诱使黑方放弃中心。

2....e6

吃掉这个兵是完全正确的，但是为什么要放弃中心，而去赢得一个无法保护的兵呢？走2....dxc4，相当于用中心兵交换了一个侧翼的兵，这个交换无利可图。然而，许多一流的棋手非常喜欢这样应对这个开局，所以这里面一定存在一些可以进行抗争的地方。黑方这样下，主要的特点是，不用再负责支持d5兵，可以更容易地组织重要的冲击...c5，用自己的c兵交换白方的d兵。因此，尽管白方在中心拥有暂时的优势，但黑方很快就能恢复对中心位置的掌控。

在黑方实战着法之后，他的d兵得到了巩固。如果现在走3.cxd5，黑方则可以用兵吃回，保留一个兵在中心。

的确，黑方的c8象被自己的e兵关了起来，使得它很难出动，这是防御中存在的一个不足。但是，如果黑方的前两步棋走得好，就能很好地应对后翼弃兵开局，欣赏到这个开局的强大力量。那么，为什么还有很多棋手，只要他们执白，就会毫不犹豫地采用1.d4的走法呢？

3.Nc3

比出动另一个马要更尖锐一些，因为会对中心的d5点立即施加额外的压力。

3....Nf6（图29-1）

塔拉什并不认同这步马的走法，尽管我们大多数人都会很自然地这么走。的确，在99.44%的情况下，f6格都是最适合王翼马的格

图29-1

子，因为在这里，可以有力地影响中心，拥有极大的行动自由，并且处于攻击和防御的绝佳位置。然而，塔拉什会担心牵制的力量，因为白方下一步棋可以固定住这个马。如果不走实战的着法，他建议黑方走3....c5（挺兵...c5，在后兵开局的某个阶段，几乎是必须的），挑战白方的中心。同时，打开的c线可以为自己的重子所用。

那么，你可能会问，为什么塔拉什走了一步自己并不认可的着法？他的解释是，在第一场比赛中，他面对的是一位世界顶级大师（马歇尔最近获得了剑桥斯普林斯锦标赛冠军，一盘棋都没输，领先于拉斯克、施勒希特、皮尔斯别里 和 雅诺夫斯基），所以不希望这么快就偏离传统。

4. Bg5!

很自然的一着！不仅因为这个象对马施加压力，使其无法移动，而且也是一个好的策略，令对手难受。这就是塔拉什认为的，这个马被牵制，是件很麻烦的事情，会让他感到不安！

4.... Nbd7

看起来很笨拙，因为这个马挡在了c8象仅能出动的位置，但是这几个可以很容易地相互让开。马走到了d7格，而不是c6格，是为了避免阻挡c兵。这个兵迟早要挺进到c5格，所以不能被阻挡。尽管兵的威力很小，但它是争夺中心控制权的主要力量！

伴随着4....Nbd7这步棋，黑方设置了一个不易察觉的小陷阱，这是由塔拉什创造出来的。如果白方依靠黑马被牵制，无力反击的情况，而走5.cxd5 exd5 6.Nxd5得兵，黑方则可以走6....Nxd5（强行破坏牵制）7.Bxd8，黑方暂时放弃自己的后，然后再通过7....Bb4+ 8.Qd2 Bxd2+ 9.Kxd2 Kxd8，用另一个子将后吃回，并获得多子优势。

这个道理是：不要在开局阶段贪吃兵！

5. e3

这步兵的移动并不是在浪费时间。如果不移动这个兵，象就不能从阵地里走出来，所以这是让子投入战斗的过程。

当前的着法使白方打开了两条斜线，一条是为f1的象，另一条则是为了后。e兵起到的另一个作用是巩固自己的兵中心。

5.... c6

黑方也在加强自己的兵中心，并为后创造了一条在后翼出动的线路。

图29-2

6. Qc2（图29-2）

按照常规，应该先出动轻子，大概的顺序如下：

首先是马，一般会跳到c3格和f3格，不管在任何情况下，都要奔向中心；接下来，是象（在必要的兵移动之后），要么控制关键的斜线，要么牵制对手的马；然后，才轮到后登场。如果后过早地投入战斗，它会面临不断被攻击的危险，甚至有可能被对方轻子包围并吃掉。

最后才是车，在王车易位之后，可以调动到e1、d1或c1，在中心被部分打开的情况下，控制线路。在中心兵交换之后，这些线路很可能被完全打开。

这种出子的方法，绝不能被视为固定的套路。在国际象棋中，没有任何的惯例、原则、推荐的步骤等可以生搬硬套。任何单次移动或连续移动的价值，都只能根据棋盘上的特定位置进行评估。它必须与你正在进行的对局计划相适应，并受到对手的制约。这在很大程度上，取决于他做了什么，或者让你做什么。这就是为什么，你可能会发现第六着出动后，非常有利，或走王车易位也很好。

在当前的局面中，黑方可以走6....Qa5，再7....Bb4，通过牵制c3的白马，并加大对它的压力，实施反击。对于白方来说，出动另一个轻子6.Nf3（就像把钱放在银行中），可能会更好。这样可以迅速进行王车易位，也可以将f3的马调到d2格，减轻c3马承受的压力。

6.... Qa5

具有多方面的目的：后的移动不仅解除了对f6马的牵制，而且反过来牵制白马；威胁将f8的象走到b4，加大压力。另外，此时还伴随着一个额外的目的，黑方还设置了一个不易察觉的小陷阱，甚至包括一些专业级别的棋手都可能察觉不到的危险。如果此时白方简单地将象走到d3格，则会掉入陷阱，因为在7....dxc4之后，两个白象同时受到威胁。白方不能通过8.Bxf6逃脱，因为8....cxd3吃象以后，这个兵还威胁要吃掉白后，进而黑方会多得一个象。

其实，塔拉什并没有想利用这样一个比较初级的陷阱去套住马歇尔。大师级别的棋手，不会为了设置陷阱而破坏自己的局面。在自然的出子过程中出现陷阱，是一回事，但是为了设置陷阱而浪费宝贵的时间，则是不可原谅的。

7. cxd5

白方消除了黑后对自己象间接的攻击，并打开了c线，为重子发挥作用创造条件。

图29-3

7.... Nxd5（图29-3）

塔拉什原本计划走7....exd5，用兵吃回，把兵留在中心。现在他意识到，延缓后翼出子可能会存在危险。

c8象被自己的d7马堵住，因为这个马必须停留在原地，以支持另一个在f6格的马。如果尝试出动后翼的象，那么就需要走...b6，这样会切断后的撤退路线。但是大师级别的棋手，必须在策略上非常灵活，必须符合当前特定局面的要求。塔拉什希望拥有一个强大的兵中心，但是不敢忽视出子的重要性。所以他想起了尼姆佐维奇曾经说过的话："在这里，放弃中心不应该被认为是不合逻辑的；仅仅因为短暂的忍受，幸福就不再是幸福了吗？一个人不可能总是幸福的。"

同时，这个黑马增加了白方被牵制的马的压力，并通过8....Nxc3 9.bxc3 Qxg5，再次威胁吃掉这个暴露的白象。

8. Nf3（图29-4）

塔拉什说："为了急于保护这个受到威胁的象，白方犯了一个决定性的错误。"

图29-4

这是国际象棋中精确出子的一个有趣例子。事实上，一个正常出子着法所具有的内在力量是次要的问题。在你面前的一个位置上，它可能是有用的，而在一个相似的位置上，可能就没有用。

尽管这个马占据着最有用的f3格，并同时保护着自己的象，但是它的出动，不是太早，就是太晚，因为针对马被牵制的问题，白方什么都没做。这是施加压力的地方；这是危险的地方。

更好的走法是8.e4，驱赶黑方的马，逼迫黑方做出应对。接下来，8....Nxc3 9.Bd2 Qa4 10.Qxc3，白方可以解决这个不适的困境。

8.... Bb4

对这个马施加了三重攻击。黑方威胁走9....Nxc3　10.bxc3 Bxc3+，再11....Bxa1，获取胜利。

白方应该怎样应对这个威胁呢？如果很自然地走9. Rc1，马获得了充分的保护，因为有三个子攻击它，也有三个子保护它。然而，黑方随后可以利用一个奇怪的事实，关于这个被牵制子的能力问题，不仅对子的移动没有任何帮助，而且还会失去防御的能力！转化成国际象棋的语言，它的意思是：9. Rc1，将有9....Qa2，乍一看，这是一次令人吃惊的吃子，但是如果我们注意到这个马的防御能力是虚假的，就会觉得这步吃子，显然是没有任何问题的！我之所以强调这个情况，是因为它特别的重要，了解它、认识它，并进行应用，可以让对方的王陷入崩溃。

难道所有的这些，都是为了赢得一个a线的兵吗？让我们看看接下来会发生什么：

在9. Rc1 Qxa2之后，黑方的方法是简单而传统的。他会接着走...Bxc3+，并在白兵吃回之后，换掉后。多一个兵，但是不足以形成将杀。黑方必须扩大他的子力优势，以证明自己可以追杀对方的王，而这只能通过将其中一个兵升变成后来实现。所以他需要选择最有可能的兵，在本局面中，就是a线通路兵，一步一步地将其推到对方的底线。随着这个兵一步步地推进，对手面临的问题会变得越来越严重。他必须阻止或完全封锁这个兵，无论是哪种情况，都需要派出一个或多个子来做这件事情。防守这个兵，需要面临巨大的压力，因为时刻要对它进行监控，与此同时，还要提防对手突然转向攻王的可能。经常发生的情况是，要么为了这个兵而放弃一个子，要么允许进一步的子力交换，但这一过程会导致不可避免的损失。

这种长期的计划，不是基于精确的计算，它们代表了在这种性质的局面上获胜方法的一般概念。

9. Kd2

不是一步令人满意的走法，因为王失去了易位的权利。但这是避免子力损失的唯一方法。

9.... c5!

"一针见血！"塔拉什说。伴随着后续的换兵，c线将被打开，这个不幸的马将遭到进一步的威胁。

图29-5

10. a3（图29-5）

白方急于解决当前的问题。如果走10.e4，则10....cxd4 11.exd5（或11.Nxd4 Nxc3 12.bxc3 Qxg5+ 黑方多子——从一开始，这个暴露的象就注定要被吃掉）11....dxc3+ 12.bxc3 Qxd5+，黑方多兵，并获得可以取胜的局面。

10.... Bxc3+

塔拉什选择简化局面，避免兑换占优的困难。例如，10...cxd4 11.axb4 dxc3+ 12.Qxc3 Qxa1 13.Qxg7 Rf8 14.e4 Nxb4 15.Bb5 Qxh1 16.Qf6白方强制杀王。黑方确实可以在第十五回合走15....Qa5获胜。但是，如果可以通过危险性小的方式保持住优势，为什么还要冒这些并发症的风险呢?

11. bxc3

白方吃回的唯一走法。

11.... cxd4

继续做好打开c线的工作。

12. exd4

白方再一次出现没有其他的吃回选择：c兵被牵制，如果走12.Nxd4，那么12....Nxc3 13.Qxc3 Qxg5，黑方多得一个兵。

图29-6

12.... N7b6（图29-6）

白方被牵制的马已经不在了，但是替换成了一个兵，现在这个兵也被牵制着！它是一个很好的靶子，所以黑方直接将火力瞄准它。通过13....Na4，或13....Bd7，14....Rc8，黑方威胁继续打击它。

13. Bd3

终于，出动了王翼的另一个子！

13.... Bd7

黑方可以走13....Na4，猛攻这个兵，但是他更愿意先完成出子，再将所有的子调动起来攻击这个兵。正如尼姆佐维奇的预言，"况且这个兵是不会跑掉的"。

14. Rhc1

白方必须出子，同时保护住这个兵。如果能得到片刻喘息，他将通过走15.Ke2，16.Bd2，17.c4，将这个兵从牵制中解救出来。

14.... Rc8

但是黑方不会有任何的松懈！黑车夺取了这条漂亮开放线的控制权，并立即加大了对无法移动的c兵的压力。

15. Qb3

试图引诱黑方走15....Na4 16.Qxb7 Rxc3 17.Rxc3 Qxc3+ 18.Ke2，此时白方形成了反击。

15.... O–O

塔拉什认为，"首先应该让王远离战场，并让另一个车投入到战斗之中"。

图29-7

16. Ke2（图29-7）

显然，c兵必须放弃掉，因为黑方能够调动比白方更多的子来攻击它，所以白方放弃这个兵去换取王逃离的时间。

16.... Rxc3

首先获得了物质优势，并随之令车侵入到对方的阵地之中。

17. Rxc3

如果走17.Qb2避免换车，则会让黑方保持对开放线的控制。

17.... Qxc3

比用马吃更好。黑方的想法是，在仅有的开放线上，占据一个战略意义强大的前哨位置，或者强行换后。兑换后可以简化局面，对黑方有利，因为他多一个兵。

18. Qb1

白方被迫退后，威胁19.Bxh7+，吃回一个兵。

18.... h6

挽救兵的最简单方法，同时为王提供了一个有效的逃跑格，预防底线的意外将杀。

19. Bd2

带有威胁地撤退。

19.... Qc7

黑后不情愿地离开了优越的c3前哨位置，但它仍然停留在最重要的c线上。注意，黑后选择c7格的原因是：在c6格，影响黑象的活动，在c8格，影响车的出动。

此时，黑方威胁20....Nf4+，强制用黑马换掉白象。

图29-8

Kf1（图29-8）

所有的子都要回家了吗？

20.... Nc4

现在进入了一个新的阶段，黑子开始杀进敌人的阵地。这些子将会控制一些关键的格子，并通过限制白子的移动，逐步将白方束缚住。

21. Bc1

如果白方想要继续保留双象，这是唯一的位置。

21.... Ba4

压缩了白后的活动空间。

22. Qa2

对马进行双重攻击！与其说是一种威胁，不如说是争取时间的一种便捷方法，这样可以将白后快速转移到王翼。当然，白方仅有的机会就是制造出某种反击。被动地行棋，只会让自己逐渐走向灭亡。

22.... Rc8

黑方保护马，同时不容置疑地占据c线。

23. Qe2

白方打算挑起斗争，准备走24.Qe4（威胁25.Qh7+ Kf8 26.Qh8+ Ke7 27.Qxg7），如果黑方应以24....Nf6，则25.Qh4，威胁26.Bxh6，在王翼组织进攻。

23.... Nc3!

这步棋不仅阻止了白方可能发动反击的想法，而且还限制了他的后，后被进攻，只有一个格子可去！这就是黑方控制棋盘的程度！

24. Qe1

可怕的黑马控制着白后的7个逃生格，这是留给它的唯一的避难所。

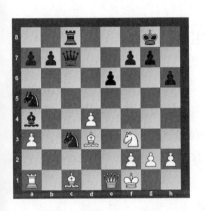

图29-9

24.... Na5（图29-9）

计划很明显，准备继续走25....Nb3，更进一步地侵入到白方的领地。这是一个开始，它将导致黑方获得兑换优势。

25. Bxh6

绝望之下的疯狂反击！

并不能通过走25.Bd2挽救这盘对局，因为在25....Nb3（黑方的两个马限制了白车的移动，就像限制白后一样）26.Bxc3 Qxc3 27.Rd1（或，27.Qxc3 Rxc3 28.Rd1 Nc1 黑方获得子力优势）27....Nc1之后，白车和白象同时遭到攻击，黑方获得子力优势。

25.... Nb3

吃掉白象，同样可以获得胜利，但是在没有必要的情况下，为什么要把王暴露出来呢？黑方当前的走法更加简单，也更符合他迄今为止在后翼的行动。

26. Bd2

白方无法营救这个无助的车，所以只能满足于当前的现状，就是吃回了之前丢的兵。

图29-10

26.... Nxa1

黑马的灵活调动，终于获得了预期的战果，在换子之后，获得了子力优势。

27. Qxa1（图29-10）

白方只能以这种方式吃子，而不能走27.Bxc3，否则27....Qxc3，会损失整整一个车。

27.... Bb5!

简化局面的艺术！黑方主动换子，以削弱对手的反抗力量。随着棋盘上子的减少，白方能够制造复杂局面的机会越来越弱，同时黑方的子力优势也相应地越来越显著。注意，黑方是如何在不削弱对局面掌控的前提下，进行子力交换的。

28. Bxb5

也只能这样走了，因为在28.Bxc3 Bxd3+，再29....Qxc3之后，黑方得子。同样，28.Qxc3 Qxc3 29.Bxc3 Bxd3+ 再 30....Rxc3之后，黑方依然得子。

28.... Nxb5

黑方现在准备走29....Qc4+ 30.Ke1 Nc3，利用在e2格的将杀威胁，强迫白方31.Bxc3换子，接下来，31...Qxc3+ 32.Qxc3 Rxc3，形成了一个非常简单的赢棋局面。

29. g3（图29-11）

图29-11

白方希望在g2格为自己的王找到一个避难所，因为这个位置不会太暴露。同时，为象的出动建立了一个兵的支撑，可以在f4安置白象。

29.... Qc6!

黑后攻击因白方上一步着法而被削弱的白色格子。对白马的攻击，为黑后进一步侵入白方阵地赢得先手。

30. Kg2

如果移动马，例如30.Ne5，则会在30....Qh1+之后，丢后。如果30.Ke2保护马，则会有30....Qe4+ 31.Be3 Rc2+ 32.Nd2（或32.Kd1 Nc3+，得子）32....Ra2!，若33.Qxa2 Nc3+，白后被吃掉，其他走法，d4兵会被吃掉并伴有将军。

30.... Rd8

现在在这条线上，孤兵成了一个很好的攻击目标。

31. Be3

保护d兵，因为被牵制的马无法起到保护作用。

31.... Qe4

黑后深入到局面的核心位置。

32. Qb2

白方试图让自己的后投入战斗，其他的子因为要相互保护而缩成一团。

白后不能急于控制这条开放线。在32.Qc1 Nxd4 33.Bxd4 Rxd4之后，黑方

图29-12

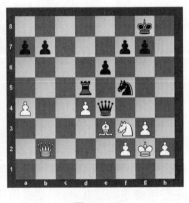

图29-13

34....Rd3的威胁让白方无法承受。

32.... Rd5！（图29-12）

邪恶的一着！黑方不仅保护了自己的马，而且威胁33....Rf5　34.Qe2 Nxd4!，攻击白后，同时对白马进行三重攻击，进而继续得子。对此没有解决的办法，因为白方被全面牵制！

33. a4

冲兵驱赶黑马，使得它不能再攻击自己的d兵。

33.... Nd6

黑马撤离，并小心保护着自己的b兵。

34. Bf4

否则，黑方会走34....g5，同时威胁35....g4和35....Rf5！

34.... Nf5

再次攻击d兵。

35. Be3（图29-13）

白方不能走35.Qxb7，因为在35....Nxd4　36.Qc8+ Kh7　37.Qc3 g5之后，白方会再次丢子。

35.... Nxe3+

比尖锐的走法35....e5更简单。在当前走法之后，棋盘上又少了两个子，白方也会再丢一个兵。

36. fxe3

白方只能吃回。

36.... Qxe3

这样会解除对白马的牵制，但是这个马也只能停留在原位，保护自己的d兵。

37. g4

白方不能走37.Qxb7，会有37....Qe2+，白王被迫离开马，白方丢子。白方实战的走法，阻止了黑方37....Rf5继续加大压力。

37.... f5

黑方冲兵，准备打开局面。与白方相比，黑王暴露的程度更低。而且黑方威胁38....fxg4，立即取胜。

38. g5

在38.h3 fxg4 39.hxg4 Qf4 40.g5 Qg4+ 41.Kf2 Rf5之后，白方将同时面临42....Qxf3+ 和42....Qxg5两个威胁。

38.... Qe4

再一次牵制住这个马！

39. Qc3

小心地避免了39.Qxb7，因为在39....f4之后，白方将面临40....Qe2+丢马，或者40....Rxg5+丢兵。

39.... f4

不能立即走39.... e5，因为会遭到40. g6，白方威胁杀王！

40. Qc8+

如果白方走40.g6，那么40....Rg5+，g兵会被吃掉。

40.... Kh7

逃离到白后无法将军的位置上。

图29-14

41. Qc3（图29-14）

黑方防御马和d兵。

41.... e5!

这标志着最后阶段的开始：白方的中心遭到了破坏。

比41....Rxg5+ 42.Kf2 Rh5 43.h4更强，因为接下来白方存在44.Ng5+的威胁。

实战中的思路是继续走42....Rxd4，完成以下几个目标：

摧毁白方的中心。

威胁继续走43.... Rd3取胜。

保证在中心留有两个通路联兵（如果上述内容不足以令人信服的话）。

42. h4

马歇尔看到如果走42.dxe5，会在42....Rd3之后丢子，但是他仍然袖中藏有花招。

42.... Rxd4

准备走43....Rd3，同时攻击白后和白马，顺便切断白后对白马的保护。

43. g6+

这是一个陷阱，如果黑方走43.... Kxg6，白方则会应以44. Qb3（显然是想进行长将）44....Rd3，现在，白方不再走45.Qe6+，而是走45.Qxd3 Qxd3 46. Nxe5+，再47.Nxd3吃回黑后，这样白方可以得到一个车。

43.... Kh6

黑方这步棋，有效避开了陷阱。

44. Kh2

白方设下了又一个陷阱：如果44....Rd3 45.Qxe5 Qxf3，则46.Qg5#！

44.... Qe2+

0-1

对此，白方再无花招：45.Kg1 Rd1+ 46.Ne1 Rxe1+ 黑胜，或45.Kh3 Rd3，最后一次牵制住这个可怜的马，扑灭白方最后一丝抵抗的希望。

对局30

卡帕布兰卡 – 维勒加斯

布宜诺斯艾利斯　1914
拒绝后翼弃兵开局

1. d4

在这盘对局中，国际象棋艺术被简化成了一个简单的公式：获得一个通路兵，将它冲到对方底线，获胜！

白方首先在中心站稳脚跟，同时释放了自己的两个子。

1.... d5

这步棋可能是黑方最强的应对方法，同样施加压力，阻止白方挺兵2. e4控制中心。

2. Nf3

白方跳马，奔向中心，加强对e5格的控制。这个马在f3格，可以最大限度地发挥作用，在攻击范围内，控制八个格子。

2.... Nf6

黑方也采用了同样的方法，将他的g8马出动到了最有效的位置上。除了极好的进攻潜力以外，这个马也可以在站着不动的情况下发挥作用，特别是在王车易位之后，它会保护自己的王，而这种作用，其他的子是做不到的。

3. e3

并不是最积极的走法，但是白方并不需要从一开始就咄咄逼人。开局本身是非常强大的，白方只要出子，使其占据最适合的位置，就可以建立一个有希望的局面。这个方法本身非常简单：

让每一个棋子都投入战斗，在出子完成之前，不重复走子。

事实上，3.e3释放了一个象，却暂时关闭了另一个象，c1象可以通过b2格进入战场。白方并没有表明他的具体意图：他可能会进行科里攻击，也可能会简单地将象走到d3格，尽快完成王车易位。

3.... c6

黑方支撑d兵，提前应对白方4. c4的攻击。黑方更倾向于这着，而不是3....e6支撑，它会限制后翼象的出动。

然而，如果黑方想释放他的象，为什么不马上把象走到f5格呢？在那里，黑象可以限制白象的出动，当白象走到d3格时，与它进行交换。这个几乎不可避免的换象，移除了具有攻击威力的白象，进而解决了科里进攻的系统。

另一个可能的走法是，马上将黑兵挺进到c5格，攻击白方的中心，并为重子打开c线。但是为什么要走3....c6，在开局阶段移动了一步没有必要的兵呢？为什么要在没有受到任何威胁的情况下，浪费时间进行防守呢？

图30-1

4. Bd3

平静有力的出子：这个象控制着两条非常好的斜线，可以在任何一个方向上采取行动。同时，也为王车易位腾出了位置。

4.... Bg4

这个位置对于象同样也很好。黑象可以占据的最好的格子是f5，但是白方的上一步，阻止了黑象进入到f5格。

5. c4!（图30-1）

警报着法！白方攻击黑方的中心，并准备

为重子打开c线。为后创造的斜线，预示着要利用6.Qb3突袭黑方的后翼，黑方的后翼由于象的缺席而被削弱。

5.... e6

为f8象的出动提供线路，同时进一步巩固中心d兵。

6. Nbd2

白方用一个轻子保护f3马，将白后解放出来。这种出马的方法，比将其放在c3格更可取，因为在c3格会阻碍后续后和车对c线的控制。

6.Qb3的出击，并不能立刻获得优势，因为黑方可以应以6....Qb6，要么让白方接受换后，要么白后撤退。

6.... Nbd7

对于黑马来说，这也是典型的出子方式。在d7格，它可以跟f6的马形成连环马，并支持...c5或...e5，攻击白方的中心。这两种走法中的任意一种都是黑方在这个开局中必须要努力实现的目标。

7. O–O

白王迅速躲到安全的位置上，同时让躲藏在角落的车走出来投入战斗。

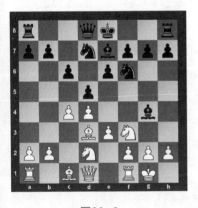

图30-2

7.... Be7（图30-2）

黑方出动了一个子，能够进行王车易位，但是这步棋缺少进取心。更加积极的走法是7....e5，尝试在中心与白方对话。

8. Qc2!

所以白方阻止了黑方的想法！现在挺兵8....e5，丢兵，因为白方的马不再被牵制，可以自由地吃掉这个兵。

白后出动到c2格是非常恰当的，因为在对局的最初阶段，后很少会冒险超过3线或4线。

不过，重要的是，把后从底线上移开，走到积极的位置上。

8.... Bh5

黑方准备将白格象调到g6格，与白方积极的d3象进行交换。如果此时黑方进行王车易位8....0-0，则9.Ne5 Bh5（9....Nxe5　10.dxe5 Nd7　11.Bxh7+ 白方赢得一个兵）10.f4 白方拥有一个强大的中心马，并在王翼获得攻势。

9. b3

图30-3

图30-4

图30-5

为出子提供路径走兵总是合理的。它为c1象的出动腾出了空间。

9.... Bg6

黑方继续推进之前的想法，强制兑换白象。

10. Bb2（图30-3）

从长远来看，这个黑格象加强了白方对重要的中心格e5的控制，黑方很难再挺兵....e5。

10.... Bxd3

交换并没有那么急，为什么不能像白方那样，平静地继续出子呢?

11. Qxd3（图30-4）

在这步吃子之后，白方完成了所有的出子。接下来，他可以从以下的各种计划中进行选择：

（1）冲兵e4进行突破，为子力的进攻打开线路。

（2）跳马e5，在e5格建立一个前哨。

（3）冲兵c5，封闭局面。

11.... O-O

对于白方的这些计划，黑方无力应对，只好先将自己的王转移到安全的位置上。

12. Rae1

在做出选择之前，白方将另一个子投入了战斗。车调到e线上，会为e兵的挺进，增加力量。

白方在出子完成前，没有采取任何的行动。

12.... Qc7（图30-5）

黑方调动了一个子，希望通过13.... c5，形成某些反击。后的出动，也能让自己的双车相互协作。

13. e4!

理论上来讲，打开进攻的路线，对于出子领先的一方是有利的。

白方如果走13. c5，则有13....e5　14.dxe5 Nxc5。如果走13.Ne5也不够好，因为13....Nxe5　14.dxe5 Nd7　15.f4 f6，会让黑方轻松脱困。

13.... dxe4

否则黑方会陷入e5或exd5的持续威胁之中，因为白方可以在方便的时候，选择走出其中的任意一种。

14. Nxe4

这步吃回之后，白方的中心变得非常强大。

14.... Nxe4

黑方换子，以摆脱拥堵的局面。

15. Rxe4!

面对之后很自然的防守走法15....Nf6，白方将应以16.Rh4。接下来，白方的计划是驱逐黑方的马，威胁杀王。这个计划，可以通过17.d5，再18.Bxf6，或者17.Ne5，再18.Ng4来实现。为了避免自己的马被吃掉或被引开，以及随之而来的Qxh7#杀王，黑方不得不走....g6 或....h6，无论挺起哪个兵，都会让兵结构变得松散，进而削弱王前的防守。

图30-6

15.... Bf6（图30-6）

阻止了16.Rh4，让象拥有更大的活动范围，对白方的中心施加压力。同时，这步棋还隐藏着一个有力的威胁16....Nc5　17.dxc5 Bxb2，实现对黑方有利的简化。

16. Qe3

白方终结了对方的谋划！

16.... c5

这步棋看起来非常吸引人！黑方准备走17....cxd4，由于白方的d兵被牵制，所以无法用换兵来躲避。伴随着白方中心兵的消失，黑方的马可以跳到e5格和c5格，同时c线打开以后，有助于黑后和黑车的反击。

17. Ne5

图30-7

这个马建立了一个前哨。这似乎是无害的：威胁不到什么，也没有对黑方的想法形成干扰。

17.... cxd4（图30-7）

黑方准备在18.Bxd4 Bxe5 19.Bxe5 Nxe5 20.Rxe5 Rfd8之后，控制住开放的d线，增大反击的机会。

18. Nxd7!

一个了不起的概念！不是因为白方走出了一个弃后的战术组合，而是弃后仅仅是一个细节！这步棋隶属这盘对局的整体战略，沿着局面优势进行推进，并将以这种方式取胜。任何战术组合的出现，都将是这个整体计划的附属品。白方的计划就是制造出一个通路兵，然后不断地推进，将其升变为后。

18.... Qxd7

如果接受弃后而走18....dxe3，白方则会展现这个战术组合：19.Nxf6+ Kh8（或19....gxf6 20. Rg4+ Kh8 21. Bxf6#）20.Rh4（威胁21. Rxh7#）20....h6 21.Rxh6+! gxh6 22.Nd5+ Kg8 23.Nxc7，白方两个轻子对一个车，很容易取胜。

19. Bxd4

白方吃回兵，现在这个象同时攻击两个方向。一方面，威胁吃掉a兵；另一方面，威胁20.Bxf6 gxf6 21.Rg4+ Kh8 22.Qh6 Rg8 23.Qxf6+，将杀黑王。

19.... Bxd4

必须换掉这个象！

20. Rxd4

白方吃回，并利用对黑后的攻击，获得先手。

20.... Qc7

最好的位置。在这里，黑后拥有最大的机动性。

21. Rfd1

现在，我们可以领会白方弃后的意义了。不是企图利用奇袭战术赢得对局，这是一种战术组合的应用，是在局面上取得进展的手段！

白方在d线上叠车，可以让他完全控制住这条开放线，并且在后翼三兵对一兵，白方有可能在c线上制造出一个通路兵。

图30-8

21.... Rfd8（图30-8）

在白方将车压到7线，或继续在开放线上叠加子力之前，黑方只能在这条线上与白方进行抗争。

22. b4!

开始了后翼兵的推动！卡帕布兰卡对下面的陷阱甚至连看都没看一眼：22. Rxd8+ Rxd8 23. Rxd8+ Qxd8 24. Qxa7 Qd1#。

22.... Rxd4

这样的交换几乎是被迫的，否则为了保护这个车，黑后和另一个黑车都会被束缚住，无法移动。

23. Qxd4

很自然，白方用后吃车，在开放线上保留两个重子。

23.... b6

黑方只能走这着，或者走23....a6，让自己的车发挥作用。注意，他不能走23....Rd8争夺开放线，因为白方可以吃掉这个车，并在下一步杀王。

24. g3

安全的走法，给王提供一个逃生格，以避免来自底线的突然将军，这种将军往往会带来致命的后果。

24.... Rc8

叠加子力攻击白方的c兵。

25. Rc1

为了拯救这个兵，白方只能将自己的车从d线上移开。但是现在，这个车跟在了c兵的后面（威胁升变），无论这个兵沿着这条线走多远，都会处于车的保护之下。

25.... Rd8

黑方的目的是将白后赶走，用他的车控制d线。

26. Qe3

非常精确的走法：后保护着自己的车，避免黑车从d1侵入，并控制着具有战略重要性的c5格，即c兵下一步要到达的位置。

26.... Kf8

图30-9

图30-10

图30-11

黑王奔向行动的战场。在子力交换以后，黑方准备用王阻止c兵的挺进。

27. c5

白方抓住一切机会，挺兵。

27.... bxc5（图30-9）

期盼白方走28. bxc5用兵吃回，这样黑方可以走28.... Qc6，用后封锁住这个兵。

28. Qe4!

非常明智！白方并不需要立即吃回这个兵，因为黑兵被牵制，无法逃脱。同时，白后的移动，阻止了黑方28....Qc6封锁兵的意图，并准备29. bxc5，再30. c6。

28.... Rd5

黑车冲出，保护自己的c兵。

现在对于白方，存在一个吃兵的诱惑：29.Qxh7，再30.Qh8+和31.Qxg7，可以吃掉两个兵并制造出一个h线的通路兵。但是这种带有随机性的下法，并不符合白方有序、精打细算的对局行为，也完全不符合卡帕布兰卡的性格。

29. bxc5（图30-10）

终于有了一个通路兵！

29.... g6

黑方不能走29....Rxc5吃掉这个兵，因为30.Qb4，利用牵制，惩罚这个冒犯自己的车，进而获取胜利。

30. c6

通路兵必须向前推进！伴随着每一步的推进，白车的活动范围逐渐在增大，同时黑方子力的自由度变得越来越有限。

30.... Kg7（图30-11）

黑方意识到把王调到中心是非常危险的，

例如，30....Ke7　31.Qh4+ Kd6　32.Qb4+ Ke5　33.Qf4#!

31. a4!

漂亮的预备着法！如果白方立即走31.Qb4，准备32.Qb7（为了赶走封锁通路兵的黑后），黑方则能够在换后之后，走33....Rb5，在通路兵的后面阻止它。然而，随着白方将a兵挺到a4，黑方则无法将他的车走到b5！

31.... Rd6

将这个兵彻底控制住。它无法挺进，同时白方将后走到b7的策略也不再可行，因为对于32.Qb4，黑方可以简单地走32....Rxc6。事实上，一个兵就能让黑后和黑车失去自由，这是对一个通路兵力量的赞扬。

32. Qe5+!

尽管这个兵周围守卫森严，但是白方一下就能解除封锁！

32.... f6

无论黑方如何应将，他都无法阻止即将到来的战术组合。

33. Qxd6!

摧毁一个保卫的子！

33.... Qxd6

在吃回的时候，另一个子被诱离！

34. c7

1–0

下一步，这个兵将升变为后，白方将拥有多车的优势。

对局31

哈瓦西 – 卡帕布兰卡

布达佩斯　1929

尼姆佐-印度防御

1. d4

获取中心的一个好方法，就是占据它！

白方就是这样做的。他把一个白兵放在了棋盘的中心位置。这个兵占据d4格，控制e5和c5格。

1.... Nf6

比1....d5的走法更有弹性。黑方没有用兵占领中心，而是出动一个子，压制中心。黑马可以攻击d5和e4格，阻止白方通过2.e4获得更大的空间。

2. c4

在后兵开局中，这是非常有价值的一着。它攻击中心的d5格，让车在c线上能够发挥作用（因为稍后c线可能会被打开），并在后翼提供了一条出后的路径。

2.... e6

没有立即走2....d5，因为3.cxd5 Qxd5（或3....Nxd5 4.e4 Nf6 5.Nc3，此时白方会拥有更好的中心）4. Nc3，白方利用对黑后的攻击，获得更快的出子速度。

对于2....e6，黑方准备在兵的支撑下，稍后挺兵....d5，占据中心。同时，这步棋释放了f8象。

3. Nc3

与出动g1的马相比，这步棋更加尖锐。支撑挺兵4.e4，在中心拥有可怕的兵阵。

3.... Bb4

象利用牵制，固定住白马，剥夺了这个马进攻或防御的能力。因此，如果白方不小心走了4.e4，黑方则可以立刻吃掉这个兵。

4. Qc2

具有多个目的：

（1）在这个开局中，c2格通常是白后最有用的位置。

（2）后保护白马：当黑方走4....Bxc3+时，可以用后吃回，避免破坏兵结构。

（3）后可以在c线上施加压力，其优势会随着线路的打开而变得明显。

（4）后控制着e4格，可以再次威胁将e兵挺进两格。

4.... d5

从白方手中抢夺对e4格的控制权，限制白方雄心勃勃的e兵，不允许它在第一步迈得过远。

5. Nf3（图31-1）

图31-1

平静的着法，也许有些过于平静了。这步棋使得王翼马离开了阵地，但是这步缓着，给黑方提供了一个抓住主动权的机会。

5.... c5!

鲁本·法恩说："在任何的后兵开局中，一旦黑方能够顺利地同时挺起...d5 和...c5，则会获得平先。"

黑方挺兵5....c5，目的是破坏白方的兵中心，或者至少在这一重要区域保持紧张状态。作为附带的好处，他的后翼子有更多的活动空间。

6. cxd5

白方的想法，是澄清中心的局面。c4兵的消失，有助于白后增加对c线的压力。

6.... Qxd5

比6....exd5更好，因为7.Bg5牵制黑马，黑方会非常难受。后强势占据d5格，不会轻易地遭到白方轻子的攻击。

7. a3

白方受够了这个令人讨厌的象！

7.... Bxc3+

黑方必须换子。如果走7....Ba5，那么8.b4（挡住斜线，消除黑象的牵制，威胁9.Nxd5吃后）8....cxb4 9.Nxd5 b3+ 10.Bd2 bxc2 11.Nxf6+ gxf6 12.Bxa5，白方多子。

图31-2

8. bxc3（图31-2）

如果用后吃回8. Qxb3，那么8.... Ne4，让黑方利用对白后的攻击，获得先手。之后，白方挺兵e4的可能性几乎就不存在了。

作为白方双象vs马象理论优势的补偿，黑方后翼兵的位置，优势更加明显。

8.... Nc6

带有威胁的出马。现在，白方的d兵正在遭受三个子的攻击，这限制了他应对的选择。

9. e3

两害相权取其轻！尽管这步棋会影响c1象的出动，但它带来的弊端最小。对于其他的选择，例如9.dxc5 Qxc5，白方留有两个较弱的孤兵。9. c4 Nxd4 10.Qa4+（或10. cxd5 Nxc2+，黑方得车）10....Qd7，黑方得兵。

图31-3

图31-4

9.... O-O（图31-3）

黑王转移到安全的位置上，同时让h8的车投入战斗。

10. Be2

谨慎地出象。更积极的走法是10.c4，将黑后从中心位置赶走，再11.Bb2，会获得更好的机会。

10.... cxd4

这次明智的换兵，可以保持局面的复杂性。无论白方如何吃回，都会让黑方略优。

11. cxd4（图31-4）

可以理解，白方拒绝走11.Nxd4，因为11....Qxg2 12.Bf3 Nxd4，会遭到毁灭性的打击。对于实战的走法，白方坚持占领中心的原则，并通过打开c线，增加后的活动范围。然而，更好的走法也许是11. exd4，让黑格象更有活力。

11.... b6

准备将象走到b7格，控制大斜线。

黑方的优势主要在于，在后翼两个兵对一个兵。换兵之后，将形成一个不会遭到阻挡的通路兵。至于c线，可以用a8车进行争夺。车可以将白后撵走，控制开放线。

12. Nd2

白方也想争夺这条大斜线，所以为象腾出f3格。他几乎没有希望能诱使卡帕布兰卡掉入这个简单的陷阱，例如12....Qxg2 13.Bf3，白方得子。在现实中，这种事情是不会发生的。

12.... Bb7

象漂亮地站在这里，尽管有两个子挡住了它的线路。同时，c8格也已经准备好，由另一个子——a8车来占据。

13. Bf3

象在这里的位置非常好，但是白方在出子速度上付出了巨大的代价！马不得不后退，而且忽略了后翼子的出动。

13.... Qd7

后保护马，因为这个马遭到了两个子的攻击。

14. O-O

此时挺起e兵还为时过早，因为14.e4 Nxd4，白方丢兵。或14.Bxc6 Bxc6 15.e4 Qxd4 16.Qxc6 Qxa1，在换子之后，白方丢子。

14.... Rac8（图31-5）

黑方威胁15....Nxd4，逼迫白方的后离开c线。

15. Qb1

尖锐的走法15.Qa4有很大的风险，因为15....Ne5 16.Qxd7（16.Qxa7 Nxf3+ 17.Nxf3 Qc6，接下来18....Ra8，白后处境危险）16....Nxf3+ 17.Nxf3 Nxd7，此时局面对黑方有利。

图31-5

图31-6

15.... Na5!（图31-6）

与白方换象。如果白方拒绝，会让黑方完全控制这条大斜线。

16. Bxb7

可能走16.Be2，让出大斜线，在棋盘上保留更多的子会更加安全。交换子力，简化局面，会突显黑方的优势。

16.... Qxb7

现在，黑方准备利用对手白格空虚的情况，侵入子力。随着白格象的消失，这些白格遭到了削弱。这一优势，加上黑方后翼的多兵优势（通常情况下，会制造出一个通路兵），应该足够取胜。

从现在开始，我们将看到一个赢棋技术的经典示范。

17. Bb2（图31-7）

终于，白方开始发展他的后翼。虽然这个方向是值得称赞的，但是预估黑方下一步的行动，走17. Qd3，才是至关重要的。它可以加强

图31-7

对白方弱格的控制，并在一段时间内，阻止黑方有威胁地侵入。

17.... Qa6!

漂亮的调动！后离开了大斜线，对更重要的斜线施加巨大的压力。

黑后威胁强势入侵到e2格，使白方子力不协调。

18. Re1

阻止黑后的入侵。若改走18.Rc1（在c线上争斗），黑方则会走18....Qe2 19.Nf3（或19.Ra2 Ng4 20.Rxc8 Qxf2+ 黑胜）19....Nb3 20.Rxc8 Rxc8 21.Ra2 Rc1+! 白方只能放弃后，否则会被将杀。

18.... Nd5

非常好的中心位置——但这只是暂时的。这个马正在奔向后翼的途中，准备在那里展开行动。

19. Ra2

准备走20.Ba1，接下来21.Rc2，与黑车争斗；或继续走20.Qa1，阻止黑方20....Nc3。

19.... Rc6

很明显是为了在c线上叠车。黑方并没有急于将马跳到c3格，首先，他想诱使白方将他的马从中心赶走。

20. e4（图31-8）

图31-8

带有欺骗性的走法。这着看起来很强，但是中心兵暴露在外，很容易成为对手攻击的目标。

20.... Nc3!

看起来很奇怪，因为黑方用一个健康的马交换白方的一个病快快的象。但是在黑车冒险侵入对方阵地之前，这步预防措施是非常有必要的。棋盘上的子越少，黑车就越不容易遭到对方轻子的攻击。

21. Bxc3

只能换掉这个马，因为它同时攻击着白后和白车。

21....Rxc3

黑车吃回，深入到白方的阵地之中。

22.Nf3

白方努力重新调整他的子力位置。如果走22.Rc1争夺c线，那么22....Rxc1+ 23.Qxc1 Qd3 24.Qb2 Rd8，白方将丢掉一个中心兵。

22....Rfc8

叠车，完全控制住了这条开放线。

从理论来讲，黑方已经赢下了这盘对局。他的局面优势非常明显，用大师们最喜欢的一句话来说，"取胜只是一个简单的技术问题而已"。令人愉快的状态，有时也会存在心理上的危险，因为会倾向于放松，进而停止攻击。人们很容易陷入一种虚假的安全感之中，马歇尔在评论中指出了这种现象："最难的事情，就是赢下一盘该赢的对局。"

23.h3

白方为王提供了一个逃生格——此时也没有什么更好的着法可走。

黑方的双车并不能被赶走（如果走23.Re3，则有23....Rc1+，白方丢后），所以白方暂且等待事态的发展。

23....Nc4

一系列连续动作的第一步，以此加快攻击的速度。首先，用三个子攻击白方的a兵。

24.a4

没有其他的着法可以挽救这个兵。

24....Na3

非常巧妙！黑马攻击白后，同时切断了白车对a兵的保护。

25.Qb2

白方只能主动放弃这个无法继续被保护的兵。如果走25.Qd1坚持守护这个兵，那么25....Qc4 26.Rb2（白车遭到黑后的攻击）26....Nc2（现在另一个白车也遭到了攻击）27.Re2 Qxa4 28.Ne1（强攻被牵制的黑马）28....Qxd4!，黑方解除危机，并再得一兵。

25....Qxa4（图31-9）

第一个物质优势。现在，让我们来看看国际象棋历史上最伟大的天才展示如何将一个通路兵转变成后。请注意，任何与目标无关的战术组合，无论多么吸引人，都应该谨慎避免。强烈的目标感令人恐惧（特别是对于一个不得不面对它的人来说！）。

图31-9

26. Re2

白方没有什么好的着法可走。他拒绝走26.Qe2，因为26....Rc2，导致进一步的换子；26.Rea1攻击被牵制的黑马，则有26....Qb5，黑方可以机敏地将黑马从危险中解救出来。

26.... b5

必须推进通路兵！其他的一切——利用战术组合得子、攻击零散的兵，甚至是攻王——都必须让位于"挺兵升变"这个总目标。

27. d5

白方打开线路，以此制造反击的机会，试图吸引黑方的注意力。

27.... exd5

最简单的应对，白方在吃回兵以后，会在中心形成一个孤兵。

28. exd5（图31-10）

作为回报，白方的e2车控制了一条完全打开的线路。事实上，白方此时威胁29.Qxc3 Rxc3 30.Re8#，底线将杀。

28.... b4!

非常明显的走法，却出色地达成了几个目标：

图31-10

（1）消除了白方的威胁，现在e8格被黑后控制。

（2）保护了自己的马，将黑后从保护马的任务中解放出来。

（3）这个兵又向前挺进了一步，离它的最终目标（底线）更近了。

29. Qd2

不仅可以支撑自己的通路兵，而且还能让后更积极的发挥作用。

29.... b3

与曼哈顿国际象棋俱乐部的警句一致，"黑方的通路兵比白方的更快"。

30. Rb2

这步棋能够坚持更长的时间，如果30.Ra1 Rc2 31.Qe3 b2，那么黑方会赢得更快。

30.... Rc2（图31-11）

黑方的思路非常清晰：通路兵必须继续推进。它前进的道路遭到了车的阻挡，这个阻挡者必须被移除！

31. Qe3

白方希望将事态复杂化，因为31.Rxc2并没有多大的意义。

图31-11

31.... Rxb2

准确地换子，这是能决定对局结果的一系列漂亮走法的开始。

32. Rxb2

白方必须吃回这个车。

32.... Nc4!

同时攻击白后和白车，威胁在换子中获得优势。

33. Qc1

白方利用对黑马的牵制，营救车。此时不能走33.Qxb3，因为黑方可以简单地吃车，此时黑马保护着黑后。

33.... Qa3!

面对黑马的牵制，黑方对白车形成了反牵制。现在黑方威胁用后吃掉白车。

34. Rb1

白车摆脱了牵制。黑方会错失胜利吗？

34.... Qxc1+!

当然不会！这步棋足以使对方投降，因为35.Rxc1 b2（这个兵必须继续前进）36.Rb1 Rb8 37.Kf1 Na3（将最后的阻挡者赶走）38.Rd1 b1=Q，这个通路兵为黑方赢得了胜利。

0-1

对局32

卡纳拉－卡帕布兰卡

布达佩斯 1929

新印度防御

1. d4

现代棋手最喜爱的一种开局方式，这是在开始就争夺中心的最佳走法之一——用一个兵抢占中心，并让两个子快速投入战斗。

1.... Nf6

这步棋不像1....d5那样与对手针锋相对，但是也阻止了对手继续挺兵2.e4。同时，立即出子到合适的位置上，获得了在开局中的额外价值。

2. c4

关于这步棋，白方会拥有很多好处：

（1）限制黑方立即挺兵2....d5，因为有3.cxd5，**迫使黑方用子吃回**，破坏了他的短命的兵中心。

（2）打开c线，使白方的重子能够发挥作用。

（3）打开了一条后可以利用的斜线。

（4）使得两个兵并排而立，同时控制住第5线的4个格子。

2.... e6（图32-1）

图32-1

黑方的f8象能够积极地出动，对中心产生影响。例如，如果白方应以3.Nc3，为了接下来挺兵4.e4，黑方则可以走3....Bb4，出象牵制马，使得白方无法走4.e4。

3. Nf3

白方不能强行挺起e兵，因此他正常出子，等待时机。

3.... b6

进一步限制白方抢占中心！黑方打算将他的象放在b7，在这里可以进行远距离的攻击，并为黑马增加控制e4关键格的力量。

图32-2

4. g3（图32-2）

白方最好的做法是在这条大斜线上与黑象对抗，就像在开放线上车的对抗一样。在建立平等的对抗力量中，他消除了对方象的攻击。

4.... Bb7

严格来讲，这是一个非常现代的理念！在过去，大家通常是用兵占领中心，然后从侧翼出象，结果造成象发挥不出太大的作用。如今，这个象可以沿着斜线进行自由的攻击，而不会被固定的兵所阻碍。

5. Bg2

伴随着侧翼象的完成，白方王翼已经完成出子，可以随时准备进行王车易位。

5.... Bb4+

在试图冲兵...c5破坏中心之前，黑方先出动一个子。这步出象，不仅是为了加快王车易位的速度，而且也形成了有利的换象。

6. Bd2

要比6.Nbd2更好，因为6.Nbd2是被动的垫将，会给黑方留有王车易位的时间，之后挺兵7....d5进攻中心。

6.... Bxd2+

图32-3

黑方进行换子，是摆脱局面略微被动的最好方法。相反，如果将象退到e7格，那么会使他处于防守状态，让白方拥有主动权。

7. Nbxd2（图32-3）

国际象棋大师中的理论家和评论家认为，此时白方应该用后吃回。尽管他们尖叫着说这个马应该属于c3格，为了帮助攻击d5格，但是一些棋手仍然坚持应该用马吃回。他们提出的依据是，这样走可以出动另一个轻子，但是真正的原因，可能是纯粹的固执——对权威的挑战。在任何情况下，如果没有7.Qxd2有效，就不应该如此强烈地坚持。

7.... O-O

在对中心采取任何决定性的行动之前，黑方先注意到了王的安全性问题，将它转移到了棋盘上更加安全的位置上。

强有力的选择是7....c5，挑战白方的兵中心。对此，白方不能应以8.d5，否则会丢掉一个兵。

图32-4

8. O-O（图32-4）

白方也将王转移到了一个更加安全的位置上，并将h1的车投入战斗。

8.... c5!

强有力的走法，目的是破坏白方的中心。

9. dxc5

白方几乎没有选择。将兵挺到d5格，会丢掉一个兵。挺兵9.e3进行保护（为了用兵吃回，在中心留有一个兵），会让e兵陷入防守的状态中，之后e兵几乎没有机会挺到e4。

9.... bxc5

通过这一步简单的换兵，黑方获得了三方面的优势：

（1）他用一个靠近中心的兵，交换了一个中心兵。

（2）他的c兵控制着d4格，使得白方无法在这个格子上放置子。

（3）后和a8车能够在新打开的b线上更好地发挥作用。

图32-5

10. Qc2

多数情况下，在开局中后并不是要四处走动，而是要离开底线，这样两个车就能连通，并作用在中路上。

随着后的离开，f1车可以占据d1格，在d线上施加压力，在这条线路上让黑方的子难受。

10.... Nc6（图32-5）

出马直指中心，加强了兵对d4格的控制。

11. Rfd1

看起来不错的11.e4，将遭到11....e5的抵挡（加强对d4格的压力），紧接着12....Qe7，再13....Nd4。之后白方会面临一个问题：黑方有一个在d4格的中心铁马，这个马所制造的压力，让白方无法承受。而换掉这个马，黑方可以走14....cxd4，但这样会在d线上，给黑方制造出一个通路兵。

11.... Qb6!

现在，黑方有三个棋子压制d4格，同时，这个后也控制着打开的b线。

图32-6

12. a3（图32-6）

白方并不是想冲动地挺兵13.b4发起反击，他主要想在之后的某个阶段，阻止黑方...Nb4。

12.... Rab8

非常好的局面型着法！人们很容易忘记的是，车的首要任务，是控制住打开的线路，这不仅仅因为车的攻击可以延伸线路的整个长度，而且还因为车能够通过这个方便的路径侵入到其他的位置上。

13. Rab1

白车也走到了b1格，但是这两步棋却有天壤之别！白车没有开放线，几乎无法在线路上移动，它的作用纯粹是为了防守。不过，在保护b兵方面，这个车替代了后，可以让后自由地移动。

13.... Rfc8

这个车在f8格做不了什么，所以将它转移到一条可能会变得有用的线路上。

此时，不用急于走13....a5，因为白方并不能走14.b4进行突破。

14. e4

白方的走法，表面上看起来很有力量。事实上，这个兵占据了一个不应该安排棋子的格子。白方的子，由于不能再利用e4格作为一个据点去到很多位置，所以失去了灵活的机动性。

14.... e5

令人窒息的15.e5，白方的e兵渴望继续挺进。

注意黑方是如何加强对d4格的控制的。现在，黑后、黑马，还有两个黑

255

兵，同时控制着这个格子。

15. Qd3

白方希望沿着d线形成一些反击，例如16.Qd6，或者将马沿着f1-e3-d5的路径进行调动。同时，阻止黑方走15....Nd4，因为白方可以16.Nxe5，得兵。

15.... d6

一个机智、几乎鲁莽的应对。黑方保护住e兵（为了能够走16....Nd4），但是挺起的这个兵本身，却没有保护！

当然，白方不能吃掉这个d兵。对于16.Qxd6，则会遭到16....Rd8，白后会被黑车捉死。

16. Nf1

目的很明显，白方想把这个马通过e3格，调到d5格。如果白方能够实现，这无疑是一个很好的策略。

图32-7

16.... Nd4!（图32-7）

然而，黑方抢先到达了那里！不仅在d4格建立了一个前哨，而且还妨碍了白方的进一步调动。如果白方走17.Ne3，则17....Bxe4 18.Nd5 Bxd3 19.Nxb6 Nxf3+ 20.Bxf3 Rxb6 21.Rxd3 e4 黑方利用兵的击双，得子。

17. Nxd4

这个强大的马把白方压制得特别难受，所以必须换掉它。

17.... exd4

黑方很愿意进行换子：这样可以在d线上拥有一个通路兵，随着对局的推进，它可能会升变为后。更重要的是，这个兵守住了一个关键的位置，阻止白马跳到e3格，终结了它到达d5格的目标。

很显然，这个在d4格的通路兵，在逻辑上能够升变为后，但是接下来，会有惊喜——很多惊喜！

18. b4

白方突然袭击！他的主要威胁是：19.bxc5 Qxc5（黑方只能用后吃兵，因为这个后遭到了白方两个棋子的攻击）20.Rxb7 Rxb7 21.e5，白方可以用一个车，换取黑方两个轻子。

黑方如何面对这个威胁呢？很明显，不能走18....cxb4，因为19.Rxb4会让白方的局面更好。也不能走18....Qc7，因为在19.bxc5 dxc5（为了保护通路兵）20. f4之后，紧接着威胁21.e5，白子会非常活跃。

卡帕布兰卡的实战走法引发了一个精彩的战术组合。他让白方获得了物质优势，相应的，却是一个没有发展前景的局面——除了卡帕布兰卡，没有人敢这样干！

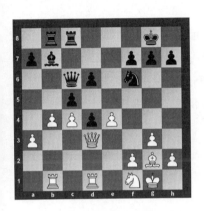

图32-8

18.... Qc6!（图32-8）

对e兵发动三重攻击！这步棋迫使白方要么被动地保护兵，要么大胆地推进他计划好的战术组合。

19. bxc5

白方要赢！他吃掉这个兵，为车打开线路，并威胁继续吃掉d线的通路兵。

19.... dxc5

黑方必须用兵吃回，保护这个宝贵的通路兵。

20. Rxb7

诱人的战术组合，可以用一个车换取两个子。

卡帕布兰卡是被打个措手不及，还是他比对手看得更远？

20.... Qxb7

黑方用后吃回，以保持对这条有价值的开放线的控制。

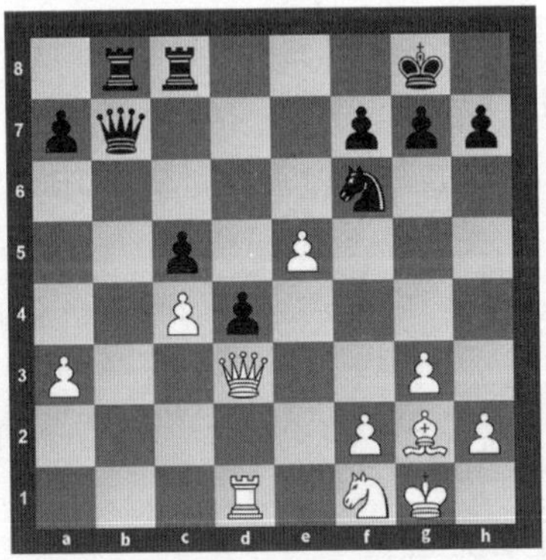

21. e5（图32-9）

闪开斜线，白象攻击黑后，同时白兵攻击黑马。

21.... Qb3!

精彩的换后！通常情况下，拥有物质优势的一方才会试图主动换子，将局面简化到残局。

22. exf6

白方没有选择22.Qxb3，因为会遭到22....Rxb3 23.exf6 Rxa3，黑方拥有了两个通路

图32-9

兵。

22.... Qxd3

这步棋的想法是要迫使白车离开底线。之后，黑车可以将其作为侵入点，从白兵的后面发动攻击。

23. Rxd3

白方没有别的选择。

23.... Rb1!

白马遭到牵制，威胁开始了。白方不得不拼命地摆脱这个难受的牵制。

对于白方被动的走法，黑方可以继续走24....Re8，紧接着25....Ree1，再26....Rec1，这样可以吃掉c兵，白方不能走27.Bd5进行保护，否则会丢马。在吃掉这个兵之后，黑方将拥有两个非常危险的通路联兵，威胁升变。

24. Bd5

白方的计划非常明确：保护自己珍贵的c兵，并为自己的王腾出一个格子。接着走25.Kg2，马可以不再被牵制，进而投入到战斗之中。

24.... Rcb8

叠车，让黑方毫无争议地拥有了最重要的b线。

此时，白方面对两个威胁：

（1）25....Rc1，再26....Rbb1，对马的攻击，会迫使白象退回到g2格，接下来黑方可以吃掉c兵。

（2）25....R8b3，迫使白方换车，之后白方后翼的兵会沦陷。

25. Kg2

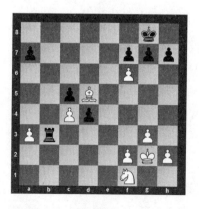

图32-10

白方解除了马的牵制。这个马在之前的十步中，一直在看热闹。

25.... R8b3!

想法非常大胆！黑方进行换车，之后用一个车迎战白方两个子。

26. Rxb3

白方很愿意接受！

26.... Rxb3（图32-10）

现在这个a兵处境危险。

27. Nd2

白方并不能拯救这个兵（如果27.a4，则27....Rb4　28. a5 Ra4），所以通过追击黑兵来实施反击。

27.... Rxa3

吃掉这个兵，同时在a线上又制造出了一个通路兵。这个兵会升变吗？

28. Ne4

现在，白子开始行动了！此时白方威胁29.Nxc5，敲掉d线黑兵后面的支撑，并为自己制造一个c线通路兵。

28.... a5!

比28....Ra5更好，否则会让这个车陷入到保护兵的防守之中，在残局阶段扮演一个从属者的角色。

29. Nxc5

在吃兵以后，白方也拥有自己的通路兵，并开始向前迈进。

29.... gxf6

不仅是为了得兵，还让黑王更加自由。如果立即走29....Kf8，则有30.Nd7+，黑王被赶回到g8格，因为30....Ke8，31.fxg7白胜。

若29....d3，则会遭到30.Kf3，再31.Ke3，d兵会被白方吃掉。

30. Kf1

白王退回，去阻止黑方的通路兵。

30.... a4

面对白方31.Bc6，对通路兵的双重攻击，黑方并不害怕，因为可以通过31....Ra1+，再32....a3驳回白方，而且兵又向前迈进了一步。

图32-11

31. Ke2（图32-11）

白王靠得更近了，终结d兵带来的一切危险。

接下来，黑方如何推进呢？

31.... Ra1!

以a兵升变的威胁恐吓白方！黑方打算走32....a3，接着33....a2，34....Re1+（为兵的升变腾开位置，不浪费任何时间），35....a1=Q变后。

32. Nd3

白方阻挡d兵，并准备挺进自己的通路兵。

32.... a3

回到第17回合，那时看起来d兵将要抵达8线，升变为后。现在，d兵遭到了封锁，a兵才是看起来威胁升变的那个兵。

但是，升变的兵，会是a兵吗？

33. c5

白兵也开始给黑方带来麻烦。

33.... a2

威胁通过34....Re1+ 35.Nxe1 a1=Q，立即取胜！

34. Kf3

白王退到一边，避开将军。

34.... Rd1

不仅攻击白马，同时威胁升变，让白方陷入困境。

35. Bxa2

白方必须不惜一切代价，消灭这个危险的兵！

35.... Rxd3+

伴随着这步吃子，黑方用自己的a兵，赚得了白方的一个子。

36. Ke4

白方没有走36.Ke2掉落陷阱，因为在36....Rc3之后，会丢掉自己的通路兵。

36.... Rd2

实战的走法，黑车同时攻击白象和f兵。而且，这步棋让d兵恢复了升变的威胁。

这个兵最后会升变为后吗？

37. Bc4!

对于这个象来说，这是一个非常好的位置。

现在，黑方很容易犯错，例如，37...Rxf2 38.c6 Rb2（如果38....Rc2，则39.Kd5，白胜）39.c7，白兵升变，畅通无阻！

37.... Kf8!（图32-12）

黑王接替了限制白兵升变的任务。

图32-12

38. f3

挺进c兵，是没有用的：38.c6 Ke7，这个兵不能再继续前进了。实战的走法，白方能用自己的h兵，换掉黑方的d兵。

38.... Rxh2

黑方选择了换兵。相较于死死守住这个通路兵，他更愿意简化局面，有信心利用自己的优势，获取胜利。这需要对棋盘上的合理性充满信念，对自己准确的计算能力充满信心。

39. Kxd4

在这步吃兵之后，白方的前景看起来非常好。他的王和象紧跟在通路兵的旁边，将竭尽全力地护送它冲到对方底线。

39.... Ke7

准备封锁住这个兵。

40. Bd3

很明显，是想将象转移到e4格，在那里，它可以保护自己的f兵，阻止黑方叠兵的挺进，同时在c兵到达c6格时，能够对它进行保护。

图32-13

40.... h5（图32-13）

威胁41....Rg2 42.g4 h4，黑胜。

h兵，是否能够成为通路兵，进而升变为后呢？

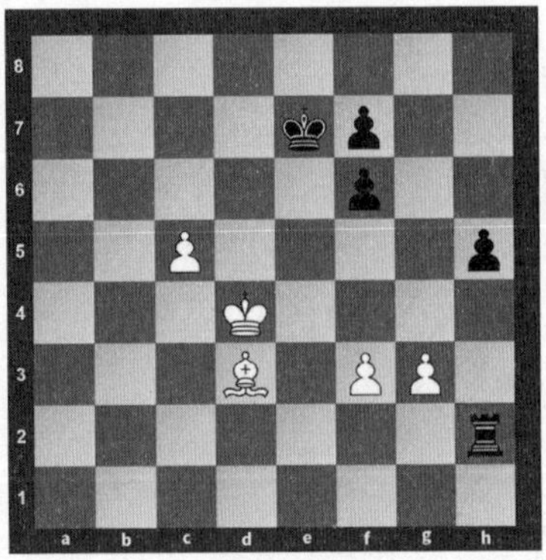

41. Ke3

白王向王翼靠近，以保护g兵。

41.... Rg2

在强迫白王保护g兵的过程中，黑方让白王远离了自己的通路兵。

42. Kf4

唯一的走法。如果走42.g4，黑方取胜会非常轻松，例如，42...h4 43.Bf1 Rc2 44.Kd4 Rf2 45.Bh3 Rxf3 46.Bg2 Rg3 47.Bf1 h3。

42.... Rg1

现在去后面追击这个通路兵！在残局阶段，车在敌方兵的后面，可以发挥出最大的威力。它的攻击力可以延伸到整条线路上，所以无论这个兵在这条线上挺进了多远，都无法逃脱车的攻击。

43. Be4

准备在这个通路兵到达c6格时，对它进行保护。如果立即走43.c6，则
43....Rc1 44.Be4（不能走44.Bb5 Rc5 45.Ba4 Rc4+，白方丢象），在稍后的对局
中，也形成了这个局面，只是行棋的顺序不太一样。

43.... Rc1

对于外行来说，这步棋看起来非常奇怪！为什么要帮助这个兵在棋盘上移
动得更远呢？

黑方的想法是迫使这个兵移动到白格，这会让白象陷入到被动的防守之
中，很大程度地限制了象的活动范围。

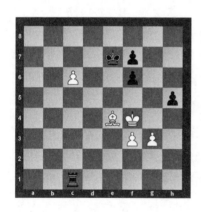

图32-14

44. c6（图32-14）

兵向前移动，走到了象的保护之中。

44.... Rc3!

非常有效的走法！这步棋降低了白方的状
态，使其处于楚茨文克——被迫移动。这意味
着白方进行的任何移动都是被迫的，很可能致
命，它会对局面造成不利的影响！

45. c7

白方主动放弃了这个兵，因为无法挽救
它！以下几种选择，都非常有意思：

（1）45.Kf5 Rc5+（将白王赶回）46.Kf4 Ke6 47. Ke3（移动白象会立即丢
兵；若47.g4，则有47....h4，会使黑方获得一个通路兵）47....f5 48.Bd3 Rxc6，黑
胜。

（2）45.Bd5 Rc5 46.Ke4［46.Be4 Ke6，会形成上述变化"（1）"的走法］
46....f5+ 47.Kd4 Rxd5+! 48.Kxd5 f4! 49.Kc5（或，49.gxf4 h4 50.Kc5 Kd8 51.Kb6
Kc8，黑胜）49....fxg3 50.Kb6 g2 51.c7 g1=Q+ 52.Kb7 Qb1+ 53.Kc8 Qb6 54.f4
Qa7 55.f5 Qa8#。

45.... Rxc7

消除潜在的危险。残局阶段仍然需要追求胜利，而实现胜利的方式是流
畅、完美技术的一个例证。这个例证清晰准确，就好像它是一项撰写的残局研
究解决方案。

46. Bd5

让黑方无法将王走到较好的e6格。

46.... Rc5

车打算追击白象，直到它离开控制e6格的斜线。

47. Ba2

可以理解，象试图尽可能长时间地待在这条斜线上。如果改走47.Bb3，则47....Rb5，迫使48.Ba2（48.Bc4 Rb4，牵制白象；或48.Ba4 Rb4+，得象）48....Rb2 49.Bd5 Rb4+！50.Kf5（50.Be4 Ke6 51.Ke3 f5 黑胜；或：50. Ke3, 50.... f5，再51....Kf6，黑胜）50....Rb5 51.Ke4 f5+ 52.Kd4 Rxd5+！53.Kxd5 f4 54.gxf4 h4,此时这个兵的升变无法阻挡！

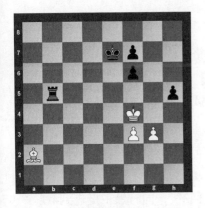

图32-15

47.... Rb5!（图32-15）

完全控制！这个象无处可走！

48. Ke3

或者，48.Ke4 f5+ 49.Kf4 Kf6 50. Ke3（象无法移动，如果50.g4，则有50....hxg4 51.fxg4 Rb4+ 52.Kf3 fxg4+，白方丢兵）50....Rb4 51.Bd5 f4+ 52.gxf4 h4 53.Kf2 Rb2+ 54.Kg1 Kf5 55.Bxf7 Kxf4 56.Bd5 Kg3 57.Be4 Ra2 58.Kf1 h3，黑胜。

48.... Ra5

在a2-g8的斜线上，让白象走到唯一的格子里。

49. Bc4

这个象不能走到b3格，因为会遭到牵制。如果走49.Bb1，则有49....Ke6 50.Kf4 Ra4+ 51.Ke3（51.Be4 f5，得象）51....f5 52.Bc2 f4+ 53.gxf4（或53.Kd2 fxg3）53....Ra3+ 54.Kd2 Ra2 55.Kc1 Rxc2+，黑胜！

49.... Rc5

将白象从控制e6的斜线上赶走。

50. Ba6

50. Kd4 Rg5，黑方可以立即得兵；

50.Ba2，则有50....f5，为黑王腾出f6格。

50.... Ke6

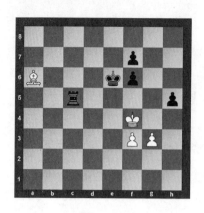

图32-16

进一步接近中心和白兵。

51. Kf4（图32-16）

白方进行着艰苦的抵抗！准备在51....f5时，走52.Kg5。

51.... Rc3!

再次限制白象的移动。若走52.Ke4，则有52.... f5+ 53.Kf4 Kf6。

52. Bf1

白方必须控制住c4格，否则（例如，走52.Bb7）黑方会走52....Rc4+，白王会被逼退，同时黑王能够挺进。

52.... f5

终于！这个兵挺进了一格，为黑王腾出了f6格。

53. Ba6

留给白方的移动越来越少了！53.g4 fxg4 54.fxg4 h4 55.g5 h3 56.Kg4 h2 57.Bg2 Rc1，黑胜。

或者在53.Kg5 Rxf3 54.Bc4+ Ke5 55.Kh4 f4之后，黑方也能轻松取胜。

53.... Kf6

白王陷入困境。现在剩下的，就是将它逼退回3线，同时黑王挺进到4线。

54. Bb7

如果白象停留在这条斜线上，例如54.Be2，黑方则可以走54....Rb3，然后55....Rb4+ ，逼退白王。

54.... Rc4+

强迫白王后退。

55. Ke3

唯一的走法。

55.... Kg5

威胁56....f4+ 57.Kd3（57.gxf4+ Rxf4会让黑方获得一个通路兵，或者57.Kf2 Rc2+ 58.Kg1 fxg3，黑方获得两个通路兵）57....fxg3 58.Kxc4 Kf4!，黑方可以轻松取胜！

56. Kf2（图32-17）

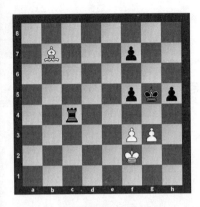

图32-17

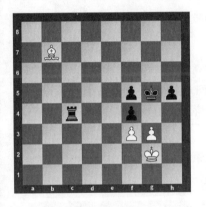

图32-18

如果56.Bd5攻击黑车，则会迎来以下的结局：56....f4+ 57.Ke2 Rc2+ 58.Kd3 Rc7（简单但是直接），黑胜。

对于实战的走法，白方后撤的目的，是为了顶住潜在的通路兵，无论是哪一个！

56.... f4!

这是当前情况下一步关键的走法！黑方威胁57....Rc2+ 58.Kg1 fxg3，可以马上获胜。

57. Kg2

在面对将军时，准备走58. Kh3，以挽救这个兵。

57.... f5!（图32-18）

通路兵必须要推进。不管你信不信，这个兵在f7的位置上，足足待了56个回合，却是注定要成为赢得对局的那个通路兵！

0-1

白方等不到这个证实了。在58.Kh3 fxg3 59.Kxg3 h4+（看起来威胁变后，却不是最终的那个）60.Kh3 Rc3 61.Bd5 Kf4 62.Kxh4 Rxf3 63.Bxf3 Kxf3 64.Kh3 f4 65.Kh2 Ke2，这个兵会径直挺进，升变为后。

整盘对局都非常漂亮，尤其是残局阶段异常精彩，以至于我忍不住对许多地方进行了详细的分析。在娱乐和指导方面，对它的研究，要远比它表现出的"精彩"更有意义，因为这些精彩，都是偶然展示出来的。

对局33

鲁宾斯坦 – 马洛契

哥德堡 1920

拒绝后翼弃兵开局

1. d4

这步开局的走法是很有效的，不仅用兵抢占中心，而且为两个子的出动腾出了空间。白方打算尽快地出动子力，想要将每个子用一步就放到最合适的位置上。这样的冲兵，可以加快出子的速度（释放子或攻击中心），也可以阻碍对手出子。

1.... Nf6

规范的出子体现在以下几个方面：这个马向最具攻击潜力的中心跃进；立即对重要的位置d5和e4格施加压力；阻止白方挺兵2.e4，在中心建立强大的兵阵。

2. Nf3

白方先出动王翼的子，是为了尽快在这一侧进行王车易位。这个马在开局中站在了它最能发挥作用的位置f3格。这是一个漂亮的攻击位置，请注意，它是如何辅助兵对e5进行控制的，在白方王车易位之后，这个马是很好的王翼守护者。

图33-1

2.... d5

黑方不能以粗暴的手段争夺主动权。只有白方下得不小心（在开局中浪费时间或追逐兵），黑方才有可能获得主动权。但是面对白方正常出子，黑方能实现平先就足矣了。

黑方的第二步棋抵消了白方中心的压力，并为自己的两个子打开了出动的线路。

3. c4（图33-1）

一般情况下，在开局中挺兵都是为了帮助出子。而当前的局面，却是一种少见的例外。

这步棋直接形成了攻击，威胁通过4.cxd5消除黑方的中心。在增强白子的机动性（实际的和潜在的）方面，并没有起到什么作用，但是这步棋为后打开了一条斜线，并提供了一条开放的c线为后续后或a1车发挥作用创造了条件。

3.... e6

黑方用另一个兵，支撑d兵。如果白方走4.cxd5破坏中心，黑方则可以用兵吃回，d5格的兵能牢牢地控制中心。

尽管3....e6存在一些弊端，会阻碍自己c8象的出动，但这仍然是黑方最好的走法。出象方面的困难，看起来并不是那么紧要，但是如果不能解决，那将等同于黑方少了一个子。就目前而言，作为补偿，f8象有大量的自由移动空间。

图33-2

4. Bg5（图33-2）

这一着使黑方的局势变得局促。它牵制了黑马，对马后面的子形成了压力。当黑方的王翼被象牵制住以后，他的子不能自由移动。

在19世纪，白方通常会出动黑格象到f4格，在那里它可以控制一条有用的斜线。如今，我们寻求一种更尖锐、更积极的走法。如果我们在出动子力的同时，能够限制对方的出子，那我们就会比常规的、无害的走法，获得的更多。这步牵制马的走法，使得黑方唯一出动的一个子陷入了瘫痪。

4.... Be7

这个牵制很容易就被解除了，为什么还要大惊小怪呢？一方面，在解除这个马的牵制时，黑象被限制住了，处于防守的被动之中。它的出动，是由于白方对黑马施加压力所产生的。

顺便说一下，黑方的走法绝不会遭到质疑。这个象的走法虽然比较柔和，仅仅是在出子的过程中向前迈进了一步，但是它离开了底线，走到了一个坚固的防守位置上，同时清空了王翼，使得黑方能够进行王车易位。

5. e3

在开局阶段，应该尽量少走兵，但是因为一些兵必须移动才能让象投入战斗，所以这步棋，应该被视为一种正常的走法。

5.... Nbd7

在拒绝后翼弃兵的开局中，对于b8马来说，最理想的出子位置不是c6格，而是d7格。从d7格，这个马能够支持e兵和c兵的挺进，进而冲击白方的中心。

马一定不能跳到c6格，因为会阻挡c兵的挺进。c兵在挺进到c5格的过程中，一定不要遭到阻挡，因为在c5格，它可以争夺对中心的控制权。

6. Nc3

相反，白方后翼马最理想的位置是c3格，它不会阻挡自己的c兵，而且能够威胁d5格和e4格，中心四个重要格子中的两个。

图33-3

6.... O–O（图33-3）

黑方将王转移到更加安全的位置上，同时让h8车更靠近中路线。

7. Rc1

出车，到最有攻击前景的位置上。在c1格，它可以控制c线，沿着开放的c线施加压力。虽然现在这条线被白方自己的马和兵挡住了，但是这个兵在交换以后就会消失，马也能够走开，进而腾开线路。严格来说，这条线只会部分打开，但是无论能否完全打开，这个车

都要走到c1格，因为：

在后翼弃兵开局中，控制c线是至关重要的。

7.... Re8

黑方的车走到了中路线上。它可以在中心出现争斗的时候，有效地发挥作用。现在，车在这条线上几乎没有什么作用，但是随着线路的每一次清空，它的作用会变得越来越大。

黑方的活动空间比较狭小，但是其他立即拓展空间的走法并不可取：

（1）7....dxc4 8.Bxc4，白方在出象的时候得先，因为同时完成了出象和吃兵。

（2）7....a6（为了后续走8....dxc4 9.Bxc4 b5 10.Bd3 Bb7）8.c5会遭到更大的限制。

（3）7....c5 8.dxc5 Nxc5 9.cxd5 exd5（不能走9....Nxd5，否则会遭到10.Nxd5 exd5 11.Rxc5! Bxg5 12.Rxd5 白方会赢得一个象），黑方的d5兵比较弱，同时白

方拥有一个非常好的d4格，可以作为向棋盘上各个地方调动子力的中心点。

8. Qc2

对于白后来说，这是棋盘上最好的位置！后可以增加对c线的压力，并加强对中心的控制权，给黑方出子制造麻烦。

8.... dxc4

黑方失去了耐心，尝试着挣脱束缚。然而，黑方更好的选择是推迟吃兵，等待白方出动f1象之后，再吃掉这个兵，这样会让象重复走子。他可以改走8....c6，增强对d5兵的保护，并为后向后翼调动提供出一条线路。

9. Bxc4

很明显，白方赢得了出子的速度，白格象吃回一兵，同时走到了一个很好的位置上。

9.... c5

黑方必须反击，否则会被压死。这步棋提供了最实际的机会，因为它在中心建立了紧张局势，与白方争夺这个区域的控制权。此外，他还准备把车调到c线，与白方争夺在这条线上的平等权利。

10. O–O

保持压力的最简单方法就是继续出子。白方一举就将自己的王转移到了棋盘上更安全的位置上，并将h1车从角落里调出，朝中心移动。

图33–4

10.... cxd4（图33–4）

黑方的目的是迫使白方对中心做出决策。如果白方用兵吃回，则会在棋盘的中路形成一个孤兵；如果用子吃回，则白方的兵中心并不比黑方好。

11. Nxd4

鲁宾斯坦更倾向于用子吃回，而不是用兵吃回。尽管11.exd4会在中心留有一个兵，但它是一个孤兵。与其他的兵分开之后，这个兵的弱点并不只是在于它只能由子来进行保护，而是在一些特定的局面中，对方的子可以直接挡在这个兵前面的格子里（例如，此局面下的d5格），并一直停留在那里，因为没有兵可以将它赶走。

中心孤兵的作用（例如，在d4格，如果白方走11. exd4吃回），包括了对具有战略重要性的e5格和c5格的控制，具有率先攻击、打破局面的能力，以及作为前哨支撑的价值。在本局中，它可以支撑e5格的马。

11.... a6

主要是为了保护住b5格，阻止白方轻子的侵入。反对这步棋的理由是：在开局中，兵的移动如果不是为了出子，则是在浪费宝贵的时间。对此，可以选择走11....Ne5 12.Bb3 Bd7 13.Rfd1 Qb6，这样，黑方的子就都出动了。

注意，白方仅仅移动了那几个必须用来释放子或可以增强机动性的兵。每一步，无论是子还是兵，都促进了白方局面的发展，增强了子力的潜在力量。

12. Rfd1

现在，这个车转向中心，调动到线的一端，直指对方的后。无论两者之间还有多少其他的棋子，这个后都会感到不舒服，因为要一直面临威胁。例如，如果黑方走看似合理的12....Nb6，攻击白象，那么他会面临13.Nxe6，白方利用闪击得后。

耶茨和温特对这一点赞赏道："这是一个正确出子的经典案例。白方每一步都非常到位，将自己的后、车、象和一个马，都走到了几乎最理想的位置上。"

12.... Qa5

后迅速从对方的火力下逃离，利用对白象的攻击，赢得了一点儿时间。

13. Bh4

白方撤象，但是仍然保持对黑马的压力。

13.... Ne5（图33-5）

图33-5

现在，白方的另一个象也受到了威胁。很显然，黑方在以此争取更多的时间。

14. Be2

两个象被迫全部后撤，尽管如此，但它们潜在的力量还是巨大的。两个象在相互配合下，潜力是不会轻易消失的，所以白方没有考虑14.Bd3这样的走法，因为这会让黑方走14....Nxd3，用一个短距离的马换掉一个长距离的象。简而言之，可以归纳为：

保留双象，是一种优势。

14.... Ng6

马调动到王翼，攻击白方的黑格象，迫使其进一步后退。同时，黑方王前设置了越来越多的壁垒，让黑王处在层层的保护之下，看起来非常坚固。

尽管看上去黑方一直在利用对白象的攻击争取时间，但是他总应该做点儿什么，好让后翼的子离开初始位置，投入战斗。例如，此时如果走14....Bd7，然后15.Nb3 Qc7　16.Qb1 Bc6，黑方可以获得更适合的斗争机会。

15. Bg3

这个象只能再后退一格，同时黑马的压力解除，但是现在象控制着一条更好的斜线。

黑方不能因为要试图除掉其中的一个白象而继续追击。因为在15....Nh5 16.Nb3 Qg5（这个后必须保护黑马）17.Ne4 Qh6　18.Bc7之后，白方获得主动权。

15.... e5

非常有吸引力的走法！这个兵可以做到以下几件事：

（1）占领中心格。

（2）为c8象打开出动的路线。

（3）切断白方g3象的活动路线。

（4）将白马从中心位置赶走。

与此相反，黑方的走法遭到了反对，看似是一个轻微的异议。d5格，不再受到兵的控制，被削弱了。这步棋为白方提供了利用这个中心点的可能性，使得白方能够通过这个位置，轻松地将子移动到棋盘上的任何部分。

这样的可能性，会对黑方造成致命的后果吗？正是由于对这种局势的发展无法做出准确的评估，才使得国际象棋充满了艺术性和科学性的美。

16. Nb3

这个马必须撤离，但由于对黑后的攻击，成为了反击。

16.... Qc7（图33-6）

黑后躲开了攻击，黑方准备重组他的子，接下来可能走17....Bd7, 18....Bc6，再19....Rad8。

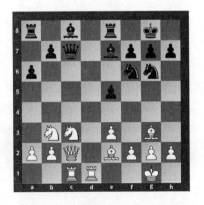

图33-6

17. Qb1!

这是白方连续第五次后撤，但是每撤退一步，都改善了他的局面！虽然白子都退到了3线以后，但是这些子获得了更大的力量。它们将逐渐占据更有利的位置，控制整个棋盘，将对手击垮。

现在，黑方没有时间出动自己的c8象，因为在17....Bd7 18.Nd5 Qd8（如果走18....Nxd5，则19.Rxc7 Nxc7 20.Rxd7 白胜）19.Nc7之后，白方利用马的击双得子。

17.... Qb8

黑后被迫撤退（因为白方存在闪击的威胁），而白后是主动移动到了b1格。

两者所形成的局面差异明显：

（1）白后并没有妨碍自己的车，这两个车现在控制着两条开放线；而黑方的后和象将自己的车分隔开，其中一个还被完全地关在了角落里，另一个车的移动也受到了严重的限制。

（2）白方有两个灵活的、长距离的象；而黑方只有一个，另一个到现在还待在原地没有出来。

（3）白后可以迅速投入战斗，而黑后则只能躲在棋盘的边缘。

18. Bf3

象控制住大斜线，并阻止黑方挺兵18....b5（因为19.Bxa8，丢子），然后从侧翼出动他的黑象。

18.... Qa7

黑方在子力调动的过程中磕磕绊绊，但是很显然，他想将车走到b8格，然后挺兵...b5，最后将他后翼的象调动到b7格。

19. Na5!

很好的预防性着法！这步棋遏制了黑方19....Rb8，再20....b5，因为21.Nc6，黑方丢子。同样，直接走19....Bd7或19....Be6，会丢掉b兵。

请注意白方是如何做到的：他不仅出动自己的子，而且还阻碍对方子的出动。

19.... Bb4

黑方努力赶走这个马，因为它妨碍了自己后翼子的自由移动。

20. Nc4

这个马只能撤离，但是作为补偿，它被调动到了更靠近中心的位置上。

图33-7

20.... Bd7（**图33-7**）

这个象在出动的时候，只有一个位置可走！如果黑方改走20....Be6，那么21.Nxe5，黑方丢兵。另外，如果20....Bg4，那么21.Bxg4 Nxg4　22.Nd5，白马会同时威胁23.Nxb4（吃子）和23. Nc7（击双得子），黑方无法同时应对这两个威胁。

21. Nd5!

马走到d5格可以同时攻击周围的子！它直接威胁吃象（22.Nxb4），间接威胁22.Nxf6+ gxf6　23.Rxd7，吃掉另一个象。除此以外，这个马还威胁22.Nc7，同时攻击两个车，得子。

21.... Nxd5

显然，这样一个危险的子必须被清除！

22. Bxd5

白方用象吃回，是为了威胁23.Bxf7+ Kxf7　24.Rxd7+ 得兵，以此获得先手，因为黑方无论如何，也要消除掉这个威胁。

22.... Be6

黑方必须除掉这个攻击王翼，同时压制自己后翼的白象。此时，他无法通过走22....Bc6实现这个目的，因为23. Bxc6 bxc6　24.Qe4，白方可以吃掉c兵或e兵。

23. Qe4!

在各个方面都是大师级的走法，是局面型下法的关键一课！在这里，大多数人都会基于在23.Bxe6之后会发生什么来考虑是否进行换子。然而，大师们则将换子视为一个机会，用另一个子来替代这个必将从棋盘上被换掉的子。白方愿意接受换子，但前提是他能用另一个子替换这个象，来保持对d5格的控制。

让我重申一下，这样表达的意思才不会有误：

支撑一个受到攻击的子（在这里是处于d5格的象）对黑方形成的压力更大。相比之下，直接进行交换或撤退会带来压力的释放。

顺便注意一下，这个后在中心的位置可以发挥出全部威力，它的力量能够辐射很多方向：

（1）后支撑自己d5格的象。

（2）后增强了象对b兵的攻击。

（3）后帮助攻击黑方的e兵。

（4）后威胁（间接）黑方的b4象。

23.... Bxd5

鉴于许多威胁，几乎是被迫的。如果走23....f5，试图驱赶白后，则会遭到直接的反击24.Qxf5，此时黑方不能吃后，因为象被牵制。

24. Rxd5

黑方摆脱了这个麻烦的白子，但它却被另一个白子所替代！第三次，白方将子固定在了d5格，每次的抢占，都加强了自己对局面的控制。现在，白方有四个子攻击黑方的e兵，分别是车、马、象和后。当黑方营救这个兵时，白方可以获得在d线上叠车所需的时间，保证永久性地占据这条重要的线。这对黑方会造成巨大的影响：切断了子力之间的联系，使得黑方很难组织有效的反击。

图33-8

24.... Rac8（图33-8）

利用对一个攻击子进行牵制，间接地保护了自己的兵。

白方不能用马吃兵，否则会遭到底线将杀，也不能用车或后吃兵，因为会丢子。这就只剩下25.Bxe5了，但是会有25....f6 26.Bd4 Rxe4 27.Bxa7 Rexc4，黑方得子。

25. Rcd1

在这条开放线上叠车，这步行动使车的威力加倍。现在，白马摆脱了牵制，可以重新攻击黑方的e兵，并顺便威胁闪击吃象。

在理论上，白方已经赢下了对局，但是鲁宾斯坦要以一种既高效又艺术的方式获取胜利。

25.... Bf8

黑方将暴露的象转移到防守的位置上。

针对黑方25....f5的立即反击，白方可以走26.Qxf5 Rxc4 27.Rd8! Rxd8 28.Rxd8+ Nf8 29.Qe6+ Kh8 30.Qxc4，白方多子。

黑方实战的走法之后，对于26.Nxe5吃兵，可以应以26....f6，利用牵制捉死白马。另外，黑方认真思考了26....f5推进，在27.Qd3（去保护马）27....f4之后，给象带来了一些麻烦。

26. b3

让白后从保护马的职责中解放出来，并阻止黑方任何反击的着法，例如26....f5，兵会被轻易地吃掉。

针对其他被动的走法，白方可以继续走27.Rd7，入侵黑方的次底线。

图33-9

26.... b5（图33-9）

这步棋的目的，与其说是驱赶白马，不如说是为黑后打开一条防线，使黑后能够返回王翼，对王进行保护。

27. Nd6!

利用马的击双，强迫黑方换子——这是对白方有利的简化。白方在优势的局面下，继续保持压力，不让自己陷入到不必要的局面复杂化所带来的风险之中。

事实上，对于白方来说，过早攻击可能会造成损失！考虑到这种相当大的可能性（代替实际着法）：27.Nxe5 f6 28.Rd7（很明显，这步棋是为了挽救，因为白方攻击黑后，并威胁后续29.Qd5+，解除牵制）28....Qxd7!，黑胜！因为白方如果用车吃回，会遭到黑方底线闷杀，而走29. Nxd7 Rxe4，黑方多车。

27.... Bxd6

黑方没有选择，因为这个马同时攻击自己的两个车。

28. Rxd6

这步吃回，为后占领d5格腾出了位置；在d线上叠加三个重子，可以增强白方已经获得的优势。然而，更大的威胁是29.Rd7，在第7线建立登陆阵地。

在中局和残局中，车被置于次底线，是极好的局面优势。

28.... Rc7（图33-10）

图33-10

黑方尽其所能地把敌方的车挡在外面，封锁住所有的入口。

白方拥有明显的局面优势，但是他要如何进行突破呢？

让我们听听鲁宾斯坦在推想自己的行动过程时，可能会对自己说些什么：

我的两个车处在非常好的位置上，它们在控制d开放线方面发挥着重要的作用。我的后在强有力的中心，可以对各个方向施加压力。我的象威胁攻击黑方的e兵，让一个黑车和一个黑马陷入了防守之中。我的所有子都非常有用，必须停留在原地。

那么，我的对手呢？他的防守部队团结在一起，但是他的子也必须停留在原地，以保护他的弱点。如果对他置之不理，他可能会加强力量，甚至实施反击。

如果对他置之不理……

这不就是这个局面的关键吗？

我不能对他置之不理！我必须干扰他的子力布置，我必须将它们从现在的位置上赶走。事实上，我甚至通过赶走一个守卫者，就可能毁掉他的局势！

既然我的子在它们所在的位置上都特别有用，那我就不能调动它们，但是可以指望我的兵来打破防线。那么，我应该用哪个兵呢？应该对对方的哪个子进行驱逐呢？

首先要做的，就是找到一个目标。他的后和车太远了，而且特别灵活，不会轻易遭到兵的攻击。它们中的任何一个，都可以移动到所在竖线、横线的其他格子上，并继续保持控制的能力。我必须瞄准一个被固定的目标——某个子在其被定位的位置，一旦被赶走，就会失去防守的效力。这个黑马怎么样？假设我走了29.h4，然后继续轻轻地推进30.h5？那么这个马就不得不马上离开它较好的防守位置。它能去哪里呢？如果走到e7，则会阻挡e8车的行动；如果它撤退回底线，在一段时间内将无法投入战斗。此外，在挺起h兵时，我还获得了另一个好处，为我的王提供了一个逃跑的路径，这样可以有效地避免被底线将杀。

29. h4!

这步棋是决战的关键！明显在威胁30.h5，驱赶黑马，然后吃掉e兵。更隐蔽的目的是迫使黑方走29....f6，保护处境危险的兵，但削弱了黑方王前的兵阵，然后利用h5，再h6，对g兵的攻击，进一步削弱黑方王前的防守。

29.... f6（图33–11）

图33-11

显然，只能由另一个兵来提供对e兵的坚固支撑。

如果改走29....Rce7，则有30.Qc6，再31.Rd8，白方可以轻松取胜。如果29....h5（阻挡白方走30.h5），则有30.Qf5，黑方的h兵会被吃掉。

30. Qd5+

简单有力！这个后在d5格制造了一个强大的入口，抢占了斜线的控制权，威胁将王，同时在这条开放的中心线上叠加了三个重子。请注意，作为许多子力调动的枢纽，d5格被利用得非常充分。这个格子被白马、白象、白车和白后轮番占据——按实力排序，恰到好处！

30.... Kh8

在角落里会更加安全。如果改走30....Rf7，则31.h5 Nh8 32.h6，黑方的防御兵墙明显会遭到破坏。或30....Kf8，则31.h5 Nh8 32.Rd8 Nf7 33.Rxe8+ Kxe8 34.Qe6+ Kf8 35.h6 Re7（其他走法也无法挽救对局，例如，35....gxh6 36.Qxf6黑方阵地遭到彻底的破坏）36.Qc8+ Re8 37.hxg7+，白方得车。

31. h5（图33-12）

不仅将黑马从强有力的防守位置上赶走，而且还将一个楔子插进了黑方的阵地之中。

31.... Nf8

针对其他仅有的走法31....Ne7，白方可以走32.Qf7，取胜更容易。让我们来看看后续几种有趣的可能性：

（1）32....Rg8 33.h6（威胁34.Rd8，在g7将杀）33....Nf5 34.hxg7+ Nxg7 35.Qxf6黑方丢掉一个兵，并陷入了致命的牵制之中。

图33-12

（2）32....Qb8 33.h6 gxh6 34.Qxf6+ Kg8 35.Bxe5 Ng6 36.Rd7，绝杀。

（3）32....Rcc8 33.h6 gxh6 34.Bh4，威胁35.Bxf6#。黑方如果用马防御将杀，将丢后。

那么，白方预见到了多少个变化呢？当黑方将马走到f8格，而不是e7格，他知道他避开了多少吗？

答案是——可能一个也没有！一位优秀的棋手，几乎一眼，就能感觉到明显决定性着法的效果。节省了大量宝贵的时间，因为他不必费心地分析像31....Ne7这步棋的后续。事实上，他允许像32.Qf7这样侵入到致命位置，使其瘫痪的机会，在瞬间的考虑之中，已经被排除在外了。

32. h6

白方进一步插入楔子。他的目标是破坏黑王周围的兵阵。如果黑方的g兵被拔掉了，作为基石的f兵，也很容易遭到攻击。一旦这个兵沦陷了，那么黑方的整个局势也将沦陷。

此时，白方立即威胁33.hxg7+ Kxg7 34.Bh4 Rf7 35.Qc6，攻击e8车，同时叠加三个子攻击黑方的f兵。

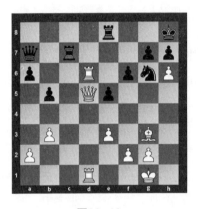

图33-13

32.... Ng6（图33-13）

黑方将马返回，积极地投入战斗，阻止白方走33.Bh4攻击f线的兵。黑方准确地避免了一次重大的损失，例如，32....gxh6 33.Rxf6 Rd7 34.Bxe5! Rxd5（如果34....Rxe5，则35.Rxf8+，威胁下一步将杀）35.Rxf8# 双将杀王！

33. Qe6!

妙手！白方主动弃后，并不是为了哗众取宠。他是想深入到黑方阵地的核心位置，而这步棋是最简单有效的方法。走出这样精彩的着法（甚至是类似的着法），是非常让人兴奋的。

我必须警告那些喜欢走出其不意着法的棋手，除非局面的需要，否则在对局过程中寻找精彩的走法是在浪费时间。你必须首先要获得优势，无论优势有多小。然后努力地扩大优势，直到你建立了一个绝对优势的局面。一旦确立了寻找战术组合的权利，那么精彩的着法就会随之出现。

白方当然不希望黑方吃掉他的后，因为威胁34.Rd8+快速杀王。白方主要考虑的是，要完全控制住d7格，这个格子可以为车所用。

在这个局面当中，对于我来说最有意思的一点是，白方在三条横线上对对手构成了致命的威胁：

（1）在8线上，威胁34.Qxe8+，杀王。

（2）在7线上，威胁34.Rd7，再35.hxg7#，杀王。

（3）在6线上，威胁34.hxg7+ Kxg7 35.Qxf6+，轻松取胜。

33.... Rf8

考虑到所有的威胁，黑方没有太多的选择。黑方实战的走法，增强了f兵的保护。

34. Rd7

威胁下一步35.hxg7#，将杀！

34.... gxh6

34....Rxd7的走法不会更好，因为在35.Rxd7之后，白方既威胁在王翼将杀，又威胁攻击黑后。对于34....Rg8，白方仍然可以在35.hxg7+ Rxg7 36.Rd8+之后形成将杀。

35. Bh4!

这个象，在一个位置上停留了25回合，最后画龙点睛！接下来的威胁是：36. Bxf6+ Rxf6 37. Qxf6+ Kg8 38. Qg7#。

1-0

如果黑方走35....Nxh4，则有36. Qe7，威胁37.Qxf8#，37.Qg7#或37.Qxh7#。没有人能在这样的力量下存活！

这真是一场令人印象深刻、非常满意的对局，是国际象棋资料中最佳对局之一。

棋手索引

开局索引